Monika Götz-Bellmer

Von Gockeln, frechen Stechern und anderen kleinen Wichten

Über die Partnersuche in den Medien

Edition Hartmann GmbH

Impressum:
© 2005 by Edition Hartmann GmbH –
Verlag für Fachbücher und -zeitschriften
Roedenbeckstraße 121 A, D-28832 Achim
Telefon 0 42 02 / 765 0 765, Fax 765 0 766
Alleinverantwortlich für den Inhalt: Monika Götz-Bellmer

Satz und Layout: Protype Public Relations,
Roedenbeckstraße 121 A, 28832 Achim
Umschlag- und Titelgestaltung: Protype Public Relations
ISBN 3-9809192-2-6

Hallo, ihr Lieben! Alter Gockel sucht junges Huhn zum gemeinsamen Scharren! Wer traut sich? Ich bin zurückhaltend, ruhig, gutmütig. Dann ran, junges Hühnchen! Aber bitte keine Rauchkringelblasehasen! Nur ohne Rauch! : -)) Bitte melden bei Emslandgockel unter …
Oder:
*Wer schläft, sündigt nicht … Wer vorher schläft, sündigt BESSER … *fg**
*So, ihr schönen Frauen, jetzt seid ihr dran … einfach anklicken, Date vereinbaren … und schon geht's ab in die Kiste … oder zum Essen … und dann in die Kiste … da bin ich flexibel *fg**

So kess, locker und flockig beginnen Profile bei einer großen Datingfirma im Internet. Schöne, junge Frauen sollen sich angesprochen fühlen, damit der Herr zu einem erlebnisreichen Abend kommt.

Bei dem nächsten Angebot weiß ich auch, wo es langgehen soll:
Mann, 48 J., jugendlich an Körper und Geist, fit, männlich bet. Körper, suche Sie bis 60 (gern mollig m.

gr. Oberweite) zum gelegentlichen Entfliehen aus dem Alltag. Ich mag Zuverlässigkeit, Ehrlichkeit. Liebe und ehrliche Dauerfreundschaft auf Vertrauensbasis angestrebt. Gerne Landfrau/Bäuerin.

Ich aber wohne in der Stadt und kann all das nicht bieten und beabsichtige zukünftig auch nicht, in den Kuhstall zu gehen, Mist zu karren, den Hühnern gar noch den Hals umdrehen zu müssen und das sieben Tage in der Woche, Monat für Monat und Jahr um Jahr. Ich will weder gelegentlich dem Alltag auf Basis einer Dauerfreundschaft entfliehen, was dieser Mann so *gelegentlich* möchte, noch billige Arbeitskraft sein und finde, dass in früheren Zeiten alles anders war. Ob es besser war, sei dahingestellt.
Gesündigt wurde auch damals schon: *Eine Frau ohne Liebhaber ist nicht tugendhaft zu nennen, sondern reizlos,* wusste bereits Madame Pompadour, die langjährige Mätresse Ludwigs XV. Sie verstand es, zur ungekrönten Königin Frankreichs aufzusteigen. Auf einem Maskenfest lernte sie Ludwig XV. kennen und erweckte sein Interesse, indem sie sich eines alten Tricks bediente: Sie ließ ihr Taschentuch fallen und entfloh – Ludwig folgte ihr.
Doch Hofbälle und Adelstreffen gibt es in der jetzigen Zeit nicht mehr, wo ich den Traumprinzen für ein neues gemeinsames Leben finden und zur alleinigen ungekrönten Frau aufsteigen könnte. Taschentücher sind heutzutage leider überwiegend aus Papier, nicht mehr bestickt und erregen keine Aufmerksamkeit mehr – selbst *Einladungen zum Federball* und *Anträge zur Nebenfrau* nicht. Die seligen Zeiten, wo ich darauf

achten musste, tugendhaft zu sein, gehören der Vergangenheit an, seitdem Frauen als gleichberechtigt gelten. Zumindest erlebe ich es in fortschrittlichen Gesellschaftsschichten, wenn ich nicht gerade in einer Vorstadtreihenhaussiedlung wohne, wo der Postmann zweimal klingelt und ich deshalb das Tratschthema der Nachbarschaft bin.
Wenn ich allein bin, muss ich mich bewegen, wenn ich etwas bewegen und alleinige Königin eines neuen Partners werden will. Ich will natürlich keine Geliebte sein und nur ab und zu in die Kiste springen, sondern lieber als Partnerin *im Mittelpunkt eines Paradieses stehen.* Ich möchte einen Partner finden, den ich nicht mit einer anderen Frau teilen muss. Der Interesse hat, mit mir gemeinsam einzuschlafen, wieder aufzuwachen. Der nicht vor dem Frühstück schon die Kurve gekratzt hat und nur gelegentlich anwesend ist, wenn die Ehefrau vielleicht Migräne hat und er dadurch Freizeit. Der sich ganz bürgerlich zu seiner Partnerschaft bekennt und nicht meint, ein One-Night-Stand sei die einzig wahre, erstrebenswerte Lebensform für Menschen, die allein sind. Oder dass nur ein Natursektdating die schönste erotische Errungenschaft sei und glaubt, Höflichkeiten im Umgang miteinander hätten Platz im Antiquarium und seien out.
Ich muss mir schließlich keine Angebote gefallen lassen, die ich nicht akzeptieren kann, oder?

Tim Holmes (23:53 Uhr):
Hi
Tim Holmes (23:55 Uhr):
Ich würde dich gern vögeln…

Auch nicht diese Anfrage von Monja:
Wer will mit mir flirten? Am liebsten hätte ich eine erfahrene, ältere Freundin, graue Haare muss sie natürlich nicht haben – aber soviel ich weiß, werden wir Frauen ja mit den Jahren immer sinnlicher, und das möchte ich hier jetzt einmal antesten. Also traut euch!

Und dieses Sonderangebot:
Ich bin ein gebundener Mann und suche einen Dreier mit zwei Frauen (ich weiß, eher unwahrscheinlich) oder gerne auch mit Mann und Frau. Der Mann kann bi sein, muss er aber nicht. Angst habe ich, dass sich nur Paare melden, es können sich auch Einzelpersonen melden, vielleicht finden wir ja gemeinsam eine(n) Dritte(n).

Drei Personen braucht man eigentlich nur zum Skatspielen, aber hier soll ein anderes Instrument zum Einsatz kommen, meint ein User und gibt seine Vorlieben preis:
Bei Männern mag ich nur das Flötenspiel, ich spiele selber gerne, lass aber auch gerne auf meiner Flöte spielen.

Erbärmlich, dass die Weiber überall einen Mann haben müssen!

In diesem Buch geht es nicht um Missverständnisse zwischen Mann und Frau. Sondern unter die Lupe genommen wurde der ganz normale tägliche Wahn- und Unsinn im Chat und die Überheblichkeiten möglicher

Partner in Anzeigen in renommierten Zeitungen. Wie eine Frau zu sein und was sie mitzubringen hat, passt zum Teil in die Annalen des 19. Jahrhunderts. Es ist der Marktplatz der Absurditäten und Kuriositäten, der im Leben oft gestrandeten Männer beleuchtet worden.
Ich bin wirklich keine Männerhasserin, keine Blaustrumpfemanze, keine Lesbe. Ich bin immer noch guten Glaubens, einen neuen Partner über die modernen Medien zu finden. Ich möchte nur das, wonach sich jeder sehnt – ohne Wenn und Aber. Ich will nicht den Sexshop am Bahnhof aufsuchen müssen und den Blick in die Raritätenkiste abartiger Hilfsmittel werfen oder eine Minianzeige in einer gewissen Ecke einer Sexpostille aufgeben müssen. Ich möchte in meinem Alter kein Schaulaufen mehr veranstalten. Ich möchte Vertrauen, Gemeinsamkeit, Liebe und Sexualität.
Aus diesem Grund traf ich meine Freundinnen zu einem Kaffeeklatsch, um zu erörtern, wie wir einen neuen Partner finden könnten. Wir hatten uns zum Ziel gesetzt, über moderne Kommunikationswege zu sprechen und Erfahrungen darüber auszutauschen, wie einem noch einmal wieder ein neuer Partner über den Weg laufen und wo er gesucht werden könnte. Wir wollten diskutieren, welche neuen Möglichkeiten gerade in der heutigen technisierten Welt bestehen, um nicht mehr allein bleiben zu müssen. Alle hatten einen Beruf erlernt und ihn auch ausgeübt, sodass ein Computer kein fremdes Wesen für uns Frauen war. Aber hineingeschnuppert in die Vielfalt dieser Wunderkiste hatten wir noch nicht. Wir wollten beratschlagen, ob wir übers Internet auf Partnersuche gehen wollten oder ob es sinnvoller wäre, auf altmodische Art Anzeigen zu

schalten. Außerdem wollten wir uns darüber informieren, mit welchen Strategien Männer hauptsächlich vorgingen und wie ihnen zu begegnen war.

Rückbesinnung

Alle Frauen waren interessiert, einen neuen Partner oder zumindest einen Freund kennen zu lernen, weil sie sich noch jung genug fühlten. Da alle Teilnehmerinnen an diesem Treffen schon einer Generation angehörten, in der die Frauen oder Mädchen von Gleichberechtigung nur träumen konnten, der Ehemann den Aufenthaltsort der Familie festlegen, die Eltern bis zum 21. Lebensjahr über das Wohl ihrer Kinder bestimmen konnten, betraten einige, die erneut eine Partnerschaft wagen wollten, Neuland.

In ihrer Jugend gab es noch keine Pille, über Verhütung wurde selten gesprochen, und Leibfeindlichkeit wurde in den Kirchen von der Kanzel gepredigt. Die Verklemmtheit der Fünfziger klang noch allen im Ohr. Verpönt war Hottentottenmusik, der Rock'n'Roll von Elvis Presley, Bill Haley und anderen, bei den Eltern. Die falsche Erziehung von Jungen wurde selten reflektiert, wenn sie von allein stehenden Müttern erzogen wurden, und davon gab es genügend. Kriegswaisen, die ihre Mütter immer noch auf einen Sockel stellten, waren nach 60 Jahren Kriegsende nicht selten. Auch die nicht erwachsen gewordenen Rest-68er gehörten dazu, die sich immer noch gern als *Ich bin ein großer Junge* bezeichneten und nicht merkten, dass für diesen Ausspruch das Verfallsdatum für solche Verhaltensweisen schon längst überschritten war. Wie auch bei: *Ich bin 60, sehe bedeutend jünger aus und fühle mich wie 45!* Was sollte eine Frau, die schon einmal einen Partner gehabt hatte, mit solch einem Mann anstellen? Ihn mit Schaufelchen und Eimer in die Sandkiste schicken? Also mussten die Frauen fleißig in den Medien suchen. Ihnen war klar, dass ein Mann für eine neue Partnerschaft ungeeignet war, wenn er zu lange allein gelebt hatte.

An diesem Treffen beteiligten sich sechs Frauen. Bärbel, geschieden, war seit langem allein und hatte Lust auf einen neuen Partner. Bärbels Direktheit verschreckte zwar keine potenziellen Kandidaten, aber ihre schnelle, offene Art war Männern, die sich nicht spontan entscheiden konnten, manchmal suspekt. Bärbel hielt mit ihrer Meinung selten hinterm Berg. Sie war dabei jedoch nicht verletzend, da sie gleichzeitig über pädagogisches Geschick verfügte.

Die jüngste Frau im Kreise war Katrin, eine auffällige Schönheit, nach der sich die Männer umdrehten, wenn sie einen Raum betrat. Noch voll im Beruf stehend, hatte sie von uns Frauen am wenigsten Freizeit. Trotzdem wollte sie gern wieder einen Partner an ihrer Seite haben, denn ihre Ehe war positiv verlaufen und weckte Sehnsucht nach einem neuen Partner. Der Tod ihres Mannes lag schon lange zurück und war verarbeitet.

Die blonde Christine, manchmal bedächtig und abwägend, war noch nie verheiratet gewesen. Sie hatte ein jahrelanges Verhältnis mit einem Mann, der nicht den Mut hatte, sich ganz zu ihr zu bekennen. Deshalb entschloss sie sich, anzuhören, was wir vorhatten, und sich eventuell mit uns auf Partnersuche zu begeben.

Mit welchen Schwierigkeiten wir zu rechnen hatten, war uns zu diesem Zeitpunkt noch nicht bekannt. Ria, die Älteste von uns, war nach jahrelanger Ehe Witwe. Sie wollte nach langem Alleinsein ihr Glück versuchen, nachdem sie in ihrer Jugend nie auf der Piste war und nicht mitbekommen hatte, wie sich die Welt und mit ihr die Männer verändert und weiterentwickelt hatten. Die verwitwete Friederike dagegen war immer up to date, weil sie in ihrem Beruf mit vielen jungen Menschen zusammenkam und deshalb die Trends kannte und einschätzen konnte, warum es so schwer war, sich in diesen Internetportalen zurechtzufinden und zum Ziel zu kommen. Ich selbst hatte wie auch Ria und Friederike nach einer langen Ehe den Partner verloren und wollte eine neue Partnerschaft wagen.
Was Männer und Frauen im Chat und bei Anzeigen suchen, ist wohl jedem Leser klar. Sie suchen einen Menschen, der zu ihnen passt und bereit ist, sie so anzunehmen, wie sie sind. In dem Umfeld, in dem die Freundinnen jetzt lebten, gab es keinen allein stehenden Mann, der ihnen gefiel. Ich selbst erzählte zunächst von dem Ergebnis einer von mir aufgegebenen konventionellen Anzeige.

Zuweilen dünkt es mich, als trübe geheime Sehnsucht deinen Blick …

Suche keinen Traumprinzen, sondern einen partnerschaftserprobten Mann mit EQ und IQ, der gewillt ist, sich auf eine neue Partnerschaft mit Kopf und Bauch einzulassen. Einen Mann, der wie ich Interesse an Musik, Literatur, Kunst, Kultur hat und noch ein wenig flexibel ist …

So lautete der Text, den ich in der FAZ aufgegeben hatte, um einen neuen Partner für mich zu gewinnen. Da Gewinne in Lotterien selten waren, gab es nur die Möglichkeit, zum Dauerlos zu greifen. Es war wie in der Glücksspirale: Häufig gab es kleine Gewinne, aber selten einen Hauptgewinn. Ich wäre schon zufrieden, wenn sich ein zu meinem Alter und meinen Interessen passender Mann melden würde. Die Briefe liefen unter Chiffre. Da Männer gern die modernen Kommunikationswege benutzten, offerierte ich selbstverständlich auch eine E-Mail-Adresse. Sechs bis acht Mails erreichten meine Mailbox, die ich schnell beantwortete. Zurückgemailt wurde prompt. Es entstand aber kein Dialog, und es erfolgte keine weitere Resonanz. Der Kontakt schlief einfach wieder ein.
Die Post der Männer, die mir einen Brief geschrieben hatten, gelangte einige Tage später in meine Hände. Ich konnte mir ein besseres Bild machen, da oft ein Foto mitgeschickt worden war. Verheiratete und nicht zu meinem Alter passende Männer sortierte ich gleich aus. Viel jüngere Männer, die mich heute interessant finden, entfleuchen sicher nach ein paar Jahren, wenn mir das Zipperlein droht. Die Umzugswilligen sortierte ich auch aus; es ging ja erst einmal um ein Kennenlernen und nicht sofort um einen Umzug beziehungsweise einen Einzug bei der neuen Partnerin. Außerdem sortierte ich die Briefe aus, in denen die Männer noch in relativ hohem Alter von der Verehrung ihrer geliebten

Mutter sprachen. Gegen Mütter kriegen neue Partnerinnen oft keinen Fuß auf den Boden und können es dem Partner nie recht machen. Der restliche Stapel wurde sorgfältig durchgesehen und verschwand erst einmal in der großen Schublade zur späteren Verwendung oder Entsorgung.

Männer aus der Wunderkiste

Ähnlich erging es meiner Freundin Bärbel, die wie ich eine Kontaktanzeige in einer Zeitung geschaltet hatte. Das Ergebnis war ebenfalls dürftig. Angebote für den Eintritt in den Harem waren viele dabei, aber das war nicht Bärbels Begehr. Außerdem gab es Beischlafangebote von Vertretern, die gerne mal auf ihren Touren bei Bärbel reinschauen wollten. Nicht nur reinschauen wollte auch dieser Mann, dessen Brief Bärbel aus Italien erhielt:
Liebe Dame, bitte erschrecken Sie nicht, wenn Sie selbst aus dem Ausland eine Antwort auf Ihr sympathisches Inserat erhalten! Ich schreibe Ihnen im Moment aus meinem oben dargestellten romantischen Landhaus, antik eingerichtet (Lieben Sie Antiquitäten?). Mein Kamin, den ich bei Ihrer Anwesenheit zum Knistern bringe, ist 220 Jahre alt. Wohne sonst in Luzern. Ich bin 65, 178, 68 kg (sportliche Figur, NR). Leider kinderlos. Studierter Landwirt (heute kleine Ferienagentur). Eleganter Schweizer Gentleman der alten Schule. Unternehmungsfreudiger (zu zweit), aber auch sehr häuslicher, einfühlsamer, kameradschaftlicher, belesener, kreativer und sehr humorvoller Waagemann

und Musikfan, für den ein lieber Freundeskreis wichtig ist und – die Erotik.
Mit herzlichen Grüßen F. H. Külbach

Das Aparte an diesem Schreiben war, dass Bärbel schon mal den gleichen Brief aus Italien erhalten und geantwortet hatte, aber Herr Külbach darauf nicht reagierte. Das Foto, das sie mitgeschickt hatte, war dem Schweizer wahrscheinlich nicht genehm gewesen. Aber die Erotik veranlasste ihn, immer wieder neu zu schreiben, bis er endlich die Beischläferin für sein süßes Himmelbett finden würde, das er im antiken Landhaus hatte. Er schrieb wahrscheinlich viele Frauen an, die in renommierten Zeitungen inseriert hatten. Aber warum gefiel ihm keine? Oder wollte er mehrere Frauen gleichzeitig? Vielleicht suchte er nur Pensionsgäste für sein Landhaus? Auswahl hätte er ja in dieser Alterskategorie genügend.
Es suchen viel mehr Frauen als Männer. Wenn Männer es darauf anlegen würden, könnte mindestens die Größe von sechs Fußballmannschaften erreicht werden. Ein Torwart und zehn Spielerinnen mal sechs. Nur darf man dann nicht vergessen, wer auf welcher Position spielt. Nicht dass die Angriffsspielerinnen mit den Verteidigerinnen verwechselt werden. Außerdem müsste der Torwart wissen, wo und wann welches Spiel angepfiffen wird. Sonst würde es zu vielen Komplikationen in seinem Liebesleben führen. Und nicht zu vergessen die Austausch- oder Reservespieler. Auch das müsste bedacht werden. Aber Bärbel wollte die einzige Frau sein, nicht teilen müssen oder eingereiht werden, deshalb verzichtete sie dankend. Ein paar Wochen nach

dem Erscheinen ihrer Anzeige flatterte ihr ein Brief mit folgendem Inhalt von einer so genannten *Exklusiven Vermittlung für Partnerschaft* ins Haus. Sie war sehr verwundert zu lesen, dass es einen Märchenprinzen für sie geben sollte – obwohl sie aus Erfahrung wusste, dass Frauen im Alter von Ende 50 wenig Chancen hatten, einen vernünftigen Partner passend zu ihren Interessen und ihrem Beruf kennen zu lernen, der nicht so arg vorgeschädigt war.

Achtung, dieser Brief ist nicht ironisch gemeint!

Sehr verehrte Dame,
mit großer Aufmerksamkeit habe ich Ihr Inserat in der Zeitung gelesen. Ich kann Ihnen die erfreuliche Mitteilung machen, dass ich zurzeit einen Herrn vertrete, der genau Ihrem Anforderungsprofil entspricht. Aus Gründen der Diskretion möchte ich Ihnen diesen Herrn in einem unverbindlichen Gespräch einmal vorstellen. Sie können versichert sein, dass wir jeden Herrn persönlich besucht haben, um die Exklusivität und Seriosität unserer First-Class-Vermittlung gewährleisten zu können.
Rufen Sie bitte meine Leiterin Frau Peines zu einem vertrauensvollen Gespräch an.
Ich möchte Sie darüber in Kenntnis setzen, dass wir weltweit adäquate Herren und Damen vertreten.

Mit freundlichen Grüßen
Frau Soles – Inhaberin

Dieser Brief klang viel versprechend. Nach gründlicher Überlegung rief Bärbel die besagte Telefonnummer an und verabredete einen Termin. Die Leiterin Frau Peines kam zu einem Besuch in Bärbels Haus und stellte ihre Firma und die Art vor, wie sie Männer und Frauen vermittelten. Bärbel ließ sich von der Dame einnehmen und beschloss, diesen Weg als letzte Möglichkeit auszuprobieren. Frau Peines, wohl selbst unbemannt, trug einen schwarzen Anzug, der schon einmal bessere Tage gesehen hatte, war groß und blond und brachte so einiges auf die Waage. Aber im Gespräch mit ihr verblasste dieser Eindruck, und die Vision einer zukünftigen Partnerschaft entstand. Das berichtete Bärbel uns begeistert. Sicher wurde Bärbel aufgrund ihrer Einrichtung und Kleidung taxiert und der Preis anhand der Schätzung festgelegt. Die Vermittlungsgebühren waren nicht gerade billig. Da diese Institute gern ihr Geld für sechs Monate Vermittlung im Voraus nahmen, musste zunächst ein Vertrag formuliert werden.

Hiermit beauftrage ich das exklusive Vermittlungsbüro, für mich sechs Monate tätig zu sein oder alternativ acht top Herren auszuwählen, die speziell auf meine Person abgestimmt sind. Der Auftraggeber erklärt hiermit, für diese exklusive Vermittlung ein einmaliges Honorar in Höhe von 1.500 Euro an den Auftragnehmer zu zahlen. Für Aufwendungen (Fahrtkosten, Beratung etc.) zahlt der Auftraggeber den vereinbarten Betrag in Höhe von 1.500 Euro.

Auftraggeber und Auftragnehmer sind sich einig darüber, dass dieser Betrag in jedem Fall gezahlt wird, unabhängig von dem Zustandekommen oder Bestehenbleiben eines Vermittlungsvertrages. Zwischen den Ver-

tragschließenden besteht Einigkeit, dass dieser Vertrag nicht auf die Vermittlung oder Eingehung einer Ehe gerichtet ist. Die Tätigkeit des exklusiven Vermittlungsunternehmens erfolgt ohne Erfolgsgarantie; jedoch wird eine diskrete und moderne Arbeitsweise zugesichert. Der Auftraggeber erklärt, dass sowohl die Kontaktaufnahme mit dem exklusiven Vermittlungsbüro als auch das persönliche Aufsuchen ausdrücklich auf Wunsch des Auftraggebers stattfand; dies bestätigt er gleichfalls durch seine Unterschrift.
Sollte Frau Bärbel Meyer wider Erwarten bis zum 16.09.04 in keine bleibende Verbindung kommen, erhält sie 1.500 Euro Honorar zurück.

Märchenstunde für allein stehende Frauen

Bärbel wurde versprochen, sie bald mit Herren der Wirtschaft und Geisteswissenschaften bekannt zu machen. Der Rest müsste sich von alleine entwickeln, wenn die Chemie und die Wellenlänge zwischen den Partnern stimmen würden. Aber der Versuch, auf gleicher Wellenlänge mit einem Partner zu sein, konnte von Bärbel mangels Masse nicht ausprobiert werden, wie sie uns berichtete. Ein Diplomkaufmann aus Hamburg rief mal bei Bärbel an. Er war so zurückhaltend, dass er am Telefon kaum zu verstehen war. Golf war seine liebste Beschäftigung. Von anderen Dingen des Lebens sprach er nicht. Und das war's.
Danach kam es zu einem kurzen Treffen mit einem Versicherungsdirektor, der Bärbel noch nicht mal in die Augen sehen konnte. Sie trafen sich bei Ikea, weil er so

keine großen Schwierigkeiten hatte, wieder zur Autobahn zu kommen, um nach Hause zu fahren. Er setzte sich schon so schräg auf seinen Stuhl hin, dass er die Möglichkeit hatte, in den Essraum des Lokals zu sehen, ohne Bärbel direkt ansehen zu müssen. Ein Augenkontakt auf gleicher Höhe war kaum möglich. Als es Bärbel doch einmal gelang, ihm in seine Augen zu sehen, fragte sie sich, warum seine Augäpfel so gelb waren. Welches Andenken war ihm da und von wem geblieben? Die Gesprächsführung wurde Bärbel auch überlassen, weil der Mann die Zähne nur zögernd auseinander bekam und sehr wenig in kurzen Sätzen antwortete. Das fand Bärbel ungewöhnlich für einen Mann, der als Direktor einer großen Versicherung seine Kunden ansprechen, ihnen Verträge schmackhaft machen musste, damit es zum erfolgreichen Abschluss kam. Der auch im Umgang mit seinen Angestellten die Zähne auseinander bekommen musste, um sein Personal richtig zu führen. Bärbel beendete das Treffen rasch, nachdem nur inhaltslose Sätze geflossen waren und der Funke nicht übergesprungen war. Jeder fuhr in seine Richtung, um nach Hause zu kommen. Es entstand der Eindruck einer Flucht vor einer emanzipierten Frau, kommentierte Bärbel später in einem Gespräch, als sie lachend davon erzählte. Dabei biss und kratzte Bärbel nicht. Auf Nachfrage bei Frau Peines sagte die ihr, dass das ein ganz toller Mann sei, der gut vögeln könne. Nur hätte Bärbel ihm den Eindruck vermittelt, sie wolle gleich die Führung in seinem Haushalt übernehmen. Er würde es jedoch vorziehen, Herr im eigenen Haus zu bleiben. Daraufhin fragte Bärbel sich natürlich, wieso die Leiterin des Vermittlungsbüros wusste, wie gut der Herr im Bett war! *Ein Schelm, der Schlechtes dabei denkt!*

Bärbel war vorerst kuriert von Firmen, die mit Vertrauen und vielen tollen Kandidaten warben, die sie in Karteikästen führten und die angeblich nur darauf hofften, eine passende Frau zu finden. Wir Frauen warteten schon gespannt, was für Neuigkeiten Bärbel bei unserem nächsten Treffen erzählen würde.
Bei diesem recht kläglichen Ergebnis meiner Freundin Bärbel, ihren Erfahrungen und dem erworbenen Frust verwarf ich vorerst den Gedanken an eine weitere Anzeige und wartete auf eine bessere Idee.

Hab'n Sie nicht, haben Sie nicht 'ne Braut für mich – Ja, ja, ja! Hab'n wir alles da!

Bei einem Arztbesuch fiel mir im Wartezimmer beim Blättern in einer Zeitschrift ein Bericht übers Chatten von Singles im Internet auf. In einer Statistik wurde dargelegt, wie viel Prozent der Alleinstehenden eine Chance hatten, im Internet einen Partner kennen zu lernen. Die Angebote für eine ernsthafte Partnersuche lagen bei Männern um 15,7 Prozent, bei Frauen um 15,9 Prozent. Diese Umfrage sagte aber auch aus, dass die Chancen für Suchende am größten wäre, auf Partys, in Kneipen oder Discos einen Partner zu finden. Selbst in Sportvereinen und bei Reisen wären Möglichkeiten vorhanden. In geringerem Maße käme die klassische Partnervermittlung infrage – bei Männern mit 13,7 Prozent und bei Frauen mit 14,5 Prozent. Bei

Kontaktanzeigen lägen die Chancen bei Männern um 9,9 Prozent und bei Frauen um 12,2 Prozent. Bedeutung hätte in den letzten Jahren auch das Internet gefunden und es wäre was? Kennenlernen auf die moderne Art. Das erzählte ich den Freundinnen beim Kaffeeklatsch. Keine Disco oder Tanzteeveranstaltung müsste besucht werden, wo Frauen wie auf der Hühnerleiter auf den Partner zu warten hätten. Die Freundinnen kicherten, als sie sich an ihre Jugend und Tanztees am Sonntagnachmittag erinnerten und an den ersten verschämt aufgedrückten, harmlosen Kuss.
Aufgeführt wurden in dem Artikel verschiedene Firmen, die Liebe, Flirts, Reisen und Freizeitgestaltung anboten. Die wichtigsten Hinweise waren die, wie ich diese im Internet finden könnte, was ich tun musste, um die Anmeldekriterien zu erfüllen, und wie hoch die Kosten waren. Und ohne Fleiß kein Preis – ich musste mich zu Hause durch die Angebote der verschiedenen Firmen arbeiten und lernen, wie solche Firmen ihre Aufnahmebedingungen und Mitgliedschaft gestalteten.

Nachsitzen für Erwachsene

Bei der Hamburger Firma *Parship* müssen Frauen nicht nur ihre persönlichen Daten abliefern, sondern auch viele Fragen beantworten und Bilder beurteilen wie bei einem psychologischen Gutachten, um als Mitglied aufgenommen zu werden. Damit festgestellt werden kann, ob Frauen intelligent, durchsetzungsfähig, intro- oder extrovertiert sind, aktiv oder passiv im Leben, häuslich und wie ausgeprägt der Wunsch nach einem neuen Partner ist. Auf Nachfrage bekomme ich das Testergebnis auch in Buchform – natürlich gegen Entgelt. Da lese ich dann sicher zum ersten Mal, welche Neigungen bei mir ausgeprägt sind und welche nicht. Außerdem wie mein Verhalten anderen Menschen gegenüber ist. Ob ich in der Masse mitschwimme oder Außenseiter bin. Ich kann mich selbst studieren und Charakterzüge entdecken, die mir bisher unbekannt waren.

Parship arbeitet mit einem Punktesystem, dem ein Persönlichkeitstest vorausgegangen ist. Anhand der Matching-Point-Höhe können die Partnersuchenden erkennen, wie hoch die Passgenauigkeit in einer möglichen Beziehung ist. Ab 65 Matching-Points ist die Wahrscheinlichkeit sehr groß, dass Mann und Frau gut harmonieren.

Bei anderen Firmen wird nicht so ausführlich und so viel abgefragt. Bei *Friendscout24*.de soll ich, abgesehen von den persönlichen Daten und der Kontonummer, 25 Fragen beantworten, die meine Vorlieben und Neigungen zu erkennen geben. Wenn es geht, möglichst locker und witzig. Einige Firmen wollen überhaupt keine Information, sondern nur einige Fotos, die zukünftige Partner anlocken sollen.

Dass Frauen öfter ihr Licht unter den Scheffel stellten als Männer, fiel mir beim intensiven Kontakt mit diesen Firmen auf. Auch, dass Frauen heute immer häufiger den Weg ins Internet fanden. Als ich mich langsam durch den Dschungel der Angebote kämpfte, wurde mir klar, dass sich die Chats vorzüglich eigneten, um schneller, preiswerter und ohne große Anzeige einen neuen Partner kennen zu lernen.

Steig in das Traumboot der Liebe ... und wo sind die Tücken?

Wer als Frau allein ist und die Vorteile von seriösen Anbietern zu nutzen versteht, kann gut dran sein. Wer noch einigermaßen jung ist, hat die Chance auf ein ausgewogenes Angebot. Ich will damit sagen, dass die Prozentzahl der Männer, die eine Partnerin suchen, mit der Angebotszahl der Frauen kongruent ist. Meistens suchen Frauen einen neuen Partner, wenn die Ehe kurz vor der Pensionierung der Männer in die Brüche geht oder Frauen die Verschlafenheit der eingefahrenen Beziehung nicht mehr bis an ihr Lebensende hinnehmen wollen. In nur wenigen Fällen ist der Partner verstorben. Oder eine Frau will nicht auf sexuellem Gebiet als Nebenfrau unterversorgt bleiben und die Brosamen des Wäschewaschens und des Essenkochens hingeworfen bekommen. Frauen wollen gern die erste Geige spielen und nicht im großen Orchester.

Was ist der heutige Trend? *Aus der Traum von der ewigen Liebe.* Frauen ziehen häufiger und schneller einen Schlussstrich unter eine Partnerschaft. Auf rund 400 000 Paare, die jährlich heiraten, kommen etwa 200 000 Scheidungen. Die Garanten für eine dauerhafte Beziehung haben sich gewandelt. Ein Grund für den Wandel sind die Religion und Kinder, die die Partnerschaft zusammengehalten haben. Und was hat sich in den letzten 20 Jahren noch entscheidend verändert? *Die Versorgung der Frauen.*

Heutzutage sind die meisten Frauen auf dem finanziellen Sektor versorgt, unter anderem dank der 3/7-Regelung, die die wirtschaftlichen Bedingungen einer Frau nach der Scheidung absichert. Viele Frauen haben den Mut, die Partnerschaft zu beenden, weil sie einen eigenen Beruf und Pensionsansprüche haben. Die hohe Scheidungsrate in der ehemaligen DDR hat es bewiesen. Die Eigenständigkeit der Frau hat dazu beigetragen, dass sich die Scheidungsquote erhöht hat. Auf dem Lande ist die Scheidungsrate dagegen niedriger. Einige typische Landgebiete haben, was Frauen angeht, einen Nachholbedarf an Computern, Computerwissen und Nutzung. Da es auf dem Lande für Frauen noch schwieriger ist, einen neuen Partner zu finden, müsste anhand von Untersuchungen herausgefunden werden, in welchen Kreisen das Internet für die Partnersuche genutzt wird. Jedenfalls bestünde die Möglichkeit zu chatten, wenn der Frau ein eigener Computer zur Verfügung stünde und er nicht ausschließlich zum Ausrechnen der Milchquote und für die Zuteilung der Futtermittelmenge benutzt würde.

Frau Peines Märchenstunde

Bei unserem nächsten Treffen konnte Bärbel ein Lied von den Schwierigkeiten singen, in der Großstadt einen netten Mann kennen zu lernen. Sie schilderte uns ihre weiteren Erfahrungen mit der Partneragentur.
Da Bärbel keine neuen Angebote erhalten hatte, wurde Frau Peines aktiv und schlug vor, bei adäquaten Zei-

tungen eine Anzeigenkampagne zu starten. Bärbel hatte nämlich gemeckert, weil ihr nicht, wie versprochen, weitere Vorschläge unterbreitet wurden. Gleichzeitig schlug Frau Peines vor, es in diesen Anzeigen nicht so genau mit Bärbels Alter zu nehmen. Eine Frau von Mitte 50 sei besser zu verkaufen als eine knapp sechzigjährige Frau, argumentierte sie. Sie würde den Text entsprechend gut auf Bärbel zugeschnitten formulieren, damit ein großer Erfolg eintreten würde. Sodann schlug sie Bärbel folgenden Vertrag vor:
Vereinbarung: Das oben genannte Institut akquiriert in adäquaten Zeitungen ab Juni 2004 für ca. acht Wochen. Frau Meyer streckt für diesen Zeitraum 6.000 Euro vor. Der Betrag wird nach der Anzeigenkampagne an Frau Meyer definitiv zurückerstattet. Aufgrund von Neuaufnahme und finanzieller Resonanz zahlt das Institut nach der Kampagne auch das Honorar (Teilhonorar) in Höhe von 2.000 Euro zurück (also insgesamt 8.000 Euro).

Märchen aus Tausendundeiner Nacht, neu erzählt

Erneut geschah nach diesen großspurigen Versprechungen nichts. Bärbel kontrollierte die Anzeigen in adäquaten Zeitungen, nichts – sie entdeckte nirgendwo das Logo der exklusiven Firma. Keine noch so winzige Anzeige, die Bärbels Vorzüge anpries. Frau Peines vertröstete Bärbel so lange, bis ihr der Kragen platzte – was im Umgang mit ihren Freunden nie geschah – und sie mit einem Brief reagierte.

Sehr geehrte Frau Peines,
nicht nur weil ich gestern im ZDF einen netten Krimi über Partner- und Heiratsvermittlung gesehen habe, kommen mir Zweifel, ob es richtig war, mich auf Sie einzulassen. Ein Kaufmann würde kühl sagen: Außer Spesen nichts gewesen! Gestern kam auch kein Telefonanruf von Ihnen, wie es verabredet war. Entweder haben Sie zu viel zu tun, oder aber Ihr Institut hat zu wenig Teilnehmer. Der schlimmste Fall, den ich aber stark vermute, ist, dass ich einem Schwindelunternehmen aufgesessen bin. Selbst wenn die sechs Monate um sind, können Sie für sich von einer Erfolgsquote sprechen. 9.000 Euro für nichts auf die Hand. Ich für mich nicht. Ein Mini-Telefonat und eine Kurzbegegnung für 1.000 Euro.
Da Sie ja beabsichtigen, den Rest – 8.000 Euro – zurückzuzahlen, wie es im Vertrag steht, bin ich gespannt, ob es per Überweisung erfolgt oder bar. Für diese Summe hätte ich zum Beispiel bei Parship lange Beitrag zahlen oder aber, wenn ich die gesamte Summe zusammenzähle, viele Anzeigen selbst schalten können. Ein kleines neues Auto hätte ich mir davon kaufen oder, wie geplant, ein neues Badezimmer einrichten können. So schnell habe ich noch nie Geld ausgegeben und keinen Gegenwert erhalten. Keine der von Ihnen versprochenen Abmachungen ist eingehalten worden. Keine einzige Anzeige ist geschaltet worden, und es hat hier auch kein Mann angerufen. Das würde ich im Display sehen. Auch auf meinem Handy ist keine Rufnummer hängen geblieben unter „entgangene Anrufe“. Und ob Sie für mich durch die Republik fahren, ist auch zu bezweifeln.

Wenn Sie versuchen, mich mit den Telefonanrufen zu beruhigen, fällt mir immer wieder auf, dass Sie sich mir gegenüber im Ton vergreifen. Ich liebe es nicht und finde es auch ordinär, wenn Sie von einem Mann behaupten, er könne gut vögeln. Den Ausdruck finde ich schlimm bei einer Partnervermittlung, die vorgibt, vornehm zu sein. Da stellt sich für mich die Frage, ob Sie es getestet haben?! Woher glauben Sie das zu wissen? Außerdem bin ich Ihre Kundin und nicht Ihre „Süße" oder Ihre „Liebe". Es kann nicht angehen, dass auf diesem Niveau mit mir umgegangen wird. Das „liebe" ich nicht. Wir sind keine Freundinnen. Entscheidend ist aber für mich, ob Sie mir mein Geld zurückzahlen. Hier gleich meine Kontonr.: Sparkasse Bremen, Bankleitzahl 29050101, Kontonr. 4444 xxx. Damit Sie wissen, wohin mein Geld gehen soll.
Wenn die sechs Monate um sind, und das dauert nicht mehr lange, werde ich wissen, was zu tun ist. Ich werde dann auch zu Institutionen gehen, die wissen, wie man an sein Geld kommt, falls verzögert oder nicht gezahlt wird, und durchleuchten, was es mit Ihrer Partnervermittlung auf sich hat und ob viele Kunden genauso zufrieden sind, wie ich es bin. Meine Kontakte zu Menschen, die so etwas bearbeiten, sind trotz meiner Pensionierung sehr vielfältig.
Mit freundlichen Grüßen
Bärbel Meyer

Mit dem Brief war Bärbel erst einmal ihren Zorn losgeworden und wartete auf eine Reaktion der Firma. Wie war es inzwischen ihren Freundinnen mit der Partnersuche ergangen?

Das Karussell fährt immer, immer rundherum für das hochverehrte Publikum ...

Wer sich als Frau in das Getümmel des Chats stürzt, hat so viele Chancen, Männer kennen zu lernen wie auf dem Rummelplatz oder dem Jahrmarkt des Lebens. Die Lostrommel vor der Glücksbude ist groß. Leider wartet nicht nur der Hauptgewinn auf Frauen. Nieten sind wie im richtigen Leben in der Mehrzahl vorhanden. Davon will ich hier berichten, aber nicht nur von denen.

Wenn Frauen Pep in ihr Chat-Leben bringen wollen, haben sie die Qual der Wahl. Es gibt etliche Datingfirmen. Bedeutsam ist die Höhe der Mitgliederzahlen. Je weniger Mitglieder eine Organisation in die Waagschale werfen kann, desto geringer die Chance, den Richtigen zu finden.

Die Prozentzahlen bei dem Verteilungsschlüssel Mann/Frau sind bei den Organisationen ähnlich, die Größe der Organisationen nicht. *Friendscout24*.de hat über drei Millionen Mitglieder, Liebe.de über 560.000. *Lycos* hat laut Angaben 670.000, *Parship* knapp 1,4 Millionen Die größte Organisation scheint *meetic.web.de* mit über 3,5 Millionen Mitgliedern zu sein. Einige kleine Organisationen wie singletreffen.de, *Datingcafe.de, Flirthunter, nett-flirt.de* und *finya.de* haben dagegen nur eine geringe Mitgliederzahl. Um das Angebot dieser Firmen attraktiv zu machen, gibt es in einigen Organisationen für Frauen einen Bonus. Sie müssen weniger oder nichts bezahlen. Bei *nett-flirt.de* bezahlen alle Mitglieder nichts. Wenn, dann nur eine Spende auf freiwilliger Basis. Gleichzeitig wurde hier ein Service zur Kontrolle *unanständiger Wörter* eingebaut. Die Mitglieder werden bei Benutzung derselben sofort gesperrt. Der Chat soll sauber bleiben. In dieser Organisation wird nicht viel gemailt, sondern lieber kurz und bündig gechattet. Wenn das System wieder hakt, gehen viele zum Telefon oder zur E-Mail über. Haken anderer Art gibt es bei *Friendscout24*.de. Weil die Mitgliedermasse nicht so kontrolliert werden kann, wie Frauen es im Allgemeinen gerne hätten, bleiben viele Ferkeleien ungesühnt. Deaktivierungen von Mitgliedern, die nötig sind, müssen manchmal mehrfach eingefordert werden. Deshalb muss ich bei dieser Organisation ziemlich auf dem Quivive sein.

Früchte des Zorns

Auch Bärbel musste bei der Hamburger Vermittlungsfirma auf dem Quivive sein, um endlich an Adressen von Männern zu kommen, die sie kontaktieren konnte. Doch weit gefehlt. Das berichtete sie uns seufzend. Der Kleinkrieg ging weiter, und der Stich, den Bärbel Frau Peines mit ihrem Brief versetzt hatte, saß tief. Bärbel bekam per Einschreiben Antwort.

Firma Soles
Inhaberin S. Soles
Exklusive Vermittlung für Partnerschaft

Hamburg, den 07.08.04
Sehr geehrte Frau Meyer,
auf die Diktion Ihres Schreibens vom 07.08.04 möchten wir z. Zt. nur teilweise eingehen. Wie immer können wir Sie auch heute weder telefonisch noch per Fax erreichen.
Also müssen wir Ihnen diesen Brief per Post schicken. Wir werden nach wie vor bemüht sein und alles dransetzen, dass Sie bis zum 16.09.04 über uns Ihren Partner doch noch finden und wieder glücklich werden. Viele Männer haben Sie über Ihre eigene Annonce und übers Internet getroffen – wir stellen Ihnen ausschließlich adäquate, ausgesuchte Herren vor, darauf kommt es an. Unabhängig davon zahlen wir Ihnen im September 2004 8.000 Euro zurück. Bleiben Sie bitte uns gegenüber fair und loyal – uns können Sie weiterhin

absolut vertrauen. Die nächsten Herren stellen wir Ihnen ausschließlich schriftlich vor.
Mit freundlichen Grüßen
D. Peines

Aber Bärbels Briefkasten bekam kein Futter. Deshalb setzte Bärbel sich erneut an den PC.

14.08.04
Sehr geehrte Frau Peines,
jeden Tag habe ich gefiebert und morgens sehr schnell in den Briefkasten gesehen, weil ich Ihre Post mit den vielen Adressen finanzkräftiger und interessanter Männer nicht versäumen wollte. Doch weit gefehlt: Aus Hamburg war nie Post dabei. Ich glaube nicht, dass der Briefträger geschlampt hat; ich nehme eher an, dass Männer bei Ihnen Mangelware sind.
Soll ich nun noch weiter in Ihre Firmengeschichte eindringen? Oder kommen Sie einmal mit ein paar Adressen rüber? Denn Ihr Einschreiben hat mich ja auch erreicht. Oder war nur diese Woche Sauregurkenzeit? Oder ist das nur eine Scheinfirma, die überhaupt nicht im Handelsregister steht? Es gibt einen Rechtsanwalt in Essen, der sich auf solche Fälle spezialisiert hat. Das kann man/frau leicht im Internet nachlesen. Hinweise gibt es genug.
Nachdem ich mir noch einmal Ihre Verträge angesehen habe, fällt mir auf, dass die Unterschrift von Frau Soles Ihrer sehr ähnlich ist. Ist das Zufall? Ich kann diesen Zufällen des Lebens auch nachhelfen, indem ich am Montag Kontakt mit der Handelskammer in Hamburg aufnehme und mich über die Firma Soles und den an-

gegliederten Betrieb Partnervermittlung informiere. Ist die Firmeninhaberin nur eine Strohpuppe? Sie steht in keinem Telefonbuch. Auch bei der Auskunft und im Internet ist nichts als heiße Luft. Ist doch merkwürdig? Meinetwegen können wir das Spielchen hier beenden, wenn ich meine gesamte Summe, die ich Ihnen überlassen habe, erhalte, aber sofort. Dann recherchiere ich nicht weiter.
Ansonsten bin ich weiter neugierig.

Mit freundlichem Gruß
Bärbel Meyer

Bärbel würde uns auf dem Laufenden halten, wie sich das Spielchen *Mensch, ärgere dich nicht* weiterentwickelte.
Doch nun zurück zu mir und den Ergebnissen der Recherchen, die ich im Internet betrieben und welche Erkenntnisse ich dabei gewonnen hatte. Denn ich bin schon ein paar Takte älter. Aber auch die Männer werden älter und setzen Staub an.

Ach, das könnte schön sein, als friedlicher Bürger sein ehrbares Leben so ganz auszukosten in einem Häuschen mit Garten ...

Es gibt Organisationen wie Heartbooker, die sich vornehmlich aus älteren Mitgliedern zusammensetzen. Dort wird bewusst auf die ältere Generation Wert gelegt. Dass die ältere Generation der Männer, die sie im Angebot haben, schon bei gut 30 Jahren Lebensalter

anfängt, verblüfft. Auch dass einige junge Männer Frauen jenseits der Großmuttergrenze bevorzugen und Kontakt suchen. Manchmal frage ich mich, ob die Mütter in der Erziehung immer noch nichts dazugelernt haben. In dieser Organisation fehlen einige Hinweise, was die Männer beruflich gemacht haben oder noch machen. Auch die Fragen, die zum persönlichen Profil und zur Beurteilung der Mitglieder führen, sind unzureichend. Im persönlichen Profil wird Auskunft gegeben, wo ich wohne, wie alt ich bin, wen oder was ich suche und welche Interessen ich habe.
Bei anderen Organisationen sind vorgegebene Fragen zu beantworten wie: *Was macht deine/Ihre Traumfrau/Mann aus oder was ist Ihnen wichtig in einer Beziehung?* Anhand der aufgeführten Antworten kann der Suchende schon einiges über den Charakter oder die Lebensart erfahren. Ob sie ernsthaft, ironisch oder nur flapsig beantwortet wurden.

Aus den wenigen Antworten des Fragenkatalogs für die Aufnahme in Heartbooker wird ein ziemlich oberflächliches Profil erstellt. Gemeinsamkeiten mit zukünftigen Partnern werden in Prozentzahlen dargestellt. Die Partner sind hier in vielen Fällen verheiratet und chatten während der Dienstzeit. Unverblümt wurde mir die Anfrage eines verheirateten Mannes serviert, der sich im Urlaub Appetit auf Frischfleisch machen wollte.

Diese kleinen Organisationen haben im Gewirr der großen natürlich zu kämpfen. Werbung lässt sich nur verkaufen – und viele finanzieren sich damit –, wenn

die Mitgliederzahl hoch ist. Dann können noch weitere Felder wie Finanzangebote, Autos, Shoppen etc. angeboten werden. Der reinste Gemischtwarenmarkt.
Wer die Organisation von *Parship* mit Sitz in Hamburg nutzt (Hamburger Abendblatt, *Die Zeit*, *Brigitte*, neuerdings auch *Der Spiegel*), hat sicher als Frau die Chance, einen Partner, oft einen Akademiker, zu finden, wenn sie eine gleichwertige Ausbildung hat.

Unter ferner liefen

Wer aber etwas älter ist, egal welche Klassefrau sie ist, hat nur Chancen, unter ferner liefen zu agieren. Beim Anklicken eines Profils bei *Parship* erlebte ich erst mal nichts. Ich konnte nur warten. Der Mann hat den Vorteil, wenn eine Frau ihm ein Kontaktgesuch geschickt hat, sich zu melden oder gar nichts zu tun. Er kann aber auch die Anfrage durch ein Deaktivierungsprogramm beenden. Dann werde ich gelöscht, und ich muss mir aus der angebotenen Masse ein neues Profil suchen, das mir gefällt. Also aussuchen und erneut anklicken. *Neues Spiel – neues Glück.*
Sollte ich als Frau die 50 leicht überschritten haben, kommen nach Adam Riese auf einen Mann ca. 40 Angebote von Frauen mit guter Bildung und Erziehung. Manchmal kommt, wenn Männer zugeben, ihre 40 Angebote nun sorgfältig prüfen zu müssen, der Verdacht auf, Frauen befänden sich auf dem Viehmarkt. Es werden nicht nur die Pfunde abgefragt, selbst die Körbchengröße ist interessant für den zukünftigen Lebenspartner. Es fehlte mir nur noch, dass mir ins

Maul geschaut würde. Da danke ich vielmals. Es geht schließlich um Menschen und Gefühle – nicht um Eutergröße und Milchleistung.

Auch dieser Kandidat bei *Parship*, ein Witwer, ließ mich wissen, er wolle sich redlich bemühen, den weiteren Informationsaustausch zügig zu gestalten. Denn:
Es liegen mir bisher 25 Anfragen vor, die ich alle sehr sorgfältig behandeln möchte, denn wer weiß in diesem Stadium schon, wo der richtige Partner steckt?

Er bekannte:
Mit der immer wiederkehrenden Werbung um die Partnerin habe ich so meine Probleme. Damit ist gemeint, dass ich nicht täglich in der Lage bin, meiner Partnerin mit Blumen oder anderen Aufmerksamkeiten zu zeigen, dass ich sie gerne habe. Das soll auf keinen Fall bedeuten, dass ich nicht jeden Tag meine Kuscheleinheiten verteile und auch sehr gerne empfange.
Ich antwortete ihm daraufhin:
Lieber Unbekannter,
nachdem ich Ihre Erläuterungen und Ihren Brief gelesen habe, möchte ich mich nicht in den 25-maligen Preis-Leistungs-Vergleich einreihen. Wir sind hier nicht beim Viehhandel. Vielleicht bin ich gar nur die Nummer 25? Ich bedanke mich für Ihr wohlmeinendes Angebot der Prüfung der Ware und möchte mich aus Ihrer Mailbox, wenn Sie meinen Brief gelesen haben, verabschieden. Bitte deaktivieren Sie mein Angebot. Es besteht keine Nachfrage. M.

Eine schöne Bescherung!

Ebenso erging es Bärbel, die am eigenen Leib erfuhr, wie mit Menschen und Gefühlen gespielt wurde. Vor allen Dingen ging es um das große Geld, fast wie beim Roulette: Die Kugel rollt, doch wer würde gewinnen? Bärbel hatte inzwischen Auskünfte bei der Handelskammer in Hamburg eingeholt, weil sie wissen wollte, ob die Firma Soles überhaupt ordnungsgemäß eingetragen war und ob die Schuldnerkartei diese Partnervermittlung schon gelistet hatte. Sie schrieb einen weiteren Brief an die Partnervermittlung.

Sehr geehrte Frau Peines,
auch diese Woche fand ich wieder keine Post von Ihnen im Briefkasten. Aber ich kann nicht sagen, dass mich die Briefträger sonst übersehen hätten. Andere Post wurde durchaus zugestellt, die nicht aus Hamburg kam. In einem Weihnachtslied heißt es: So und so viele Tage werden wir noch wach, heißa, dann ist Weihnachtstag und in diesem Falle Bescherung.
Wann ist bei mir mal Bescherung, und ich bekomme entweder viele, viele Adressen von klugen Männern oder großen Industriellen von Ihnen? Wann werden Ihre Versprechungen wahr und der große Händedruck Realität? Ist immer nur Bescherung bei anderen Menschen? In einem deutschen Schlager heißt es unter anderem: „Oh, wann kommst du!“
Mit freundlichem Gruß
Bärbel Meyer

Bärbels freundliche Grüße vereinzelten sich, die versprochenen Anrufe kamen überhaupt nicht. In der nächsten Woche wurde dasselbe Spiel gespielt.

Sehr geehrte Frau Peines,
auch diese Woche fand ich wieder keine Post von Ihnen im Briefkasten. Und ich war zu dem mit Ihnen verabredeten Zeitpunkt für ein Telefongespräch zu Hause. Aber das Telefon klingelte nicht, und es rief keiner an. War das schon wieder eins Ihrer vielen Versprechen, die Sie nicht einhalten können? Nun müsste es in den nächsten zwei Wochen zum Endspurt kommen, denn viel Zeit haben Sie ja nicht mehr. Nicht nur dass die Olympischen Spiele zu Ende gehen, auch Ihre Spielzeit ist bei mir abgelaufen, ohne aber bei mir in den näheren Kreis von verdienten Medaillenchancen zu kommen. Vielleicht schaffen Sie es ja noch mit einem Endspurt!

Mit freundlichem Gruß
Bärbel Meyer

Ja, das waren die Gedanken, die Bärbel in ihrem Zorn zum Ausdruck brachte.

Das kannst du also auch nicht – und ich muss immer bezahlen

Wie fühlte sich hingegen ein Mann bei *Parship*, dessen virtueller Briefkasten überlief, weil er so viele Angebote bekam? Dieses Mitglied, wohnhaft in Berlin, suchte eine Partnerin in seiner Nähe. Das war eine seiner Voraussetzungen, da er beruflich an Berlin gebunden war. Von *Parship* bekam er aber Kontaktangebote aus Österreich, der Schweiz und anderen Teilen der Bundesrepublik, außerdem konnte er sich der Masse an Kontaktgesuchen nicht mehr erwehren. Bei der Menge könnte er sich ja gleich auf einen Marktplatz stellen und rufen: *Alles, was einen Rock trägt, her zu mir!*

Doch was *Parship* ihm als Notlösung für seinen übervollen Briefkasten empfahl – eine zeitweise Deaktivierung seines Profils –, empfand er als Zumutung. Seiner Meinung nach offerierte *Parship* seinen Kunden nicht das, wofür die Firma warb: eine gezielte Suche nach geeigneten Partnern. Das schrieb er auch an *Parship* und hob hervor:

Sie handeln nicht mit Bohnen oder Pferdefleisch, sondern mit einer Ware, die dicht mit den empfindlichsten Gefühlen der Menschen verwoben ist, von denen Sie leben.

Parship beantwortete die Kritik des Mannes, der angeblich für *Parship*-Verhältnisse ungewöhnlich viele Anfragen von Frauen bekommen hatte, wie folgt:

Zum Problem, dass Sie anscheinend sehr beliebt bei unseren weiblichen Mitgliedern sind. Es ist in der Tat so, dass gebildete und reife Männer an Attraktivität gewinnen. Hierbei handelt es sich um ein soziologisches und sozialpsychisches Phänomen, welches wir von Parship.de ebenfalls zu spüren bekommen. Gegen derartige gesellschaftliche Trends können wir uns leider nicht wehren, da das Internet auch immer ein Spiegel der Gesellschaft und ergo des Menschen ist.

Natürlich ist das Internet ein Spiegelbild der Gesellschaft. Aber wenn diese Organisation attraktive Angebote für Männer ab 50 machen würde, wären die Mitgliederzahlen in diesem Altersbereich ausgewogener. *Parship* kann sich nicht gegen solche Trends wehren, das ist verständlich, aber reagieren wie jeder vernünftige Kaufmann, wenn seine Regale leer gekauft worden sind. Auffüllen und werben. Männern könnte ab einem gewissen Alter ein Rabatt gewährt oder eine verlängerte Laufzeit zu Spezialkonditionen angeboten werden. Lockangebote wie im Winterschlussverkauf oder auf dem Rummel. Möglichkeiten gäbe es genug, wenn man will. Oder ist der Kunde wie auch in anderen Chats nur Ware und nicht König Kunde?

Und was schrieb *Parship* noch?
Des Weiteren finde ich Ihre Sensibilität und Ihr Einfühlungsvermögen außerordentlich lobenswert. Sicherlich haben Sie Recht, dass einige Damen einsam sind und bei einer Ablehnung Ihres Kontaktgesuches traurig reagieren können. Aus persönlicher Erfahrung weiß ich aber, dass der überwiegende Großteil unserer Mitglieder mit einer Ablehnung sehr gut zurechtkommt. Als gravierender empfinden unsere Kunden zumeist, wenn deren Kontaktgesuch keinerlei Beachtung findet. Die Mehrheit unserer Kunden ist sich dessen bewusst, dass ihre Kontaktwünsche abgelehnt werden können, und empfinden dies aufgrund der Anonymität des Internets auch als erträglich. Falls Sie jedoch

den Damen aus Höflichkeit eine freundliche Absage schicken möchten, finde ich Ihren Ansatz nachahmungswürdig und ganz toll.

Das volle Schüsselchen von Mr. Right!

Ganz toll finden Frauen sicher nicht, dass auf einen Mann über 100 Angebote kommen und sie selbst oft vor einem leeren Schüsselchen sitzen. Ich wüsste gern mal den Verteilungsschlüssel und finde in der Lostrommel auf dem Jahrmarkt wahrscheinlich mehr Gewinne als bei *Parship*. Vielleicht würden Frauen sich ab einem gewissen Alter einer anderen Organisation zuwenden und dort ihren Beitrag bezahlen. Aber das möchte *Parship* sicher vermeiden und hält sich mit Informationen bedeckt. Denn jede Kundin oder jeder Kunde bringt Geld in die Kasse.
Per Zufall entdeckte ich im Februar 2005 in dem Nachrichtenmagazin Focus einen Artikel über die Suche nach *Miss Perfect* und *Mr. Right*: Warum sich Männer und Frauen nicht mehr finden – eine Bestandsaufnahme und drei wissenschaftliche Liebesglücksformeln. Unter anderem war die Altersstruktur der deutschen Singles aufgeführt. Die Quelle: eine *Parship*-Studie.

Angaben in Millionen, Verteilung in Prozent:

18–30 Jahre Männer 51,2 %, Frauen 48,8 %
31–40 Jahre Männer 57,1 %, Frauen 42,9 %
41–50 Jahre Männer 64,5 %, Frauen 35,5 %

Von da an ging es bergab, und die Chancen, für Frauen einen adäquaten Partner zu finden, waren kongruent mit dem Prinzip der Wahrscheinlichkeitsrechnung:

51–60 Jahre Männer 42,9 %, Frauen 57,1 %
61–69 Jahre Männer 22,7 % Frauen 77,4 %

Genau so war höchstwahrscheinlich der Verteilungsschlüssel bei *Parship* bezüglich ihrer weiblichen und männlichen Mitglieder, was die Firma nur indirekt preisgab:
Zum Problem, dass Sie anscheinend sehr beliebt bei unseren weiblichen Mitgliedern sind: Es ist in der Tat so, dass gebildete und reife Männer an Attraktivität gewinnen.

Für Frauen, die in einem Alter sind wie ich, egal ob gebildet und attraktiv, ist es schwer, bei einer derartigen Verteilung einen Partner zu finden. Außerdem empfinde auch ich als Kundin dieser Firma die Beantwortung der Mail als eine Zumutung. Irgendwie zynisch, arrogant und menschenverachtend. Als ob Frauen ab einem gewissen Alter Menschen zweiter Klasse sind oder Ausschuss. Zudem nur mit Brosamen zufrieden sein müssen, die vom Tisch des Herrn fallen. Vielleicht käme von *Parship* der Vorschlag, es wie in Indien zu gestalten: ***einfach Witwenverbrennung***. Dann wäre das Problem elegant gelöst. Die Beantwortung der Mail impliziert doch solch ein Vorgehen. Dass verwitwete Frauen bei Festivitäten, die bei Freunden oder der Verwandtschaft stattfinden, am Katzen- oder am Kindertisch platziert werden, ist ja schon ein normaler Zustand, ohne dass es jemanden von den Anverwandten oder Freunden stört. Eine Konversation, wie unter Erwachsenen üblich, ist auf diese Art nicht möglich. Es bleibt dann nur der frühe Rückzug.

Neues von der Geldfront – Bärbels leerer Teller

Den frühen Rückzug erlaubte sich Bärbel natürlich nicht, denn das war kein Kindergeburtstag, und das Präsent an diese Vermittlungsfirma war von etwas größerem Zuschnitt. Es ging nicht um den Wert eines Kinderbuches. Ein kleines Auto, eine größere Schiffsreise hätte sie davon bezahlen können. Bärbel erzählte uns, dass sie einen Brief per Einschreiben versandt hatte, in dem sie ihre Forderungen gestellt hatte.

Firma Soles
Exklusive Vermittlung für Partnerschaft Hamburg

Vereinbarte Rückzahlung des Ihnen überlassenen Geldes von 8.000 Euro.

Sehr geehrte Frau Peines und Frau Soles,
ich fordere Sie auf, das mir zustehende Geld von 8.000 Euro auf mein Konto … zu überweisen. Ansonsten sehe ich mich gezwungen, Maßnahmen zu ergreifen, die für die Zukunft Ihrer Firma nicht erbaulich sind.

Mit freundlichen Grüßen
Bärbel Meyer

Ob Bärbels Forderungen Folge geleistet würde oder sie die Hilfe eines Rechtsanwaltes benötigte, blieb abzuwarten. Ansonsten gab es nur noch den Gang zur Verbraucherzentrale und zur Presse, um solche Machenschaften publik zu machen.

Nix in den Taschen? – Frauen, rührt euch!

Als der von Bärbel gesetzte Termin zur Überweisung der Restsumme anstand, fand Frau Peines doch noch Bärbels Telefonnummer und bat um Terminverlängerung zur Geldrückgabe. Das Geld sollte ihr bar übergeben werden. Es wären jetzt gerade interessante Männer zu ihnen gekommen, die eine Partnerin suchten. Bärbel sollte ihr Handy immer dabei haben und auf das Läuten des Telefons achten. Doch weit gefehlt – wieder rief keiner dieser interessanten und angeblich interessierten Männer an. So musste Bärbel wieder zum Computer schreiten und ihre wohl formulierten Briefe loslassen.

per Fax:

Sehr geehrte Frau Peines,
da ich soeben meiner Sparkasse einen Besuch abgestattet habe, stelle ich fest, dass ich mich auf Ihre mündlich gemachten Versprechungen nicht verlassen kann. Die Überweisung ist noch nicht eingetroffen. Große Frage: Wann und wie viel und haben Sie überhaupt eingezahlt? Wenn das Geld bis Mittwochmittag nicht auf meinem Konto ist, bin ich am Donnerstag bei meinem

Anwalt. Die restliche Summe erwarte ich als Bareinzahlung von Ihnen ebenso bis zum Wochenende (25.09.2004). Ich habe keinerlei Schwierigkeiten mit dem Finanzamt oder ähnlichen Institutionen.
Ich gehöre nicht zu den Frauen, die gewillt sind, sich durch Ihre Worte von Ihnen einlullen und hinhalten zu lassen. Abgesehen davon hat hier natürlich keiner angerufen, obwohl ich immer brav mein Handy bei mir hatte. Außerdem war mein Telefon immer in Reichweite. Es existiert dieser Künstler, den Sie mir genannt haben, im Internet, nur nicht für mich am Telefon. Schon wieder so eine Hinhaltetaktik? Ganz zu schweigen von dem Herrn aus Bad H.!

Bärbel Meyer

Am nächsten Tag holte sich Bärbel wieder einen Kontoauszug. Nichts – kein Geld. Mittags – auch keine Buchung aus Hamburg. Diese Umgehensweise veranlasste Bärbel, den vertrauten Weg zum Computer zu beschreiten und erneut einen Brief zu schreiben.

Sehr geehrte Frau Peines,
nachdem ich mich noch einmal bei der Sparkasse Bremen erkundigt habe, ist kein Geld von Ihnen eingegangen. Die nächste Buchung erfolgt erst gegen 17.30 Uhr. Ich habe natürlich gestern Ihre vielen Anrufe nach dem Absetzen des Faxes registriert, aber ich möchte mit Ihnen nicht mehr am Telefon sprechen. Wie von Ihnen selbst in dem Einschreibebrief vorgeschlagen, ist der Weg in Schriftform der bessere. Nun warte ich auf das

Geld und auf die Briefe mit den Vorschlägen von interessierten und zu mir passenden Männern.
Einen Termin beim Rechtsanwalt habe ich schon.

Bärbel Meyer

Dieser Brief ließ sich allerdings nicht per Fax übertragen. Warum nur? Defekt oder abgestellt? Bärbel nahm sich vor, das zu prüfen. Sie schickte den Brief per Einschreiben nach Hamburg, um der Firma Dampf zu machen, das Geld zu überweisen. Daraufhin meldete sich Frau Peines prompt telefonisch. Das war Bärbel gar nicht recht, denn nur Versprechungen auf dem Papier waren für die Gerichte verwertbar, Telefongespräche nicht. Auf Diskussionen, wie die Geldübergabe stattfinden sollte, ließ Bärbel sich nicht mehr ein, und immer wieder stand die Behauptung im Raum, Bärbel wäre nicht erreichbar. Aber bei den Telefonanrufen, die von dieser Firma ausgingen, wurde die Nummer, die bei Bärbel sonst im Display zu sehen war, unterdrückt. Auch merkwürdig für eine Firma, die vorgab, nur wichtige Männer und Frauen zu vermitteln und nicht den Abschaum der Menschheit in ihren Räumen betreuen mochte, wie Frau Peines sich ausdrückte. Endlich hatte die erste Rate den Weg auf Bärbels Konto gefunden. Der Rest sollte folgen. Bärbels Lust, noch irgendjemanden von dieser Firma und Männer, mit denen sie in Kontakt treten solle, zu treffen, war auf dem Nullpunkt.

Nachhilfestunde in Sachen Internetdating

Nicht auf dem Nullpunkt hingegen war die Neugier unserer Teilnehmerinnen bei unserem Treffen, wo wir uns weiterhin mit der Partnervermittlung *Parship* beschäftigten.

In renommierten Zeitschriften und Zeitungen wurde für *Parship* geworben, z. B. in der Wochenzeitung *Die Zeit*, in der Frauenzeitschrift *Brigitte*, in der Tageszeitung *Neue Zürcher Zeitung* und im *Spiegel*. Damit hatte *Parship* bereits Leserschichten in halb Europa erreicht – ohne Internet. Durch das Internet erreichten sie fast ganz Europa, das konnte man an den Kürzeln erkennen, die für die Mitglieder benutzt wurden.

Welche Frau ab 50 hatte noch Vertrauen in eine solche Organisation und überließ ihr eine Menge Geld? Stattdessen könnte ich einem altmodischen Heiratsvermittler oder einem Heiratsinstitut mein Geld in den Rachen werfen. Wenn *Paris* seinen Apfel so klein teilen müsste, dass dabei nur Apfelgeraspeltes herauskäme, würde die Angelegenheit unbekömmlich. So sah es auch das männliche *Parship*-Mitglied aus Berlin:

Wenn Parship einem attraktiven Kunden nichts anderes anbieten kann als die vorübergehende Deaktivierung, ist dieses System wohl nur geeignet für die Unattraktiven, die froh sein müssen, überhaupt mal eine Anfrage zu erhalten. Sobald ein attraktiver Kandidat – wohlhabende und gebildete Herren ab 50 und schöne Frauen um 30 – auf dem Markt erscheint, wird Ihr Sys-

tem in der gegenwärtigen Gestalt zur Frustrationsmaschine, und zwar für beide Seiten.

Wer dreimal lügt, dem glaubt man nicht!

Und welche Gestalt zur Frustrationsmaschine nahm Bärbels Briefwechsel an? Er ging mit bekanntem Tenor weiter.

Telefonat vom 17.09.2004
Ihr Fax-Schreiben vom 21.09.04

Sehr verehrte Frau Meyer,
wie telefonisch am 17.09.04 mit Ihnen besprochen, werde ich Sie nach meinem Termin am 6.10.04 in Bremen treffen und Ihnen den vereinbarten Betrag aushändigen. Ihr Fax-Schreiben möchte ich zur Zeit nicht kommentieren.
Ich habe besagten Herren, wie mit Ihnen abgesprochen, Ihre Telefonnummer mitgeteilt. Gehen Sie nur nach einem bestimmten Schema ans Telefon? Weiterer Kommentar ist doch hier überflüssig! Aber trotzdem gebe ich nicht auf und versuche Ihnen zu helfen. Ich gehe davon aus, dass die Herren Ihnen schreiben werden.

Mit freundlichen Grüßen
Frau Peines

Anbei Quittung der ersten Zahlung an Sie.

Daraufhin bestätigte Bärbel nur lapidar Frau Peines' Vermutung, dass sie bei ihr nicht ans Telefon ging.

Sehr geehrte Frau Peines,
Sie haben Recht, wenn jetzt alles schriftlich gehen soll. Ich bin sehr dafür. Außerdem begrüße ich es, wenn die nächste Einzahlung auch per Banküberweisung kommt. Die Daten haben Sie ja, auch wann „letzte Eisenbahn" ist, die restliche Summe zu überweisen. Ich bin am 6. Oktober nicht für Sie zu sprechen, weil ich aus beruflichen Gründen einen auswärtigen Termin habe. Deshalb die Überweisung bitte rechtzeitig bei einer Sparkasse tätigen, wie in meinem vorletzten Brief angemahnt, dann geht es schneller. Ich möchte persönlich nicht mehr mit Ihnen zusammentreffen. Die Versprechungen, die nicht eingehalten wurden, haben mein Vertrauen in Sie zerstört.

Bärbel Meyer

Die freundlichen Grüße schenkte sich Bärbel. Es war wie beim Boxen. Der Punchingball ging immer hin und her. Jetzt begann Frau Peines, mit härteren Bandagen zu kämpfen.

Sehr verehrte Frau Meyer,
sollten Sie wider Erwarten ein Treffen in Bremen am 06.10.04 ablehnen, habe ich kein Problem damit und zahle direkt auf Ihr Konto in Bremen bei der Sparkasse den noch offen stehenden Betrag ein.
Mit Schreiben vom 21.09.04 habe ich Ihnen bereits mitgeteilt, dass aufgrund meiner Empfehlung die Her-

ren sich ausschließlich schriftlich an Sie wenden werden, der Grund ist Ihnen bekannt.

Herr Heinz Glader
Herr Karsten Holz
Herr Horst-Paul Baber

Ich bitte Sie höflich, mich über den Ablauf zu informieren.

Das war der Anfang des Briefes, der Rest war extra in Fettdruck, damit Bärbel es nicht übersah und vielleicht Angst bekäme. Bärbel, geübt im Umgang mit Gerichten und Rechtsanwälten, ließ sich jedoch nicht so leicht ins Bockshorn jagen und blieb gelassen.

Sehr verehrte Frau Meyer,
ich muss Sie jetzt darauf hinweisen, die Diktion Ihrer Fax-Schreiben zu überdenken. Wir werden rufschädigende Äußerungen, Drohungen und Ausfälle irgendwann nicht mehr stillschweigend hinnehmen, sondern Maßnahmen ergreifen. Ich ersuche Sie mit Nachdruck, meinen und den guten Namen unserer Firma in keiner Form zu diskreditieren, ansonsten sehen wir uns gezwungen, rechtliche Schritte einzuleiten. Ich hoffe sehr, dass es so weit nicht kommen wird!! Ich wünsche Ihnen alles erdenklich Gute. (Unser Fax ist tatsächlich defekt. Wir bekommen am Freitag ein Zweitgerät.)

Mit freundlichen Grüßen

i. A. Peines

Hier wurde nicht nur mit Platzpatronen geschossen, nein, es waren echte, mit denen herumgeballert wurde. Der Hintergrund dieser Attacke? Man hatte den Eindruck, dass Bärbel eingeschüchtert werden sollte, damit sie Ruhe gab und alles hinnahm, was die Firma ihr kredenzte. Sie sollte keine weiteren Maßnahmen ergreifen, die die Machenschaften dieser Firma ans Licht brächten. Für Bärbel war jedoch das letzte Wort noch nicht gesprochen.

Hilfe, wo sind die Männer hin?

Mit *Parship* waren wir in unserer Klönrunde nach den Erlebnissen und Erkenntnissen des Professors auch noch nicht am Ende. Die von *Parship* angesprochenen soziologischen und sozialpsychischen Phänomene traten häufiger auf. Sie waren keine außergewöhnlichen, seltenen Ereignisse und konnten nicht als Einzelfälle gewertet werden. Es gab oft zeitweise Deaktivierungen männlicher Mitglieder, die gleichzeitig in einer Kleinanzeige in der Zeit und der Neuen Zürcher Zeitung auftauchten. Außerdem waren die Anzeigen auf den Internetseiten dieser Zeitungen zu sehen.
Wie der Berliner hatte es ein attraktiver Mann aus der Schweiz erlebt. Er war ein bekannter Maler und Kunsthistoriker, der mit meiner Freundin Ria 85 Matching-Points hatte und damit den absoluten Rekord. Er musste seine Mailbox schließen, weil er mit Kontaktgesuchen überhäuft wurde und er nicht mehr in der Lage war, den Anfragen nachzukommen. Nur mit Ria trat er

in Kontakt, weil sie ihn als eine der Ersten angeklickt hatte und ihm ihre Angaben und Interessen sympathisch erschienen. Es kam zu einem Austausch und anschließendem Treffen in Rias Heimatstadt. Dennoch kann eine Frau bei einem Treffen frustriert werden. Männer sagen Frauen gern nach, dass sie nicht nur mit ihrem Alter kokettieren, sondern es auch nach unten korrigieren. Das trifft auf Männer im Chat gleichermaßen zu. Selbst bei der Körpergröße schummeln Männer.

Dass die von ihm angegebene Körpergröße von 177 cm nicht mit einem Normmaßband gemessen wurde, irritierte nicht nur jeden Mathematiker, sondern auch Ria. Als der Maler vor ihr stand, dachte sie, er sei geschrumpft. Ria war mit ihren 170 cm größer als er. Die Schummelei hätte er nicht nötig gehabt, denn er war ein interessanter und gebildeter Mann. Selbst ein Punktestand von 85 gemeinsamen Matching-Points garantierte nicht, dass beide zusammenpassten – obwohl *Parship* das gern behauptete. Wenn der Mann aufgrund seines Alters und konservativer Erziehung nicht gewillt war, Kompromisse im Leben und im neu gewonnenen Liebesleben einzugehen, nützte auch die hohe Punktzahl wenig, und dann kann die Partnerschaft nur über den Deister gehen. Er möchte Liebe ohne Verpflichtung – Ria glaubt aber, es gäbe nur Sex ohne Verpflichtung. Nach dem Motto: man trifft sich zum Sex und geht wieder getrennte Wege, bis man wieder Lust aufeinander hat.

Deshalb führte für ihn der Weg zurück an Staffelei und Kochtopf. Ria kochte ihre Suppe auch weiterhin allein.

Unter einem Regenschirm am Abend ...

Katrin kam bei *Parship* mit einem Mann in Kontakt, der ihr durch sein Anklicken signalisierte, dass er Interesse hätte, sie kennen zu lernen. 64 Matching-Points wurden in die Waagschale geworfen. Da beide in derselben Stadt wohnten, war das Kennenlernen die geringste Hürde.

Sie trafen sich unterm Regenschirm am Abend auf dem Weihnachtsmarkt. Romantisch, nicht wahr? Aber so romantisch endete diese Begegnung zwischen den beiden Suchenden nicht. Sie verstanden sich auf Anhieb, weil sie ähnliche Berufe hatten, die ihnen genügend Gesprächsstoff lieferten. Katrin wurde nach Hause begleitet, und Ferdinand, ein bekannter Auslandsjournalist im Ruhestand, fing Feuer. Nicht nur des Kamins wegen. Beide verabredeten sich für den nächsten Tag und kochten gemeinsam, und nicht nur das. Es erschien ihnen wie im Traum – als ob sie beide sich schon lange gekannt hätten. Die Themen, die Vorlieben, alles wie aus einem Guss – von zwei unterschiedlichen Menschen. Sie beschlossen, den Heiligabend gemeinsam zu verbringen. Sie entwarfen Zukunftspläne, das gesamte nächste Jahr wurde schon geplant.

Katrin musste am Heiligabend am Nachmittag noch arbeiten, Ferdinand erledigte den Einkauf: Fisch, den er zubereiten wollte. Der Abend verlief harmonisch, obwohl das Problem mit der Ehefrau, von der Ferdinand sich trennen wollte, in den Gesprächen nicht ausgeblendet werden konnte. Dabei stellte sich heraus,

dass der Mann psychologische Hilfe brauchte, um seine Trennung und die damit anstehenden Schwierigkeiten in den Griff zu bekommen. Denn es war nicht seine erste Scheidung, sondern seine vierte. Auch den Abgang aus dem Beruf, einem interessanten, erfolgreichen und ausgefüllten Berufsleben, musste er verarbeiten.
Am Morgen des ersten Weihnachtstages machte Ferdinand Katrin noch sehr lieb das Frühstück, doch danach tat er kund, dass keine weiteren gemeinsamen Pläne mehr geschmiedet würden. Kein Sommerurlaub mit Filmemachen in Frankreich – nichts. Ferdinand packte die Angst, dann zusammen und verließ das Haus. Die beiden sahen sich noch einmal bei zwei Konzerten. Katrin beendete die Zusammentreffen, die in eine Freundschaft münden sollten, wie Ferdinand vorschlug. Sie dankte und meinte, sie würde sich dann nicht frei fühlen, andere Männer kennen zu lernen.
Diese Sprüche kannte Katrin schon von anderen Männern zur Genüge. Ferdinand war zu feige, das Verhältnis zu beenden. Der eine wichtige Punkt zum idealen Zusammenleben fehlte. Der war sicher entscheidend für den Abgang, der filmreif und in großer Pose als Ritter mit Furcht und als traurige Gestalt war.

Was lernen wir als Frau aus solchen Vorgängen?

Wenn Frauen sich als Rittersfrau ohne Furcht und Tadel ins Getümmel der Chatschlacht stürzen, sollten Frauen Männer auf Herz und Nieren prüfen. Wer einen Mann in die engere Wahl zieht, sollte unbedingt auf dessen Hobbys achten. Hieraus kann ich ersehen, ob sich überhaupt ein Kontakt lohnt und der zukünftige Partner die neue Gemeinsamkeit will oder er nur einen Ersatz für die Putzfrau sucht. Wer Bowling, Sportverein und Skatspiel als Hauptbeschäftigungen ansieht, sollte als Interessierte wissen, dass dieser Mann nur selten zu Hause sein wird. Im Verein ist immer was los. Frauen sollten wie beim schlechten Skatblatt nicht zu hoch reizen, denn aussichtslose Spiele gehen immer verloren. Also mindestens bei 20 passen und beim nächsten Spiel die Karten besser mischen.

Neues für die Märchentrude

Besser wäre natürlich gewesen, Bärbel hätte einen Grand mit wenigstens einem Buben gehabt, dann wäre ihr das Erlebnis mit dieser Firma erspart geblieben. Das Ende der Briefschreiberei mit der Partnervermittlung war noch nicht in Sicht. Bärbel berichtete von ihren neuesten Briefein- und -ausgängen.

Sehr geehrte Frau Peines,
nachdem ich heute die Kontoauszüge geholt habe, habe ich festgestellt, dass der Text der Überweisung falsch ist. Wir haben nicht vereinbart, „dass laut Vereinbarung vom 07.06.04", wie Sie es formulieren, nur 500 Euro gezahlt werden. Nein, es ist vereinbart worden, dass die gesamte Summe von 8.000 Euro gezahlt wird. Siehe Vertrag. Sie sind in der Pflicht, ich bin nicht der Bittsteller.

Also, die Zeit drängt, sonst wird es noch teurer, denn die Gebühren des Rechtsanwaltes müssen Sie dann auch zahlen.

Bärbel Meyer

Bärbel versuchte erneut zu faxen, jedoch ohne Erfolg – als wenn dieses Gerät extra für sie abgestellt worden wäre. Deshalb wurde der Postweg bemüht.

Sehr geehrte Frau Peines,
leider ist bis 14.10 Uhr mein Geld – die Summe von 7.500 Euro – bei der Sparkasse Bremen nicht eingegangen. Heute war dank meiner Großzügigkeit der letzte Tag für Sie zum Einzahlen. Und waren meine Mutmaßungen nun berechtigt? Muss ich nun weitere Wege andenken? Ich habe da keine Hemmungen, denen zu erzählen, warum Sie mir noch Geld schulden! Mir ist das nicht peinlich.

Mit freundlichen Grüßen
Bärbel Meyer

Bärbel war es keineswegs peinlich, diese Erlebnisse frisch und frei von der Leber weg zu erzählen. Sie selbst hatte sich auf das Rendezvous mit dieser Firma eingelassen. Gern gab sie auch ihr Wissen zum Besten, was Frauen tun sollten, wenn sie sich mit einem Mann verabredeten.

Nachhilfe für das erste Date

Natürlich müssen Frauen, die sich zum ersten Rendezvous verabreden, einige Richtlinien einhalten: nicht jemanden zum Date sofort nach Hause einladen, nicht gleich auf der Bettkante landen, selbst wenn der Mann das so wünscht und meint, ich sei die Frau seines zukünftigen Lebens. Die Geschichten über die *Potemkinschen Dörfer* sind alt und bekannt. Männer benutzen sie aber trotzdem häufig. Es kommt mir vor, als wenn die Geschichte von Rotkäppchen und dem Wolf nie den Männern vorgelesen wurde, sondern nur den Frauen. Frauen oder Mädchen sollten immer lieb und gehorsam sein, das wollte man mit dem Erzählen des Märchens bewirken. Die heutige Generation von Frauen weiß ja aus Erfahrung, dass die meisten grauen Wölfe zahnlos sind und altmodische Märchen in ihrem Leben keine große Rolle mehr spielen. Obwohl öfter behauptet wird, dass Wölfe in Schafskleidern inwendig reißende Wölfe seien. Aber wer glaubt schon als aufgeklärte Frau diesen Sprichwörtern? Da vertraue ich mich lieber diesem Gedicht an:

Am Anfang war das Wort

Die Online-Liebe funktioniert
Als Glücksspiel kranker Herzen,
Die Glut in kalten Kammern giert
Nach tausend Wunderkerzen ...

Maskiert zog ich ins Cyberland –
Ein Schaf im Wolfspelz unter vielen.
Ich blieb, bis ich die Eine fand;
Ich wollte nicht mehr spielen.

Ich sah sie pantergleich verweilen,
Durch öde Seelenwälder hetzen,
Dann stand sie zwischen meinen Zeilen
Und sprang mich an mit kurzen Sätzen.

Ihr Wort verrät das scheue Reh,
Ihr Stil die Katze voller Lust,
Ihr Blick, den ich wohl niemals seh´,
Brennt mir die Seele aus der Brust.

Stattdessen pflanzt sich Liebe ein –
Geklonte süße Schmerzen.
In Monitore, hart wie Stein,
Vergraben sich die Herzen.

Und die Sehnsucht
nach Liebe bleibt !!!

Dazu erste Erkenntnisse eines *Neulings* auf dem Datingsektor:
Ornithologen sollen inzwischen sogar Bücher schreiben, aber sie pflücken noch immer keine Tage, meint dieser Wolf, der aber nur ein Schaf ist. Also, im Prinzip kein Motto. Warum sollen wir alle hier, die wir mehr oder weniger Secondhandmodels sind, nicht ausgesprochen easy sprachlich tuscheln, immer mit einem

anonym sicheren „just do it again“ auf den Lippen (welche Erleichterung).
Warum eigentlich nicht, oder hat irgendjemand für „Secondhand“ eine überholte Gebrauchsanleitung?
Wenn ja, bitte freundlichst an: „Schell Unterstrich Seebär ät(oder ad) weh ee be Punkt De“
Übrigens: Meine noch „jungen Erfahrungswerte“ in diesem Medium zeigen erste Erkenntnisse. Es sind enorm viele „Optikerinnen oder Ex-Optikerinnen“ hier zugange, so nach dem Motto: „Keine E-Mail-Adresse und ohne Foto kein Rückporto, mich darf man doch auch ...“ Der geneigte Betrachter meint dazu, Schily und Beckstein sollten dies in einem Gesetz regeln, nicht dass plötzlich das gesamte System voll ist mit faszinierenden islamisch-fundamentalistischen „Schläferinnen“ – und die auch noch anonym –, die nur eines im Sinn haben, unsere geliebte demokratisch-offene Web-Kultur ad Absurdistan, sprich zum Portrait-freien (nicht Profil-losen) Raum zu führen. Lasst es nicht zu, vielleicht sollten wir alle „Gesichtslosen“ an die LKA's melden.
Ansonsten möchte ich gerne das Motto einer Teilnehmerin hier aufgreifen und ihr zustimmen, wenn sie schreibt: „we can always get what we want“ – also „relax“.

Männer! Was verboten ist, das macht uns scharf!

(Wolf Biermann)

Kann ich als Frau wirklich das bekommen, was ich will? Oder haben Männer – oder hier in diesem Fall ein Mann, der sich sogar mit Literatur beschäftigt hat – ganz andere Vorstellungen?

Suche devote Sie, die die Geschichte der „O" ebenso fasziniert wie mich, wobei man das Wort hier nicht auf die Goldwaage legen sollte.
Normaler, erfolgreicher, attraktiver Mann möchte mit der passenden Sie in eine Beziehung starten, Voraussetzung ist, dass sie devot veranlagt ist und dieses mit mir ausleben möchte. Wobei das normale Leben nicht außen vor bleibt. Bin lieb, treu, harmonisch, romantisch und habe alle Attribute, die ein Mann mitbringen sollte. Also, traut euch. Schlummert da was in euch genau wie bei mir??

Ich wollte *Heinrich von Kleist,* so nannte sich der Mann, nicht zu nahe treten, aber *die Geschichte der O war Literatur* für Erwachsene, die bei Erscheinen sehr viel Aufregung verursacht hatte. Obwohl ich von Männern, mit denen ich mich in einem idyllischen Café in einem Heidestädtchen getroffen hatte, schon ganz andere realitätsfremde Geschichten vorgesetzt bekommen hatte. Glaubten Männer immer noch, dass Frauen es nicht bemerken, wenn im Gespräch eine heile Welt gezaubert wurde? Zum Beispiel, welch tolle Kerle sie

denn seien, und am Scheitern der Ehe träfe sie keine Schuld.
Der Erste, ein Dozent, wollte nur Sport und Kuscheln. Seine zukünftige Partnerin sollte den Haushalt versorgen und stets die gepackte Sporttasche für das Wochenende parat haben. Im Sommer Segeln und im Winter Skilaufen – jedes Wochenende. Das war ihm wichtig. Seine ehemalige Frau hätte immer viel Bücher gelesen. Das fände er nicht gut. Damit würde wenig Zeit für das gemeinsame Kuscheln bleiben, und das bräuchte er. Ich aber fand nicht gut, dass in seinem neu erbauten Haus offensichtlich das Badezimmer fehlte und er vielleicht deshalb bei diesem Treffen so streng roch. Leider bemerkte er selbst seinen für Menschen ungewöhnlichen Geruch nicht. Seinen Dachsbau beabsichtigte ich nicht zu pflegen. Damit war das Treffen beendet. Beendet mit einer Mail, die ihm prompt von mir zuging. In der stand, dass ich auch gern las.
Ein zweites Treffen fand wieder in diesem Café statt. Der Ober musste gar nicht mehr fragen, was ich bestellen wollte. Das wusste er noch von der vorigen Woche. Der zweite Kandidat war etwas irritiert. Ein ganz normaler Mann, der in der gleichen Situation war wie ich. Mit einem kleinen Unterschied: Ich hatte eine Hilfe zu Hause, und er suchte eine. Ich aber suchte einen Partner und nicht den Putzjob. Wir gingen nach einigen Stunden fröhlich auseinander, ohne uns jemals wieder zu sehen. Nur im Chat trafen wir uns.
Ein Dritter, ein Diplomkaufmann und Krankenhaussanierer, fuhr einen Superschlitten, der jährlich ausgetauscht wurde. Allerdings hatte er bei seinen beruflichen Sanierungen gleichzeitig versucht, seine Ehe zu

sanieren, und zum jährlichen Wagenwechsel die Frau mit ausgetauscht. Da ihm die Sanierung der Ehe nicht geglückt war, trafen wir uns. Wir unterhielten uns über Aktien und Wirtschaftsformen. Auch darüber, wie Frauen in der heutigen Zeit ihr Geld anlegen könnten. Ich wollte nicht mein Geld vermehren, sondern ich beabsichtigte, meine Zukunft neu zu regeln. Mit einem Mann, der wenig Verständnis für meine Interessen zeigte. Deshalb konnten nach diesem Gespräch wenig Gemeinsamkeiten in eine aufzustellende Bilanz eingebracht werden. Sie fiel so mager aus, dass ein gemeinsamer Wirtschafts- und Sanierungsplan gar nicht erst in Angriff genommen werden musste.

Man merkt leicht, dass auch kluge Leute bisweilen faseln

(Kant – zum Vergnügen)

Mager fiel auch die Ausbeute bei der Hamburger Vermittlungsfirma aus. Auf den vorangegangenen Brief folgte ein handschriftlicher Zettel, wie Bärbel erzählte, der per Einschreiben und Eilpost am nächsten Morgen vor der Zeitung ins Haus geflattert kam.

Hallo, Frau Meyer,
rufen Sie bitte dringend Ihre Sparkasse, Frau Köhler oder Kollegen, an. Meine Bank hat den Betrag von 7.500 Euro heute telefonisch bei Frau Köhler avisiert. Sie sind telefonisch leider nicht zu erreichen; schon seit

dem 06.10.04 und 07.10.04. Leider muss ich wieder schreiben.

Mit freundlichen Grüßen
Frau Peines

P. S. Bin unterwegs, habe keine Kopfbögen dabei.

Diverse Anrufe bei ihrer Sparkasse bestätigten Bärbel, dass das Konto noch nicht wieder mit dieser besagten Summe aufgefüllt worden war. Also hieß es abwarten, ob das Geld nach dem Wochenende wieder in den sicheren Hafen einlaufen würde.

Nachrichten aus Neu-Absurdistan

Bärbel berichtete, dass in der Zwischenzeit von einem der Männer, deren Namen Frau Peines erwähnt hatte, Post angekommen sei.

Liebe Frau Meyer,
vom Büro Frau Peines aus Hamburg erhielt ich Ihre Anschrift. Seitens dieser Stelle wurden Sie mir als partnersuchend vorgestellt.
Ich schreibe Ihnen, Frau Peines' Anregung gerne aufgreifend, weil auch ich den Wunsch nach einer Lebensgefährtin habe, eine solche gerne finden möchte. Lassen Sie uns gemeinsam herausfinden, ob eine Partnerschaft möglich, tragfähig und von Bestand wäre.

Zu meiner Person und den ihr eingezeichneten Charakterzügen und Merkmalen nun das Folgende. Mit meinen 55 Lebensjahren bin ich sicherlich nicht mehr ganz jung, gleichwohl fühle ich mich selbst noch durchaus vital, gesund, robust, unverbraucht. Darüber hinaus wirke ich äußerlich besehen deutlich jünger, als es mein tatsächliches Alter auf den ersten Blick vielleicht vermuten lässt. In Bezug auf das äußere Erscheinungsbild wäre in erster Linie zu nennen die Körpergröße von 1 Meter 78, des Weiteren die kräftige, mittelschlanke Konstitution sowie die stets gute Bekleidung.
Ich trage im Übrigen halblanges, grau meliertes Kopfhaar, eine randlose Brille und einen kurz geschnittenen Vollbart. Erwähnenswert hinsichtlich meines Aussehens ist auch die blaue Augenfarbe. In vorläufiger Zusammenfassung kann man von einem durchweg vorteilhaften Outfit sprechen. Von Beruf bin ich Musikwissenschaftler sowie Kaufmann in der Sparte Großhandel, war allerdings auf diesem Gebiet nie professionell tätig. Lange Jahre habe ich als Textkorrektor gearbeitet. Momentan bekleide ich einen Arbeitsplatz als kaufmännischer Angestellter, den ich bis zum Erreichen der Altersgrenze voraussichtlich beibehalten werde. Die augenblickliche berufliche Beschäftigung macht mir viel Freude und füllt mich auch von daher genügend aus.

Seit Jahren bewohne ich eine sehr gut ausgestattete Eigentumswohnung in ruhiger Vorstadtlage, mitten im Grünen. Der Erwähnung wert auch der eigene Pkw, von dem ich ständig Gebrauch mache. Was Interessen

und Neigungen anbelangt, so wäre an vorderster Stelle die Liebe zur klassischen Musik zu nennen. Kurzzeitiger Kompositionsunterricht in früheren Jahren befähigt mich zum Komponieren, ein Hobby, dem ich mit großer Hingabe und viel Engagement fortwährend nachgehe.
Daneben spiele ich die Konzertgitarre und auch ein wenig Klavier. Eine weitere Vorliebe betrifft etwa das Schachspiel, bei dem ich es sogar zu Meisterehren gebracht habe. Außerdem besuche ich regelmäßig die Oper, Konzert und Theater, höre ausgiebig Radio – kein Fernsehen! – und lese leidenschaftlich gern. Nicht zu vergessen die Inklination zu Reisen, Spaziergängen, Autoausfahrten sowie Caféhausbesuchen. Existenziell bin ich hinlänglich abgesichert. Ich war nie verheiratet. Ich würde mich selbst als einen eher ruhigen, besonnenen, geduldigen, toleranten und vor allem ausgeglichenen Menschen einstufen. Eine hohe Sensibilität, um nicht zu sagen eine übergroße Empfindsamkeit, ist wesensmäßig nicht zu verkennen. Vor lauten, aufdringlichen Menschen hege ich eine gewisse Scheu; alles Derbe, Rohe, Brutale, Gemeine, Rücksichtslose, Gewaltsame ist mit meiner ansonsten ausgeprägt sanften, ja, zarten Persönlichkeit gänzlich unvereinbar. Generell liebe ich die Ruhe, Gelassenheit, den Frieden und die Stille, auch atmosphärische Stimmungen.
Liebe Frau Meyer, wenn Ihnen jene vorausgegangenen Darstellungen und Beschreibungen möglicherweise gefallen, so setzen Sie sich – brieflich oder telefonisch – doch demnächst einmal mit mir in Verbindung. Es würde mich freuen. Gerne wüsste ich mehr über Sie. Und vielleicht hätte ein sich dann ergebendes Kennen-

lernen für uns ja erfreuliche Folgen. Hier lade ich Sie herzlich ein!
Mit lieben Grüßen Horst-Paul Baber

Schlag nach bei Shakespeare

Bärbel aber vermutete, dass Herr Baber einen Mutterersatz suchte, nachdem sie einen Blick ins Telefonbuch geworfen hatte. Unter der angegebenen Adresse war noch ein altmodischer Frauenname vermerkt. Deshalb ging Bärbel in ihrem Antwortschreiben auch darauf ein:

Sehr geehrter Herr Baber,
haben Sie recht herzlichen Dank für Ihren ausführlichen Brief, den ich mit Interesse gelesen habe. Ich bin seit vier Jahren wieder allein. Deshalb suche ich einen Partner, der partnerschaftserprobt ist. Nachdem ich einen Blick in das Telefonbuch geworfen habe, nehme ich an, dass Sie mit Ihrer Mutter zusammengewohnt haben. Das ist natürlich nicht eine Partnerschaft, sondern eine Familienbande. Und ich nehme an, dass Ihre Frau Mutter jetzt nicht mehr lebt und Sie sich aus diesem Grund um eine Partnerschaft bemühen. Sehe ich das richtig? Ich selbst habe in meinem Haus mit meinem Mann und meiner Großmutter in einer so genannten Wohngemeinschaft gelebt und kenne durchaus die Probleme, die auftreten können.
Ich bin jetzt im Vorruhestand und muss nicht mehr arbeiten, so dass ich Zeit genug habe, mich meinen Interessen zu widmen. Dazu gehört auch die klassische Mu-

sik, die durchaus auch mal laute Töne haben kann. Dem Jazz bin ich ebenfalls sehr verbunden. Gestern war ich in einem Jazzkonzert mit dem amerikanischen Saxophonisten Pee W. Ellis. Ein lautstarkes, genussvolles Konzert. Alle Besucher waren begeistert, und der Saal war voll. Ich habe sehr viel neue Musik in meiner Dienstzeit produzieren müssen. Manchmal war es interessant, manchmal auch zu laut oder zu schräg und nervig. Heute bekannte Künstler haben wir in Live-Performances vorgestellt. Wenn Sie einen Computer haben oder irgendwo ins Internet schauen können, können Sie sich ja mal meine Homepage ansehen, auf der viele Sendungen aufgeführt sind, die ich gefertigt habe. Auch meine Vorlieben für die Schweizer Fasnachtsmusik. Da ich ein Mensch bin, der es gewohnt ist, mit leisen und lauten Tönen umzugehen, weiß ich nicht, ob wir zusammenkommen können. Das Fernsehen ist für mich als ein politisch denkender Mensch eine Selbstverständlichkeit.

Ich bin es außerdem gewohnt, auf Augenhöhe mit einem selbstständigen Partner zu leben. Das heißt, es gibt sicher auch mal Unstimmigkeiten oder Meinungsverschiedenheiten, die ausgetragen werden und mit Vernunft beendet werden, ohne nachtragend zu sein. Hier bin ich kein Vermeider, das sage ich mal vorweg. Es muss sicher nicht alles bis zum letzten i-Tüpfelchen zerredet werden, aber unter den Teppich wird es um des lieben Friedens willen auch nicht gekehrt.

Wenn Sie sich die Homepage angesehen haben, auf der Fotos enthalten sind, können Sie ja mal wieder schreiben oder telefonieren, falls Sie meinen, einen Draht zu mir zu bekommen. Ich bin eine sehr gestandene Frau,

die so werden musste, weil ich meine Probleme allein zu lösen hatte. Außerdem war ich als Betriebsrat für Menschen mit Problemen besonderer Art zuständig. Das formt auch. Meine Vorlieben an Hobbys sind Fotografie, Literatur, Kunst, Malerei und viel Musik wie eben Klassik, Jazz, Ethno, Liedermacher und Songwriter. Da gehe ich gerne in Konzerte, die mein Sender mir bietet.
Einen lieben Gruß ins vielleicht noch warme Frankfurt. In Heusenstamm habe ich auch mal mit meinem Mann gewohnt, der in Frankfurt gearbeitet hat. Deshalb kenne ich ein wenig die Gegend und habe sie schätzen gelernt.

Mit freundlichem Gruß Bärbel Meyer

Das war der Antwortbrief – offen und ungekünstelt. Für Bärbel war es wichtig zu wissen, welche Familienverhältnisse vorherrschten, damit sie nicht vom Regen in die Traufe käme. Klare familiäre Aussagen fand sie nicht in dem Brief. Ob dieser Mann noch am Rockzipfel der Mutter hing, hatte er vergessen zu berichten. „*Sonst kann ich gleich die Rückfahrkarte für den Zug mitkaufen*“, frotzelte sie.
Und was sollten Frauen bei Männern noch überprüfen?

Ob blond, ob braun, ich liebe alle Frau'n, (mein Herz ist groß…)

Überprüfen sollte eine Frau – aber erst nach einigen Verabredungen –, ob den Mann finanzielle Engpässe zu diesem Treffen verleitet haben oder eine Ehefrau im Hintergrund noch den gemeinsamen Lebensweg bestimmt. Wichtig ist auch zu wissen, ob getrennt lebend getrennt – lebend ist. Oder ob es nur bis zum Wochenende der Fall ist und der Mann als Vertreter auf der Durchreise ein warmes Bett sucht. So nach dem Motto: *Bed, Breakfast and Woman included!* Und ob Weihnachten und die anderen Festtage wieder daheim bei Kindern und Familie gefeiert werden sollen, muss überprüfbar sein. Umzugswillige Kandidaten, die sofort die Koffer packen wollen, sind mit Glacéhandschuhen anzufassen. Bei Männern, die sich als ledig ausgeben, benötigt man eine gute Telefonauskunft. Die klärt vieles. Bei Männern, die wenig Interesse an Treffen oder Telefonaten mit einer neuen Bekanntschaft haben, muss ich mich fragen, was dahinter steckt.

Dass ich einen Telefonanruf von einer Ehefrau erhielt, die sich bei mir bedankte, weil ich ihrem Mann vor einem Jahr per Mail eine Absage erteilt hatte, machte mich neugierig und nachdenklich zugleich. Die Ehefrau hatte den Verdacht, ihr Mann würde sich in seiner Jagdhütte mit Frauen treffen. Sie hatte mit Hilfe ihrer Tochter den Eingangscode des Computers ihres Mannes geknackt und fiel fast aus allen Wolken. Ihr Mann, ihr angeblich braver Ehemann, hatte alle Kontakte, die er über das Internet mit Frauen geführt hatte, gewissenhaft wie ein Buchhalter im Computer gespeichert und in einem Ordner verwahrt. Selbst die Treffen wurden aufgeführt, als wenn das Finanzamt diese Unterlagen benötigen würde und die Aufwendungen als Sonderausgaben abgesetzt werden könnten, wie sie mir empört berichtete. Nun wollte sie von mir wissen, ob ich ihren Mann irgendwo getroffen hätte. Die Antwort war ein Nein, denn das Interesse ihres Mannes wäre nicht groß gewesen. Die Ehefrau lobte die Absagemail, die ihr imponiert hätte, weil sie so konsequent gewesen war. Sie meinte, dass sie nun vor den Trümmern ihrer Ehe stünde: Ihr Mann sei weitgehend arbeitslos, sie hätte kein Geld, keinen Job, eine neue Wohnung in fremder Umgebung ohne Freunde und nun diese Erkenntnis. Es blieben ihr nur der Gang zum Sozialamt, eventuell der Rückzug in die alte Heimatstadt und Scheidung. Die Gegenfrage von mir war, ob sie die neuen Frauenkontakte denn nicht an dem Rückgang oder Einschlafen der sexuellen Beziehung gemerkt hätte. Die sexuelle Unzufriedenheit in der eigenen Partnerschaft war für Männer und Frauen oft der Grund für einen Seitensprung. Nein, das wäre so wie immer gelaufen. Stutzig sei sie nur geworden, weil die Telefonrechnungen des Handys öfter höher ausgefallen wären.

Damit war für mich wieder einmal klar, dass Glauben Wissen nicht ersetzte. Die abenteuerlichen Erfahrungen auf diesem Gebiet mit Männern im Chat konnten grenzenlos sein und verliefen oft in den Nebeln der Milchstraße, da selten die Heimatadresse preisgegeben wurde. Wie in dem Beispiel mit Siegfried, von dem uns Christine berichtete.

Der Koloss von Bad Bertrich

Christine lernte Siegfried durch eine Anzeige kennen, die sie im letzten Frühling in einer renommierten Zeitung geschaltet hatte. Der Brief war erst einmal in der Schublade liegen geblieben, weil er sie nicht vom Hocker gerissen hatte. Der Brief lautete:

Hallo, Super-Eva,
auf diese Ihre Anzeige muss ich einfach antworten. Ich glaube, nein, ich bin sicher, dass wir gut zueinander passen würden. Ein hohes Niveau, gutes Aussehen, viele gemeinsamen Interessen und … beide eine große Sehnsucht nach sinnlicher Zärtlichkeit und Erotik?!? (Ich bin das, was man einen großen Schmusekater nennt.)
Doch besser wäre es, wenn wir uns telefonisch darüber unterhalten könnten!
Ich bin aber oft unterwegs, deshalb (bei 100%iger Diskretion) hinterlassen Sie Ihre Telefonnummer auf dem AB bei Abwesenheit. Ich bin Anfang 60, 195 cm stattliche Größe und (fast) ungebunden.
Darf ich auf einen Kontakt hoffen?

Es grüßt herzlichst, Siegfried

Der Brief mitsamt Fotos sollte der Ordnung halber zurück an den Heimatort. Da Christine wie in vielen Fällen keine Adresse fand, musste sie sich etwas einfallen lassen. Sie musste schon häufiger feststellen, dass die Männer, die schrieben, entweder auf Wolke sieben wohnten – und da musste es schon sehr voll sein – oder im Nirwana verschwanden. Christine benutzte die im Brief angegebene Telefonnummer und sprach auf den Anrufbeantworter. Sie bat um Rückruf zwecks Rückgabe der Fotos.

Ein paar Tage später meldete sich dieser Schmusekater. Was im Brief sehr holprig klang, so berichtete Christine, konnte im persönlichen Gespräch von ihr um einige Punkte nach oben korrigiert werden. Summa cum laude käme nicht heraus, aber eine angenehme Art und Weise des Umgangs, bemerkte sie lachend. Siegfried rief Christine von da ab öfter an, und sie fand: „*Wer nicht wagt, der nicht gewinnt.*“ Obwohl Christine sich dessen bewusst war, dass noch eine andere Frau im Hintergrund das Zepter schwang.

Sie machte sich auf, Siegfried während seiner Kur an der Mosel zu besuchen. Die Sonne schien. Der Zug war nicht überfüllt. Spätabends kam Christine an und wurde herzlich begrüßt. Das Hotelzimmer für Christine war reserviert worden. Es war ein angenehmes Hotel. Siegfried war wirklich groß und außerdem kräftig. So kräftig hatte Christine sich den Mann nicht vorgestellt. Christines eigene paar Pfunde zu viel schmolzen wie Schnee in der Sonne. Christine konnte sich nicht vorstellen, wie dieser gewaltige Mann zu seinen Kindern gekommen war. In Witzblättern machte man sich ja häufig lustig über solche Paarungen. Im Gespräch erwies sich Siegfried als liebenswerter und anpassungsfähiger Mann, der es verstand, sich behutsam in den Vordergrund zu schieben. Aber er stand sowieso schon durch seine Fülle im Vordergrund. Die Verabschiedung am Abend im Hotel verlief unspektakulär.

Christine ging ins Bett; einige Zeit später klopfte es. Der Türgriff senkte sich. Dann stand plötzlich ein etwas nervöser Mann im Schlafanzug vor ihr, der gern beweisen wollte, was für ein Schmusekater er war. Schmusekater hin oder her, ihn befielen bei so viel sinnlicher und erotischer Frau und beim ersten Kontakt Versagensängste, so dass Christine nach einer schmusigen Viertelstunde doch noch zu ihrem Schönheitsschlaf kam.

Am nächsten Morgen gingen Christine und Siegfried ins große Kurbad. Einige wohlige Stunden im sonnenbeschienenen Bad folgten. Christine stellte während der Gespräche im Bad fest, dass das von ihm angegebene Alter mit Anfang 60 sich schon auf 66 belief. Damit rechnete Siegfried sich größere Chancen bei den Frauen aus. Aber Lügen hatten wie immer kurze Beine, wenn der Mann auch 195 cm war. Sodann wurde die wunderschöne Gegend an der Mosel erkundet und anschließend sein Bett. Da für beide das Bett zu eng war, konnten weder Christine noch Siegfried zu irgendeinem Genuss kommen.

Als Christine uns von ihrem Abenteuer erzählte, musste sie wieder lachen. Das Gewühle wäre wie im Stummfilm bei Pat und Patachon gewesen, verbunden mit Gelächter und dem Ausloten von Positionen, weil Christine eher das Bett krachen und die Fülle plumpsen sah. Sie verabschiedeten sich danach für ein paar Stunden

Alleinsein, weil die Dame mit dem Zepter kräftig Siegfrieds Handy traktierte. Erst mal musste Rapport geleistet werden. Das mit dem *fast ungebunden* war wie ein offenes Schnürband am Schuh: offen, aber vorhanden, und der Mann stolperte darüber. Der Gedanke daran war nur im Moment weit weg.
Abends setzten Christine und Siegfried sich zu einem gemütlichen Essen zusammen, und jeder ging danach in sein Zimmer – allein. Begründung: Er müsse sich von den Konflikten erholen. Mann könnte die Probleme – obwohl hausgemacht – nicht so wegstecken. Er sei so sensibel. Das alles belaste ihn. Christine, die von Natur aus kein dickes Fell hatte, zeigte wie immer Verständnis für solche Situationen, wie es Frauen ja öfter nachgesagt wurde.
Für den nächsten Morgen war ein Ausflug geplant. Die Mosel lockte. Sie saßen beide nach einer etwas längeren Autofahrt an der Mosel in der Nähe eines piefigen Campingplatzes. Der Campingwart hatte Mittagspause, die Klos waren deshalb geschlossen, und der Durst konnte nicht gestillt werden. Nachdem Abhilfe geschaffen worden war, wollte Siegfried gern, dass Christine diese schöne Gegend ein paar Züge früher verließ. Ihm war heiß – sicher aus einem anderen Grund als vom Sonnenschein, denn die Dame mit dem Zepter hatte ihr Kommen angekündigt und drohte, in der Tür des Hotels zu stehen. Christine verabschiedete sich, und Siegfried mochte aus Sensibilitätsgründen keine Abschiedsszene am Zug, da Christine wohl die ungeschützte Stelle mit dem Lindenblatt an seinem Körper getroffen hatte. Er machte sich traurig auf zur nächsten Begegnung mit der ihm nur (fast) verbundenen Frau,

die ihn besuchen wollte. Und war kein strahlender Held mehr wie sein Namensgeber, der den Kampf mit dem Drachen aufgenommen hatte und ihn zu seinen Gunsten nach einer heroischen Schlacht mit dem Schwert entschied. Aber hier wurden keine Klingen gekreuzt, nein, es wurden persönliche Entscheidungen verlangt, die sein Leben verändern und auf eine Frau reduzieren würden.
Am nächsten Wochenende wolllte Siegfried sich bei Christine melden, sobald er wieder in seiner Wohnung sei. Aber am Wochenende kam kein Anruf. Christine entschloss sich nach einigem Warten, Siegfried anzurufen und erreichte ihn auch. Der saß in der Klemme, weil die Dame mit dem Zepter bei ihm in der Wohnung war. Das Telefongespräch geriet zur Farce, weil Siegfried unter Druck geriet und meinte, er wolle sich langsam aus dieser Beziehung verabschieden. Er bräuchte Zeit. Christine ließ ihm vier Wochen Zeit. Zeit genug, aus einer fast nicht existierenden Beziehung auszubrechen und sie zu beenden. Aus diesem Gespräch hatte Siegfried immer noch nichts gelernt. Christine kam ihm zuvor, weil sie Zeit genug gehabt hatte, über diese Begegnung nachzudenken, und deshalb einen Schlusspunkt setzte.

Lieber Siegfried,
mit diesem Brief schicke ich dir deinen Brief inklusive Fotos zurück. Vielleicht kannst sie ja erneut verwenden, wenn du wieder jemanden anschreibst. Die Erfahrung, die ich mit dir gemacht habe, war sicher eine Wiederholungstat von dir. Fest im Sattel sitzen und

schauen, ob nicht noch eine finanzkräftigere Frau dabei sein könnte, die gerne teilt für und mit einem Mann an ihrer Seite.
Wenn ich das Wochenende Revue passieren lasse, kommt mir zwar nicht die Galle hoch, aber ein Nachdenken lohnt es. Wie oft hast du dieses Verhalten schon an den Tag gelegt? Ich war sicher nicht die erste Frau, die auf dein „gefühlvolles Verhalten" reingefallen ist. Der Abschluss am Montag war auch bezeichnend. Wir sind nicht mehr nach Bad Bertrich gefahren, weil du Angst vor einer Konfrontation mit deiner Gabi hattest. Und ich musste aus „Hitzegründen" ein paar Züge früher nehmen, so viel Respekt hast du vor deiner Freundin. Deine Reden, du musst dich langsam verabschieden, stimmen doch hinten und vorne nicht. Du hast es gar nicht vor, weil es ja so bequem ist und die Frauen es dir leicht machen. Die neue Frau hat nicht mal eine Adresse, nur eine Telefonnummer, und da läuft der Anrufbeantworter. Praktisch, nicht? Alles mit Vorbedacht. Preiswertes Vergnügen gehabt mit optimaler Aus- und Benutzung, könntest du als Betriebswirt feststellen. Wenn du dich wirklich hättest lösen wollen, wäre auch mal ein Anruf erfolgt, selbst wenn du in Prien gewesen wärst.
Ihr seid ja keine siamesischen Zwillinge!
Vielen Dank nochmals für die angenehme Zeit, und ich wünsch dir viel Glück bei weiteren Inseraten und mit den Bildern, die besagen sollen, dass du ein reicher Segelfreund bist und nicht nur Mitsegler. Das hattest du eigentlich nicht nötig, weil du ein Typ warst.
Ich muss dir den Brief leider an deine Freundin schicken, weil du nicht mit deinen persönlichen Angaben

im Telefonbuch stehst. Und deinen Kindern wollte ich den Brief nicht zukommen lassen.
Adieu.

Da der Brief nicht zurückkam, hatte er sicher seinen oben erwähnten Empfänger erreicht und damit seine volle Wirkung erzielt. Ein halbes Jahr später rief Siegfried Christine wieder an und bat sie um Verzeihung und hoffte, dass sie ihm vergab. Christine fragte genervt, was das denn solle, denn für sie sei Siegfried seit einem halben Jahr passé. Sie wollte nichts mehr von ihm hören. Siegfried erzählte, er hätte sich für seine Gabi, das war die Dame mit dem Zepter, entschieden und zöge jetzt mit ihr zusammen. Christine versuchte das Gespräch mit Siegfried dreimal zu beenden, weil er nicht eher auflegen wollte, bis sie ihm verziehen hatte. Unaufrichtiges Verhalten Frauen gegenüber war ihm eigentlich egal, denn gemeldet hatte er sich in der Zwischenzeit nicht. Aber die Absolution in seiner Glaubensgemeinschaft, der katholischen Kirche und damit verbunden die Beichte, war ihm wichtig. Was Erziehung in jungen Jahren bei Männern so anrichten konnte. Die Frauen, deren Gefühle er verletzt hatte, schienen nicht so wichtig. Nur er stand im Mittelpunkt. *Siegfried* wollte wieder ein sanftes Ruhekissen unter seinem Kopf haben.

Eins, zwei, drei, vier, fünf, sechs, sieben, wo ist meine Braut geblieben?

Ein sanftes Ruhekissen, das Bärbel mit ihrem Schreiben zunichte gemacht oder zumindest wie Frau Holle die Federn aufgeschüttelt hatte, wollte auch Herr Baber gern wieder haben und nicht auf sein Schmusekissen verzichten. Er klang in seinem Brief an Bärbel sehr verschnupft. Bärbel war ihm zu forsch, zu aufgeweckt und sicher zu laut. *Herr Baber* beklagte sich in bandwurmartigen Sätzen, dass sie auf seine empfindsame Seele nicht eingegangen sei. Auf die Frage, die Bärbel nach der Mutter gestellt hatte, war er wohlweislich nicht eingegangen.

Liebe Frau Meyer,
haben Sie vielen Dank für den mir kürzlich übermittelten Brief; ich habe ihn mit Interesse gelesen, finde das darin Ausgesagte beachtlich und ansprechend, auch gerade hinsichtlich der Ausführlichkeit Ihrer Darstellungen und Beschreibungen.

Freilich komme ich nicht umhin, Ihnen zu sagen, dass durch die übersandten Zeilen zum Ausdruck kommenden angenehmen und erfreulichen Seiten mich bei der Lektüre trotz allem ein, sagen wir, latentes Unbehagen, eine leise Missempfindlichkeit überkam. Ohne auf Einzelheiten einzugehen, hatte ich, als ich den Text las, unterschwellig das Gefühl der Distanz, das unbe-

stimmte Empfinden einer gewissen Gleichgültigkeit, Unentschiedenheit, Indifferenz, eines diffusen Unbeteiligtseins, kurz: den Eindruck mangelnder Herzlichkeit, Hinwendung, Sympathie, Wärme. Da ich in der Tat ein ausgesprochen sensitiver, empfänglicher und deshalb liebesbedürftiger Mensch zu sein glaube, werden Sie die Betretenheit, Beklemmung, Betroffenheit, ja Ernüchterung, welche sich beim ersten Lesen wie danach dann auch folgerichtig einstellte, unschwer einsehen und verstehen. Von einer mir partnerschaftlich verbundenen Frau aber wünsche und erwarte ich in Herzensdingen eben doch ein höheres Maß an emotionaler Intensität, Tiefe, Innigkeit, Lebendigkeit, Eindringlichkeit als das von Ihnen Gezeigte. Alles dieses vermisse ich, mit Verlaub, in Ihrem Brief ein Stück weit. Zusammengefasst scheinen Zuneigung, Hinwendung, Nachdruck, Engagement, Eifer, Verbindlichkeit ein wenig zu fehlen. Auf einer derartigen Grundlage indessen ist für mich ein tragfähiges Zusammenleben, eine dauerhafte Lebensgemeinschaft kaum vorstellbar, geschweige denn ernsthaft zu verwirklichen. Bei dieser Sachlage dürfte solche Erkenntnis wohl unabänderlich sein und für beide Seiten vermutlich das Beste und unabweisbar Gegebene. Das bitte ich Sie zu begreifen und als real vorhanden zu akzeptieren.

Seien Sie, liebe Frau Meyer, daher nicht böse, und haben Sie Verständnis, dass ich den Kontakt, obgleich gerade erst angeknüpft, unverrichteter Dinge nunmehr lieber beenden möchte. Sicherlich sind
mit diesem Abbruch die Chancen, auf Ihrem weiteren Weg einen Lebensgefährten zu finden, noch längst nicht vorüber. Hierin wünscht Ihnen zukünftig Glück

und Erfolg wie überhaupt alles erdenklich Gute, und grüßt Sie herzlich
Horst-Paul Baber

Uff, nach diesen subtilen Verbalattacken konnte Bärbel sich nicht verkneifen, noch einmal auszuholen. Dieser Mann hatte trotz seiner Sensibilität nicht begriffen, dass sie beide einfach nicht zusammenpassten. Das konnte man nicht erzwingen. Frau Peines' Vorschlag war sicher gut gemeint, aber hier hatte ihr psychologisches Fingerspitzengefühl total versagt. Bärbel brauchte etwas Handfestes und kein Sensibelchen:
Sehr geehrter Herr Baber,
ich habe gar nicht erwartet, dass Sie mir noch einmal schreiben. Ich habe beim Lesen Ihres ersten Briefes schon Ihre Beschreibung der „Empfindsamkeit" mit spitzen Fingern angefasst. Und auf die Frage, ob Sie mit Ihrer Frau Mutter zusammengelebt haben, wurde nicht geantwortet. Was soll ich mit einem Partner, der noch nie mit einer Frau zusammengelebt hat und bis zu diesem Zeitpunkt nur Sohn war? Und was soll ich mit einem Mann, der sich viel jünger fühlt als sein tatsächliches Alter? Was bitte? Mit der Schippe und dem Eimerchen in den Sandkasten? Ich habe bei Ihnen das normale, richtige Leben vermisst. Deshalb die Distanz. Man muss mich aufgrund meines erfolgreichen Berufslebens nicht anhimmeln, und ich himmele keine Männer an, die ich nicht kenne und bei denen ich ahne, dass sie Sensibelchen sind. Deshalb breite ich vor Ihnen nicht mein Leben aus. Ich komme vom Hörfunk und bin ein Freund von kurzen, präzisen Sätzen. Ihre Sensibilität in Ehren, aber die Aufzählungen sind wirklich

bandwurmartig. Mehr lasse ich mich nicht aus, weil ich nicht weiter in Ihre Psyche dringen will.
Ich hoffe, dass Sie die richtige Frau finden, die zu Ihnen aufschaut. Ich komme auch so gut aus. Entweder findet sich jemand, der genauso handfest ist, wie ich es bin, oder ich verzichte. Für den Haushalt und zum Briefeschreiben brauche ich keinen Mann. Da ist das Motto: Selbst ist die Frau.

Mit freundlichen Grüßen
Bärbel Meyer

Nachdem einige Frauen beim Treffen über Herrn Babers Ausführungen mehr als nur geschmunzelt hatten, gab Ria ihre Anekdote mit einem Mann aus der Heide zum Besten.

Der Heidegockel vom Wilseder Berg

Ria hatte, gekoppelt mit *Parship*, in der Zeit eine kleine Anzeige aufgegeben und erhielt Antwort von einem Nudisten. Der Brief trudelte von einem Herrn aus norddeutschen Gefilden ein, der schon über siebzig war und sich noch als kleiner Nackedei und braun gebrannt auf zwei Bildern präsentierte. Es fehlte nur noch das Bärenfell. Aber er saß oder lag nicht. Nein, er stand aufrecht, damit sein Penis gut zur Geltung kam – er trug ihn stolz, aufgerichtet wie einen Leuchtturm, vor sich her.

Liebe sinnliche, erotische Zeitgenossin,
Sie sprechen mich mit Ihrer lieben Anzeige ganz, ganz doll an. Und nun möchte ich Sie so gern kennen lernen. Wollen Sie mich trotz des fürchterlichen(?) Altersunterschiedes auch kennen lernen, nachdem ich mich ein wenig vorgestellt habe?
Zuvor aber bitte erst mal dies: In hoffentlich berechtigter Vorfreude sitze ich schon mal so wie abgebildet (siehe unten) am Schreibtisch.
Ich bin Pensionär, 70 Jahre alt – dabei aber innen und außen durchaus jungenhaft-jugendlich geblieben –, 173 cm lang, schlank, sehr sinnlich, „nudest nudest", Nichtraucher.
Ich mag all die schönen, guten, liebenswerten und lustvollen Dinge der Welt und des Lebens und insbesondere der Erotik; wollen wir sie von nun an gemeinsam entdecken? Erobern, erleben genießen und auskosten? ... Liebevoll zueinander... sensibel füreinander ... verständnisvoll miteinander ... mit allen unseren Sinnen?
Und das erotisch-sinnliche Einander-Verwöhnen zartfühlend-einfühlsam, kamasutrahaft-phantasievoll, wohltuend-behutsam und genussvoll-geduldig?
Ich möchte gern wieder Zärtlichkeit, Geborgenheit, Wärme und Vertrauen geben und finden in einer ruhiglebendigen, intensiv-harmonischen, erfüllenden, glückvollen, fröhlichen leidenschaftlichen und dauerhaften Partnerschaft. Es wäre schön, wenn Sie sich meldeten! Schreiben Sie ein paar Zeilen? Rufen Sie an? „Zur Not" so richtig unkonventionell zur „völlig unmöglichen" Tages- oder Nachtzeit? Wenn Sie wollen, dann komme ich gern ganz schnell zu Ihnen gefahren, um

mich Ihnen – vielleicht bei einer gemütlichen Tasse Kaffee oder bei einem guten Essen in einem schönen Restaurant – persönlich vorzustellen ... oder Sie kommen zu mir; ich wohne recht idyllisch mit fast nur Grün um mich herum.
Bis bald, Ihr erwartungsfroh-nackter Hans

Medizinische Sprechstunde

Der Anblick des nackten Hans warf Ria nicht um, denn sie wusste, wie ein nackter Mann aussah. Aber solch ein niveauloser Brief mit diesen Bildern wäre dann doch der Gipfel des *guten Geschmacks*, fand sie. Die Antwort der medizinisch Vorgebildeten fiel dementsprechend aus.

Sehr geehrter Herr Brehn,
nachdem ich Ihren Brief gelesen und mir vor allen Dingen die Bilder angeguckt habe, rate ich Ihnen dringend, zum Arzt zu gehen. Der Hautarzt wäre in Ihrem Fall der richtige Helfer. Wie schön, dass Sie sich so abgebildet haben. Das törnt richtig ab. Was Sie mit an Sicherheit grenzender Wahrscheinlichkeit haben, ist eine Entzündung der Glans Penis, der Eichel. Man nennt das Balantis, sicher mit der Beteiligung der Vorhaut. Wie schön, dass Sie ihn so freimütig vorzeigen. Ob noch andere Ursachen wie Bakterien, Diabetes, Medikamente und mangelnde Hygiene eine Rolle spielen, die diese Entzündung verursachen, interessiert mich nicht. Ich möchte, nachdem ich diesen Brief ausführ-

lich gelesen habe, nichts – aber gar nichts – mit Ihnen zu tun haben. Aber bevor sie wieder auf Frauen zugehen, sollten Sie einen Arzt aufsuchen.

Mit den besten Wünschen für Ihre Gesundheit, Ria R.

So weit ein von Ria geschilderter Ausflug in die Gefilde der Kontaktanzeigen renommierter deutscher Zeitungen. Ähnliche Geschmacklosigkeiten gab es auch im Chat. Das Verhalten der Männer war auf diesem Gebiet nicht sehr variationsreich. Manchmal verhielten sie sich wie trotzige Kinder:

Wenn ich nur darf, wenn ich soll,
aber nie kann, wenn ich will,
dann mag ich auch nicht, wenn ich muss.
Wenn ich aber darf, wenn ich will,
dann mag ich auch, wenn ich soll,
und dann kann ich auch, wenn ich muss.

Denk ich an Deutschland in der Nacht, dann bin ich um den Schlaf gebracht.

(Heinrich Heine)

Trotzig und nicht sehr variationsreich war ein Mann, der sich *Sprachkünstler* nannte. Sein Motto war überheblich formuliert:
Dummheit ist stets nur mit großem Wohlwollen zu ertragen, aber auch wirklich nur dann, wenn sie mit Zurückhaltung, Bescheidenheit und einem freundlichen

Wesen einhergeht. Schier unerträglich ist sie indes, wenn sie gepaart ist mit der unerschütterlichen Gewissheit ihrer Wirtsperson, unbetroffen von ihr zu sein. Jo Perle

Mit der Gewissheit als *Wirtsperson* gab er weitere Informationen seiner Sprachkunst preis und verriet, was für ihn Erfolg war:
Menschen exzellent unterhalten zu haben. Zu sehen, daß ich anderen dabei geholfen habe, Selbstbewußtsein zu erlangen. Und Freunde schätzen an mir, daß ich klug bin, hilfsbereit, ein guter Zuhörer und, wenn ich einen guten Tag habe, ein exzellenter Unterhalter. Meine Freunde schätzen es zudem, daß ich mich nicht verbiegen lasse und in einem Moment der Schwäche erwischt zu werden von Leuten, die nur die Sprache der Stärke verstehen. Peinlich ist mir auch die Vorstellung, Außerirdische würden Friedrich Merz oder Angela Merkel sehen und mich, so sie mich denn auch sähen, zur gleichen Spezies zählen. Das Gleiche gilt, um eine gewisse Ausgewogenheit zu wahren, auch für Claudia Roth und den unsäglichen Fischer Joseph.

Wahrscheinlich hatte ich ihn an diesem Sonntagmittag aber auf dem falschen Fuß erwischt. Seine sprachkünstlerische Unterhaltung begann mit:

Sprachkünstler (14.45 Uhr):
Hm.

LaBelledeNuit (14:46 Uhr):
Und Sprachdummheit? Keinen ganzen Satz?

Sprachkünstler (14:47 Uhr):
Moment, bitte!

LaBelledeNuit (14:47 Uhr):
Was heißt das?

Sprachkünstler (14:48 Uhr):
Der Moment ist zu Ende. Ich hatte gerade ein Telefongespräch.

LaBelledeNuit (14:48 Uhr):
was soll das „hm“? Sprachkünstler!

Sprachkünstler (14:49 Uhr):
Das „hm“ war ein Test, ob Du evtl. als „offline“ angezeigt wirst. Das passiert häufiger. – Richtig: Ich bin ein Sprachkünstler.

LaBelledeNuit (14:49 Uhr):
Ich habe keine lange Leitung! Und was heißt das?

Sprachkünstler (14:50 Uhr):
Daß ich meinen Lebensunterhalt mit meinen sprachlichen Fähigkeiten verdiene.

LaBelledeNuit (14:50 Uhr):
Und was heißt das genau? Auch mit deinem Schriftlichen?

Sprachkünstler (14:51 Uhr):
Ein bißchen arg zickig, nicht wahr?
„Sprachlich“ impliziert schriftlich, natürlich.

LaBelledeNuit (14:52 Uhr):
Nein, ich lese nur gerade den Text.
Dann entferne doch die sprachlichen Ungenauigkeiten. Ändere die Zeichensetzung zum Beispiel.
Der mündliche nachlässige Ausdruck „Hm“ wird im Schriftlichen nicht benutzt. Das solltest du wissen!

… … … … … … … … … … … …… … … … … … …
… … … … … … … … … … … …… … … … … … …
… … … … … … … … … … … …… Pause … … … …

LaBelledeNuit (14:54 Uhr):
Hallo, beleidigt? Kein guter Unterhalter mehr?

Sprachkünstler (14:54 Uhr):
Beleidigt wäre nicht der richtige Begriff.

LaBelledeNuit (14:55 Uhr):
Und was machst du beruflich?

Sprachkünstler (14:55 Uhr):
Ich bin überrascht von Deiner Bissigkeit und Aggressivität.

LaBelledeNuit (14:56 Uhr):
Das Wort „Sprachkünstler“ impliziert, dass man richtig schreiben kann. Alle Regeln beherrscht. Auch Dichter können das!

kundenservice@Friendscout24.de (14:57 Uhr):
Achtung! Die folgende Nachricht konnte nicht gesendet werden. (*Sprachkünstler* ist nicht online.)

Ich schaute erst einmal, was der Gute sonst noch über sich verriet.
Bedingt durch meinen Beruf lese ich ständig. Und wenn ich kein Buch lese, lese ich Zeitungen, und wenn ich kein Buch und keine Zeitungen lese, lese ich Zeitschriften, und wenn ich kein Buch, keine Zeitungen und keine Zeitschriften lese, lese ich die Aufschriften von Packungen.

Mein Buch der Woche: Mark Barrowcliffe, Lucky Dog

Diese Informationen wurden jede Woche aktualisiert. Wie bei einer Zeitschrift. Als kostenloser Service vom Sprachkünstler.

Eine Bemerkung zu den Frauen, die sich über Schnauzbärte mokieren, ja geradezu ereifern: Es mag sein, daß es Männer mit Schnauzbärten gibt, die dumm, ungebildet, unsensibel und überhaupt von peinlichem Auftreten sind. Aus dem Vorhandensein eines Schnauzbartes auf die genannten Attribute zu schließen, ist jedoch fahrlässig, gelinde ausgedrückt. Die überwältigende Mehrzahl der Idioten und Arschlöcher auf dieser Welt ist glatt rasiert.
P. S. Ich habe keinen Schnauzbart. Das Foto ist vier Jahre alt. Damals hatte ich noch einen. Irgendwann gefiel er mir nicht mehr. Einen Bart kann man nämlich abrasieren. Das dauert zehn Minuten. Blödheit zu ent-

fernen dauert länger. Manchmal reichen mehrere hundert Jahre dafür nicht aus. Angst habe ich vor Dummheit in all ihren Erscheinungsformen.

Nun gut, der Sprachkünstler wollte sich nicht verbiegen lassen und hatte sich ausgeklinkt.

Von Mäuschen und Sprachkünstlern
Der Fortsetzungsroman

Sie sollte kein Mäuschen-Typ, sondern stark und interessant sein, selbstbewusst und gebildet …
Sie sollte mir widersprechen (natürlich nicht immer),
Sie sollte nicht an mir kleben (zumindest nicht immer),
Sie sollte erotisch, zärtlich, aufbrausend, eigensinnig, energisch, liebevoll und manchmal auch Mäuschen sein …

Sie hat Spaß am Sex, Sie sagt mir, was Sie anmacht, und Sie lebt es aus, Sie ist aktiv …

Einklinken sollte ich mich lieber bei diesem Kandidaten, der kein Mäuschen haben wollte. Kaum sah ich erneut in den Chat, war der Sprachkünstler wieder auf meinem Profil und mokierte sich in einer Mail:
Du bist ja wirklich unerträglich: ein Profil voller Rechtschreibfehler und dann das Maul aufreißen. Ich empfehle dir, deine Tabletten regelmäßig zu nehmen.

Zwei Tage später durfte ich erneut sein dichterisches Talent bewundern, weil ich ihm unter einem meiner anderen Profile eine Mail geschrieben hatte, nachdem er mich gesperrt hatte und ich ihm nicht antworten konnte.

Hier geht die Kritik weiter. Sie sind ein arrogantes „...“ Suchen Sie sich ein Mäuschen. Da haben Sie mehr Glück. Die hört Ihnen sicher gut zu. Übrigens – nach der neuen Rechtschreibreform dürften Sie noch ein wenig dazulernen. Aber Mann lernt ja nie aus. M.

Seine Retourkutschen:
Ich kann meinen Rat nur wiederholen: Bring bei Deinem Therapeuten Deine Aggressionsschübe zur Sprache und nimm vor allem weiter REGELMÄSSIG Deine Tabletten.
Übrigens ...
... Deine Empfehlung, mir ein „Mäuschen“ zu suchen, beherzige ich gern und überdies mit bemerkenswertem Erfolg. So ein Mäuschen (Mäuschen ist übrigens sächlich, deshalb heißt es nicht „die“, sondern „das“) hat nämlich unbestreitbare Vorteile gegenüber alternden, frustrierten Krawalltölen, wie Du und Deine Freundin sie so trefflich repräsentieren: Es ist weich und sanft und angenehm und zumeist auch jung.
Tja, da haben wir Frauen es endlich schriftlich, was einige Männer wollen! Obwohl ich mich gerade wiederhole. Aber manchmal muss das sein. Zum besseren Verständnis (für die Männer).
Dummheit ist stets nur mit großem Wohlwollen zu ertragen, aber auch wirklich nur dann!

Und ich stelle immer wieder fest, nachdem ich einen Blick ins Internet geworfen habe, dass dieser *Sprachkünstler* Literatur aus dem Amerikanischen ins Deutsche übersetzte, außerdem versuchte, Mitbürgern den Weg zum guten Deutsch zu weisen, aber keine Kritik von Frauen vertragen konnte! In vielen Fällen, wenn ich als Frau nicht gern Kompromisse eingehen und nicht mit Chaoten und anderen, etwas sonderbaren Exemplaren der Spezies Mann vorlieb nehmen will, muss ich mich mit viel Geduld durch den Dschungel der Angebote im Chat arbeiten, wie wir es an diesen beiden grundverschiedenen Beispielen gesehen haben. Hüten sollten Frauen sich auch vor Männern, die nur ihre Handynummer preisgeben. Da kann der Mann alle Anrufe wunderbar per Mailbox empfangen, wie der Fall *Siegfried* gezeigt hat, ohne erreichbar zu sein.

Stoßseufzer eines bewegten Neulings im Internet

Nicht oft erreichbar war sicherlich dieser Mann, da er viel unterwegs war:
Kluge, charmante, romantische und witzige Frauen (gerne in dieser Reihenfolge) schätze ich sehr. Superaussehen ist nicht wichtig, würde aber als Punkt auf dem „i“ natürlich nicht schaden.
Nach einigen Monaten im Chat möchte ich ein kleines Resümee ziehen: Ich habe kein Interesse an ONS, perversen Sexpraktiken, gespielter Liebe oder anderen oberflächlichen Bekanntschaften. Sonst hätte ich meinen Nickname auch nach dem Strickmuster „Frecher Feger“, „Großer Stecher“, „Zwanzig Zentimeter“ oder

„Ich mach es Dir" auswählen können. Gut, dass ich bis jetzt noch kein Foto von mir eingestellt habe. Man weiß ja nie, wer sich hier so alles tummelt!!!
Seit Anfang des Jahres bin ich viel unterwegs und meist für zwei bis drei Tage in der Woche in Hamburg, Berlin, Frankfurt oder München. Also: Wer Lust hat, nett auszugehen und einfach nur zu quatschen, sich vielleicht gute Filme anzusehen oder mir die Insidertipps in seiner Stadt zu zeigen usw. (ohne Hintergedanken!!!), den bitte ich, sich bei mir zu melden. Ob und was sich daraus ergeben kann, ist vorher nicht planbar. Wirkliche Liebe entsteht meist da, wo man sie am wenigsten erwartet! Weiter ging es bei diesem Herrn im Text bei: *Worüber können Sie lachen? Über die Damen, welche hier glauben, mit den Pseudonymen „zuckersüß ...", „Vollweib ...", „Riesentitt ..." oder „schamlos ..." auf Männerfang zu gehen.*

Manche Männer geben aber auch ehrlich zu, was sie denn so suchen, und was ihnen wichtig in einer Beziehung ist:

Spaß! Wirklich als Erstes. Kein Alltag, kein Stress, kein Ärger. Die Lust und die Leidenschaft leben, miteinander lachen, lieben, essen. Ab und an ausgehen und wilde Dinge tun ... O. k. ... ich sehe schon, das muss ich besser erläutern: Also, ich suche durchaus eine verbindliche Liebesbeziehung ... aber eben keine Alltagsbewältigung und die Frage nach: Wer trägt den Saftkasten rein? Und sonntags einen auf Familie ... Ich will dolce vita mit einer tollen Frau, die sich rasend in mich verliebt und umgekehrt, und wir feiern die Geschenke des Lebens und der Liebe miteinander, und ich will, dass mir der Kopf wegfliegt, und Nähe und Freiheit und Treue und geistigen Austausch etc.

Den geistigen Austausch suchte ein *Flieger* mit seiner möglichen Partnerin. Sie sollte über Klugheit, Bildung, Gelassenheit und Humor verfügen. Außerdem sollte sie seine ironische Ader mögen, die sich in seiner Bestenliste von Sprüchen zeigte:

1. *Carpe Diem (hat einige Plätze verloren)*
2. *Ich lasse mir ein Motto einfallen (davon gibt es zahlreiche Varianten)*
3. *Lebe jeden Tag, als sei es dein letzter! (das ist doch glatt zum Verzweifeln)*
4. *Das Einzige, was sich verdoppelt ... (an dem Punkt wird es nicht leichter, die Contenance zu bewahren)*
5. *Der kürzeste Weg zwischen zwei Menschen ist ein Lächeln.*
6. *Lächle, und der Tag lächelt zurück (Was tun diese Leute nachts?).*
7. *Jetzt ist die Brille so beschlagen, dass ...*
   wir nicht von Dali gemalt sind, aber vom Leben gezeichnet ...

Wegweiser zum vermeintlichen Glück

Denn, wie heißt es so schön? Im Western ist der Weg zum Happyend, wie bei dem Klassiker „High-Noon“, oft mit Leichen gepflastert. Im wirklichen Leben mit Enttäuschungen, um zum Ziel, das heißt in diesem Fall zu einem Partner zu kommen. Mit dem Lasso hat eine Frau in diesen Breitengraden keine Übung. Aber Übung haben Frauen mit Männern, die oft Wiederholungstäter sind.

Links und rechts liegen lassen sollte ich auch wohl Männer am Wegesrand, die ziemlich kurzfristig Termine z. B. am Wochenende mit Frauen verabreden möchten. Dann kann ich sicher sein, dass die Frau Ersatz für eine andere ist, die aus unerfindlichen Gründen diesem Mann die Gefolgschaft verweigert hat. Weil dieser vielleicht wieder unverblümt weiter chattet und dabei erwischt wird. Wenn er ein extra für ihn eingerichtetes Profil zur Überführung seiner Lügereien nicht nur anklickt, sondern mit dieser Frau gern ein Flirt-Match möchte. Nichtsahnend, dass er derselben Frau, der er große Versprechungen gemacht hat, auf den Leim gegangen ist. Wie im Italo-Western mit Bud Spencer sollte eine Frau nicht reagieren, weil die meisten Herren doch schwerhörig sind und nicht mal bemerken, wenn die Kugeln sie auf der Breitseite treffen und ihnen um die Ohren pfeifen. Es bleiben nicht mal Einschusslöcher übrig. Ansonsten müssten viele Kandidaten im Chat so löchrig wie ein Schweizer Käse aussehen.

Löchrig wie Käse war auch ein anderer Kandidat von Frau Peines. Er meldete sich mit einem kurzen Brief inklusive Bild, um dessen Rückgabe er bat, und bekam prompt noch vor seinem Kurzurlaub ein Fax von Bärbel mit dem Hinweis, dass sie im Internet eine Homepage besitze und dort Bilder zu sehen seien und Infos, was sie beruflich so umgetrieben habe. Als Bärbel von dem Mann nach seinem Urlaub keine Antwort bekam, schickte sie das Bild wieder zurück, damit es erneut Verwendung für die nächste Kandidatin finden konnte. Später telefonierte Bärbel einmal mit ihm, um zu erfahren, warum er nicht geantwortet habe. Ihr Fax, so erwiderte er, sei ihm zu unpersönlich gewesen. Als sie anrief, war er nicht sehr freundlich, so dass Bärbel meinte, sie hätte Glück, diesem Herrn nicht hinterher gefahren zu sein. Auch das wäre eine Fehlinvestition gewesen. Die einzige brauchbare Information von ihm war, dass er, ein Künstler, kein Geld für die Vermittlung bezahlt hatte. Sieh an, dachte Bärbel, Männer werden mal wieder bevorzugt. *Wie im richtigen Leben.*

Es ist niemals zu spät, vernünftig und weise zu werden (Kant)

Was bevorzugte Frau Peines im richtigen Leben? Wieder einen ihrer so *netten* und *informativen* Briefe per Einschreiben, die keinen Eindruck mehr auf Bärbel machten, weil Bärbel das System verstanden hatte. Frau Peines unterließ es aber trotzdem nicht, weil sie das letzte Wort haben wollte.

Sehr geehrte Frau Meyer,
hiermit möchten wir festhalten, dass Sie einen Gesamtbetrag in Höhe von 8.000 Euro von uns als Rückzahlung erhalten haben.
Wir haben Ihnen die Herren Sono, Möllersch, Holz,

Glader, Baber vorgestellt. Herr Glader hat den Kontakt zu Ihnen aus persönlichen Gründen nicht aufgenommen. Bis auf Herrn Glader hat sich jeder dieser Herren mit Ihnen in Verbindung gesetzt.
Ich persönlich lehne es ab, Ihnen weitere Herren vorzustellen, der Grund dafür dürfte Ihnen bekannt sein, jedoch hat meine Firma sich damit einverstanden erklärt, ausschließlich Ihnen unverbindlich noch drei Herren vorzustellen. Die Vorschläge werden Ihnen sukzessive schriftlich zugehen.
Sollten Sie Ihre Unterstellungen und Drohungen in Ihren Schreiben nicht einstellen, werden wir uns mit Ihnen nicht mehr auseinander setzen.
Weitere Telefonate mit Ihnen lehnen wir ab. Es bedarf nur noch der schriftlichen Form (per Post). Faxe von Ihnen lehnen wir ab.

Mit freundlichen Grüßen

Frau Peines konnte nicht mal bis acht zählen. Acht Kandidaten waren vereinbart, die Bärbel vorgestellt werden sollten. Da Herr Glader sich überhaupt nicht gerührt hatte, stellte sich die Frage, ob es diesen Kandidaten überhaupt gab, wenn keine weiteren Informationen geliefert wurden. Eine Firma konnte sich ja einfach einen Namen aus dem Telefonbuch suchen oder einen erfinden, wenn es zu keinem Kontakt käme. Wo waren die Ansprüche dieser Firma geblieben, weltweit adäquate Herren zu vertreten? Bis jetzt waren wir über die kleine Bundesrepublik nicht hinausgekommen.
Außerdem gab es im Vertrag den Satz: *Sollte Bärbel Meyer wider Erwarten bis zum 06.09.2004 in keine*

bleibende Verbindung kommen, erhält sie 1.500 Euro Honorar zurück.
Der Fernsehfilm im ZDF hatte Bärbel ja gezeigt, wie Männer zum Teil darauf angesetzt wurden, sich zwei- bis dreimal mit den Frauen zu treffen, und im Film sagte der so genannte zukünftige Partner dann zum Abschluss: *Ach, ich habe den Tod meiner Frau noch nicht überwunden. Wir müssen uns trennen!* Große Blende. Klappe zu.

Mag auf der großen Welt auch noch so viel geschehen, wir wollen niemals auseinander gehen

(Heidi Brühl)

Solche Betrügereien wurden nicht selten mit neuen Kandidatinnen durchgezogen, die dieses Spielchen nicht durchschauten, damit die Firma, wie im ZDF-Film dargestellt, kassieren konnte. Und wie handelte die *Exklusive Vermittlung für Partnerschaft?* Offen oder verdeckt? Bärbel beabsichtigte, noch einen Brief an diese Firma zu formulieren, da der Ton des Schreibens ihr nicht gefiel. Die Vermittlungsfirma war in der Bringschuld, nicht Bärbel.

Sein und Schein bei Partnervermittlungen

Die Erfahrung zeigt, dass Frauen Verträge von Partnervermittlungen durch einen Rechtsanwalt überprüfen lassen sollten. Und der beste Rat ist: **insgesamt einfach die Finger davonlassen!**

Ria fand im Internet unter www.partner-mit-niveau.-info folgende Beschreibung, wie diese Firma das *Vorstellen* eines Kandidaten handhabte und managte.
Selbstverständlich bekommt jede Dame, jeder Herr, las Ria vor, *jeweils nur einen möglichen Partner vorgestellt. Die Agentur schickt gleichzeitig beiden das Exposé mit Adresse, Telefonnummer, Beruf, Interessen, Aussehen, Kurzbeschreibung der Person etc. vom anderen, so dass der/die sich ein genaues Bild von dem vorgeschlagenen Partner machen kann und weiß, zu wem er/sie Kontakt aufnimmt; beide rufen sich an, verabreden sich und schicken diese Karte mit einer Information über den Zwischenstand zurück. Schön ist, wenn auf der Karte steht: Er ist so nett – wenn es aber nicht der richtige Partner war, bekommen beide Klienten einen weiteren Partnervorschlag.*
Bärbel, zwar nicht blauäugig, bereute, dass sie sich so schnell für die Firma aus Hamburg entschieden hatte, ohne sich ausführlicher über das Procedere und die Kosten informiert zu haben. Bärbel hatte noch einmal an die Firma geschrieben und erwartete einen Nachschlag an Vorschlägen, was ihr gerechtfertigt erschien. Bis acht sollte jeder zählen können. Ein Rechtsanwalt riet ihr, einen Termin für diese Partnervorstellungen zu setzen, sonst könnte sie alt und grau dabei werden, weil sich die Firma aus Schikane viel Zeit mit der Kandidatenvorstellung lassen würde, nachdem das Kind schon in den Brunnen gefallen war.
Eine andere Firma, nämlich die *ElitePartner.de*, stellte Ria beim Stöbern im Internet fest, verfuhr ähnlich wie die Firma *partner-mit-niveau*. Ausführliche Daten wurden ausgetauscht und ein Treffen vereinbart. Sie hatte

den Namen der Firma in einer Kleinanzeige in der FAZ gefunden und dann recherchiert.
Christine warf ein, dass neben diesen Firmen, die auf ähnlicher Basis arbeiteten, noch Herzklopfen – die Blind-Date- und Partnervermittlungsagentur mit Herz und Verstand – erwähnt werden sollte. Ein Bericht in einem Regionalprogramm brachte über die Essen, die veranstaltet würden, und den Ablauf des Abends einen ausführlichen Bericht. Eine Frau hätte in größerer Runde die Chance, die Menschen in Gemeinschaft kennen zu lernen. *Nur*, meinte Ria, die diesen Bericht auch gesehen hatte, *so etwas sollte ruhig mal für Menschen in unserem Alter veranstaltet werden. Nicht nur für die junge Generation.*
Weil Frauen auch über 40 Gefühle haben und nicht, wie Udo Jürgens in einem Interview preisgab, keinen *Unterleib* mehr besäßen. Da irrt der Mann und sollte es doch beim Besingen der Liebe belassen und sich in seinem hohen Alter auf die Theorie beschränken und die Praxis doch bitte anderen überlassen.

Neue Fabel – nicht von Jean de La Fontaine

Ähnlich wie Frau Peines' Partneragentur ging auch die Firma Personal Coaching aus Offenbach, die mehrfach im Internet zu finden war, vor. Nach erfolgter Anzeige schrieb sie freundliche Briefe an die Inserenten:
Mit großem Interesse hat einer meiner Mandanten Ihre aussagefähige Partnersuchanzeige gelesen und würde

Sie gerne persönlich kennen lernen.
Vorab ein kurzes Exposé meines Mandanten: Herr Dr. Z. ist 63 Jahre alt und war als Frauenarzt tätig. Seine neue Freiheit möchte er jetzt mit einer neuen Partnerin teilen, die auch gerne reist und offen für neue Unternehmungen ist.
Eine eigenständige, intelligente, selbstbewusste Frau, die weiß, wer sie ist und was sie will, möchte er für sich gewinnen und mit ihr ein Miteinander aufbauen, das auf Gegenseitigkeit, auf Geben und Nehmen, Achtung, Sensibilität und Liebe basiert. Aus paritätischen Gründen ist eine ökonomische Selbstständigkeit auf hohem Niveau erwünscht.
Bitte nehmen Sie zwanglos und unverbindlich Kontakt zu meiner Beraterin auf, sie wird Ihnen gern alle weiteren Fragen beantworten.
Selbstverständlich entstehen Ihnen durch die Vermittlung keine Kosten.
Ich freue mich sehr über Ihre baldige Rückmeldung.
Mit herzlichen Grüßen
Dr. Annabell Mattes

Wie die Rückmeldung wohl aussehen könnte, wurde lachend beim Kaffeeklatsch diskutiert. Die Mehrheit war überzeugt, dass im Nachgang Geld erwartet würde. Die in der Minderzahl meinten, man solle es ruhig versuchen, schließlich stünde im Brief schwarz auf weiß, dass keine Kosten entstehen würden.
Bärbel spielte das Versuchskaninchen und rief dort an. Freundlich wurde sie am Telefon begrüßt, und ihr wurde ein Frauenarzt empfohlen, der früher bei der Bundeswehr und später bei einer Behörde tätig war. Bärbel

stutzte. Bundeswehr und Frauenarzt? So lange waren Frauen doch noch gar nicht bei der Fahne, dass ein Frauenarzt schon vor fast dreißig Jahren nötig gewesen wäre. Da hätte der Arzt aber durch die ganze Republik reisen müssen, um die paar weiblichen Zivilangestellten zu untersuchen. Bärbel meinte, man hätte versucht, sie auf den Arm zu nehmen. Irgendwas stimmte hier nicht.

Auf andere Kandidaten angesprochen, meinte Frau Dr. Mattes, da gäbe es noch einen Künstler aus Darmstadt, der aber kein Geld ausgeben wolle. Bei ihr müssten die Männer bezahlen. So etwas hörte Bärbel mit Vergnügen und erklärte, sie wäre im Internet mit einer Homepage vertreten. Da könnte man gucken, wer sie sei. Den Hinweis auf den Darmstädter Künstler nahm Bärbel zur Kenntnis und erklärte uns, dass dieser Herr bereits bei Frau Peines als Kandidat aufgetaucht sei. Wie klein doch manchmal die Welt sei, staunten wir. An diesem Beispiel zeigte sich deutlich, dass Partneragenturen gezielt Anzeigen durchforsten, um Partnerschaftsuchende zu finden, die dann geschröpft wurden. Bärbel war schon ganz gespannt darauf, den Arzt kennen zu lernen.

Beim nächsten Treffen löcherten wir Bärbel mit der Frage, wie es weitergegangen sei. *Na, wie wohl*, erwiderte Bärbel, *kein Telefonat mit diesem sehr anspruchsvollen Arzt*. Bärbel hatte daraufhin nochmals mit Frau Dr. Mattes telefoniert, die erklärte, dass der Arzt unter ihren Mandantinnen inzwischen eine Frau gefunden hätte. Auf die Frage, ob andere partnerschaftsuchende Männer in ihrer Kartei seien, bekam Bärbel die Antwort, die sie erwartet hatte: *Ja, aber nur gegen Honorar.* Sie hätten ja Kosten und könnten es nicht umsonst machen. Sie wären eine Firma und müssten verdienen. Damit dankte Bärbel.

Tischlein deck dich ... Esel streck dich ...

Danken wollte auch ich bei dem Angebot einer Firma, die mehrfach in Deutschland zu finden war. Nach einem Gespräch mit der Leiterin wurden mir fünf Exposés gemailt. Die Firmeninhaberin war erfreut, meinen Geschmack getroffen zu haben, was sehr sympathisch war, und so nannte sich auch diese Firma. In der Mail waren Steuer- und Umsatzsteuernummer und die verschiedenen Niederlassungen und Telefonnummern mit aufgeführt. Hier musste wohl keiner etwas verheimlichen. Die Preisliste war auch in einer zweiten Mail, damit ich wusste, wie viel Geld zu investieren war. Bei 2.000 Euro fing es an, und bei 3.000 ging es weiter. Wie viel *Mann* ich dabei vom Mann sehen durfte, stand nicht dabei. Es waren Kandidaten mit durchweg angenehmen Berufsfeldern dabei. Was die menschliche Komponente anging, musste ich schauen, wie sie sich beim Treffen benehmen würden.

1.

Alter, Größe:	*64 Jahre, 176 cm*
Haarfarbe, Augenfarbe:	*grau, blaugrau*
Beruf:	*selbstständig – Import/ Export von Dekoartikeln 6-mal im Jahr in Asien*

Interessen:	*Tanzen, Rad fahren, Sauna, Kultur, Literatur, Golf, Reisen, gute Gespräche, Natur*
Eigenschaften:	*an allem Neuen interessiert, höflich, agil, guter Zuhörer, jugendlich, vorzeigbar, impulsiv, Mitglied eines elitären Clubs*

2.

Alter, Größe:	*62 Jahre, 175 cm*
Haarfarbe, Augenfarbe:	*grau meliert (nur noch wenig Haare), sehr schöne, strahlende braune Augen*
Beruf:	*Aufsichtsratsvorsitzender*
Interessen:	*Kultur, Musik, Golf, Tennis, Ski laufen, Tanzen, Politik/Weltgeschehen, Reisen u. v. m.*
Eigenschaften:	*gebürtiger Deutscher, verschiedene Ehrenämter – ein bekannter, sehr interessanter Mann!!!*

3.

Alter, Größe:	*59 Jahre, 178 cm*
Haarfarbe, Augenfarbe:	*dunkel meliert, blau*
Beruf:	*Kinderarzt (Prof. Dr.) eigene Kinderklinik – international bekannt*

Interessen: *Golf, Schwimmen, Segeln, Tennis, Jogging, Tanzen, Motorrad fahren, Kochen, Kultur, Musik, Literatur, Reisen, gute Kommunikation, Natur*

Ein außerordentlich interessanter und sympathischer Mann von Format und Stil! In einigen Jahren ist er ggf. auch örtlich flexibel. Einige seiner berufsbezogenen Mitgliedschaften und Vorsitze gab er inzwischen ab, um mehr Zeit für sein Privatleben zu haben.
Zu seinen besonderen Hobbys zählen seine Oldtimer, mit denen er auch Rennen fährt, sowie die Fliegerei. Für seine künftige Partnerschaft wünscht er sich einen regen Austausch, Gemeinsamkeit – aber auch einen Freiraum, den jeder für sich in Anspruch nehmen können soll.

4.
Alter, Größe: *67 Jahre, 175 cm*
Haarfarbe, Augenfarbe: *dunkel meliert, braun*
Beruf: *Diplomat i. R. (Studium: Politik, Geschichte, Kunstgeschichte)*
Interessen: *Politik, Kunst, Kultur (Festivalbesuche), Architektur, Musik (spielt verschiedene Instrumente), Literatur, Golf, Schwimmen, Tennis, Ski laufen,*

	Sauna, Tanzen, Reisen, gute Gespräche, Natur; kann reiten und segeln
Eigenschaften:	*beste Umgangsformen; ein Mann mit Klasse und Background, sehr flexibel und offen für alles Neue – ein Ästhet und Genießer*

Ein Gentleman vom Scheitel bis zur Sohle; sehr herzlich, zuvorkommend und großzügig. Für später fühlt er sich nicht ortsgebunden, wobei er Frankreich sehr mag. Durch seine jugendliche, frische Art wirkt er wesentlich jünger.

5.

Alter, Größe:	*66 Jahre; 181 cm*
Haarfarbe, Augenfarbe:	*meliert, blau*
Beruf:	*Geschäftsmann i. R.; noch in geringem Umfang beratend tätig*
Interessen:	*Kultur, Tanzen, gepflegte Geselligkeit – aber auch Häuslichkeit, Sauna, Kochen, klass. Musik, Politik/Weltgeschehen, Literatur, Reisen, Natur*

Ein außerordentlich sympathischer und herzlich-natürlicher Mann von Format. Der Herr ist bestens situiert. Er ist u. a. politisch tätig. Mit Freude an besonderen Aufgaben berät und betreut er heute Liquidations-

betriebe. Für seine künftige Partnerschaft wünscht er sich eine gewisse Romantik, gemeinsame Interessen und ein gewisses Maß an Zeit füreinander. Sofern die Partnerschaft es erfordert, wäre er örtlich flexibel.

Ich möchte keine Seite in deinem Buch werden

Selbst international bekannte Persönlichkeiten waren aufgeführt. Ich warf einen Blick auf den Zettel und meinte, dass mir der als Nummer fünf aufgeführte Kandidat bekannt vorkam, und erzählte, in der *Zeit* und bei *Parship* führte er vermutlich als *Möwe Jonathan* ein sehr einsames Leben – eine eigenwillige Möwe, die sich in der Gemeinschaft nicht anpassen will. Ich zitierte den Autor Richard Bach: *Jeder ist frei und kann seine Freiheit nutzen – er muss sie nur üben. … Du bist noch zu unerfahren, du musst dich ständig bemühen, die wahre Möwe, den guten Kern in jeder einzelnen von ihnen zu erkennen. Du musst ihnen helfen, sich selbst zu sehen. Das meine ich mit Liebe. … Jonathan erlerne die Liebe.*
Wie groß Peters Sehnsucht nach zärtlicher Zweisamkeit war, drückte er in einem kleinen, von ihm verfassten Poem aus, nachdem ich mit ihm über *Parship* kontaktierte:

Ich ging so gern in den Garten,
schaute am Abend in den Himmel,
pflückte einen der vielen herrlich
leuchtenden Sterne,
webte ihn in ein silbern Gewand

und hängte ihn dir vors Herze
damit du mich sähest ...
und ich dir endlich die Hand
für den großen Flug reichen könnte.

Der Brief war sympathisch, träumerisch, voll von Sehnsüchten, was bei einem 66-jährigen Erwachsenen selten ist, erzählte ich.
Träume habe ich noch einige. Ich liebe die Wärme in jeder Form. Vielleicht lebe ich lieber in einer wärmeren Region, und mein Herz sehnt sich auch nach beständiger Wärme. Aber da habe ich den Schlüssel des Glücks noch nicht gefunden. Diese Hoffnung ist mein größter Traum, den ich noch einmal wahr machen möchte...

Meine Urgroßmutter, die gern in der Dämmerstunde Geschichten erzählt hatte, zitierte oft einen Spruch, wenn ich in jungen Jahren zusammenzuckte, weil mir die Geschichten so unwirklich vorkamen: *Träume sind Schäume, die gehen mit dem Wind.* Das sagte sie auf Plattdeutsch, und das hörte sich damals noch merkwürdiger und unvorstellbarer an. *Drööm sind Schüüm, de gaht mit den Wind.*

Skybird – make your sail and every heart will know of the tale

(Neil Diamond)

Es sei wohl unmöglich, einen Zugvogel aufzuhalten, waren sich alle im Kreis einig, die schon Erfahrungen mit solchen Männern hatten. Ich jedoch wollte es noch nicht so recht wahrhaben.

Ich bin wie Möwe Jonathan, unangepasst und romantisch und suche eine zärtliche Mitfliegerin durchs Restleben. In meinem Beruf bin ich endlich frei und ohne Zwänge. Der Held meiner Jugend war mein großer Bruder, und ein Revival verdient hätte die Liebe an jedem Nachmittag. Der Inbegriff der Langeweile ist für mich Trampelpfade ohne neue Gewürze und Gerüche. Mein Leben als Buch würde so formuliert: Vorsichtig glücklich gibt es nicht. Mein Bücherregal halte ich frei von Trivialliteratur, und wiedergeboren werden möchte ich als Frau, wegen der Neugierde und ... immer zu zweit. Meine erste Liebe war wunderschön unglücklich, aber sehr romantisch, und ich bin Anfang 60, 192, schlank und wünsche Antworten bitte mit Bild.

You have the freedom to be yourself here and now

(Jonathan Livingston Seagull)

Und was machte ich mit diesem Mann, mit dem ich drei Stunden telefoniert hatte? Mit dem ich mich auf gleicher Wellenlänge befand und mit dem ich den gleichen Flügelschlag hatte, aber auch feststellte, dass bei ihm einige 68er-Attitüden hängen geblieben waren. Zum Beispiel das Unangepasstsein, in keine Schablone passen zu wollen, ein verrückter Typ geworden zu sein, der in vielen Sätteln zurechtkam – als Hobbywinzer, Hoteltester, Projektmanager – und ausgestiegen war aus seinem erfolgreichen Bankberuf. Dort hatte er es bis an die Spitze in den Aufsichtsrat geschafft. Aber er stellte fest, dass ein 12- bis 14-Stunden-Tag Arbeit nicht alles sein könne. Wie eine Raupe sich in einen Schmetterling verwandelte, verließ er sein ehemaliges Refugium, um Herr seiner Zeit zu sein. Als Sachverständiger zeigte er der Welt ab und zu, dass er kein Nichtsnutz war, und musste aufpassen, nicht wieder voll vereinnahmt zu werden. Fazit: Wir verabredeten uns.

Ich, inzwischen erfahren in Kontakten mit Männern am Telefon, meldete mich nicht wieder, schrieb nur eine Mail, weil ich meinte, der Mann müsse Interesse zeigen und sich wiedermelden. Dieses sah die einsame Möwe aber anders und war beleidigt. Fing an, die vorher so hoch gelobten Fotos, die ich ihm gemailt hatte, zu kritisieren. Da holte ich schriftlich ziemlich weit aus und beendete den Flügelschlag im Gleichklang zwischen uns. Aber da ich auch Verständnis für einsame Männer und deren Probleme hatte, suchte ich die Platte mit der Filmmusik zu *Die Möwe Jonathan* heraus, schickte sie ihm und fand verständnisvolle, liebenswerte Worte in einem Begleitbrief.

Die Möwe war überrascht und fand doch Zeit zu einer lieben Mail, in der sie sich entschuldigte, und verabredete einen Neuanfang. Und da ich nicht nachtragend war, düste Peter über die A 1 zu mir. Das Wochenende verlief harmonisch – bis auf einige Winzigkeiten. Peter wollte wieder zu mir kommen, um seinen noch kleinen Sohn nicht zu verunsichern.

Am Montag wollte Peter sich wieder melden. Aber weit gefehlt, der Flügelschlag ging wohl nicht weit genug. Peter mailte stattdessen, um einem Gespräch aus dem Weg zu gehen, *dass er etwas Zeit bräuchte, um zu sehen, ob Amors Pfeil ihn getroffen hätte*. Dann wieder

Schweigen. Ich mailte zurück und traf ihn auf dem falschen Flügel, weil ich wissen wollte, wie lange denn *etwas* Zeit sei.

Oft wird vom Schicksal man getroffen auf Wegen, die man wählt, grad um ihm zu entgeh'n

Damit verdarb ich Peter *alle, alle Freude,* wie er sich ausdrückte. Dieser Satz veranlasste mich zu einer Abschlussmail:

Lieber Peter,
ich bin mir im Unklaren, ob dieser Brief erreicht, was ich im Innersten denke und was und wie ich empfinde. Trotzdem starte ich einen Versuch. Mir war klar, dass es nach unserem furiosen Anfang nicht leicht sein würde, mit dir ein Wochenende ohne Komplikationen zu verbringen. Aber bis auf wenige Winzigkeiten lief alles sehr harmonisch. Der Abschied war nicht so, wie ich es mir gewünscht hätte. Ich vermutete schon, dass dies das Ende wäre. Du versprachst auch nicht, dass du anrufen würdest. Nun gut. Zwingen kann man keinen Menschen, aber du weichst auf die Mailerei aus, da du eine Diskussion am Telefon vermeiden möchtest. Das müsstest du doch eigentlich in deinem Psychologiestudium gelernt haben. Wie ich bemerke, legst du dich ungern fest. Aber dann spricht man einfach nicht von den nächsten Besuchen und vom Telefonieren, sondern man sagt, was Sache ist. So nach dem Motto, ich muss erst einmal alles verdauen und weiß nicht, ob das, was am Wochenende geschehen ist, für die Zukunft reicht.

Ich kann mit klaren Entscheidungen besser leben, auch wenn es eine Absage ist.
Diese Zweifel, die bei deinem Verhalten entstehen, sind schlecht zu ertragen. Man fragt sich, was man falsch gemacht hat. Waren es die Diskussionen, in denen du mir aufzeigtest, was ich alles falsch mache und wie ich mich ändern müsste? Sind dir gelegentliche unverbindliche Treffen lieber, die dann im Bett enden? Anschließend geht man auseinander, und jeder hat ein wenig Vergnügen gehabt? Warum wurde so viel Wert auf ein Gästezimmer gelegt, wenn doch schon alles im Wohnzimmer vorbestimmt wird? Warum wurde ich vorher ob meiner Fotos angegriffen, wenn du genau wie andere Männer bist? Ausgehungert und ungesättigt? Ich mache dir keinen Vorwurf. Ich hätte es stoppen können – ich habe es nicht getan. Es war einfach schön. Auch das Einschlafen miteinander. Denke einfach mal drüber nach.

Ich versteh die Welt in diesem Fall nicht mehr. Ich mag dich sehr, könnte mir ein Zusammenleben gut vorstellen, aber ich weiß im Moment nicht, wie ich den Inhalt meines Kopfes und meiner Seele in Einklang bringen kann. Und bei mir gehört beides zusammen. Auch ich, obwohl ich nach außen hin nicht so wirke, brauche in vielen Fällen einen starken Partner, der mir hilft, mich in den Arm nimmt und tröstet in Situationen, denen ich nicht oder nur schwer gewachsen bin. Aber ich gebe auch gern Kraft an den Partner ab, wenn er Hilfe braucht. Der Spruch von Friedrich Nietzsche ist schon bezeichnend: Die Forderung, geliebt zu werden, ist die größte der Anmaßungen.

Verlangen und erzwingen kann man nichts im Leben. Ich melde mich nicht mehr, ich überlasse es dir, ob es weitergehen soll.

Ich sitze am Schreibtisch
und schreib dir diese Zeilen, in Gedanken
immer noch bedenkend,
dass Gefühle nicht steuerbar sind.
Und was ich dann gedenke zu tun,
um meinem Tief zu entrinnen?
Eine neue Beziehung aufbauen?
Verändernd sich zu präsentieren?
Ein Stück des eben Erlebten
in das Herz und die Seele einschließen!
Ein Stück des gemeinsam Erlebten aufbewahren,
in ein Neues hinüberretten?
Wenn der Schmerz nachlässt,
bleibt in der Erinnerung nur das Schöne,
das gemeinsam war.
M.

So ist das mit der Generation der 68er. Entweder sind sie nicht erwachsen geworden, beklagte ich mich, *oder es bestehen massive Beschädigungen aus der Kindheit, die nicht aufgearbeitet wurden, wie Flucht aus der Heimat, Neuanfang in unbekannter Gegend, Prügelstrafe vom Vater bis zu seinem frühen Tod, den ein Kind auch verkraften musste.* Manche fühlen sich auch heute noch als großer Junge, aber ich erwarte in einem Alter von 65 schon ein Stück Erwachsensein. Obwohl Peter in diesem Fall durch sein Psychologiestudium einiges hätte verarbeitet haben müssen. Es ist schade, dass ich ihm nicht die Hand zum großen gemeinsamen Flug reichen konnte.

Da Peter Spuren auf meinem Computer, den er kurz benutzte, hinterlassen hatte, kam mir eine Idee. Ich fiel fast aus allen Wolken: Beim Antippen einer Datingfirma in München fiel mir der Name *Axel* auf.

Ich gab mein Passwort und Pseudonym ein und dann Peters Pseudonym, und wer erschien da um zehn Jahre verjüngt mit einem Text aus dem Buch von Richard Bach: *Peter*!

Vorsichtig glücklich – Warum sind die Menschen nur vorsichtig glücklich? Findet eine Entwarnung der Gefühle so selten statt? Ach was! Den wandernden Wolken häng ich mich an, lass mich fallen in die Welt an einen anderen Ort, wo mich die Wellen der Wirklichkeit nicht mehr so kalt überspülen. Schwerelos liegt mein Leben zwischen den Welten. Ich bin ein Zugvogel, ständig auf der Suche nach Wärme. Willst du, eine zärtliche Frau, mich dabei begleiten? Ein großer schlanker Romantiker mit ein paar Macken wartet auf deine Berührung. Meine Flügel zittern schon.

Was an diesem Profil auffällt, sagte ich in der Runde, ist, dass er hier schon geschieden ist, in dem anderen Profil getrennt. Hier fehlt der eigene Haushalt, von dem er behauptet, er würde ihn selbst führen. Und auf diesem Bild sieht er viel voller aus. Was soll man diesem Mann nun glauben? Alles oder nichts?

Ich kramte weiter in den Zetteln mit den Fragen und seinen Antworten, die ich mit in die Runde gebracht hatte, und las vor: *Sie ist wie ich eine gelegentliche Träumerin, liebt auch die Romantik* (das kennen wir ja schon aus den anderen Anzeigen) *und spürt wie ich das häufige Aufbegehren der Sehnsüchte. Große Hüte wollen wir tragen, viele Sprünge über den Rand des Alltags wagen, verschlungene Pfade und fremde Rhythmen entdecken, fremdartige Gerüche wahrnehmen und Gewürze schmecken, öfter im warmen Süden als im kalten Norden hocken … Auf geht's … Machen wir uns auf die Socken.*

Komm, spiel mit mir Blindekuh …

Auf die Socken machen sollte ich mich beim nächsten Kandidaten, denn er kam mir sehr bekannt vor. Er tauchte immer wieder dann im Chat auf, wenn eine Beziehung zu Ende gegangen war, und das fast den ganzen lieben langen Tag. Was mache ich mit einem Mann, der in seinen Antworten nur Ironie verspritzt? Links liegen lassen, oder lohnt sich ein Versuch?, fragte ich mich. Auf die Frage: *Was ist Ihnen wichtig in der Beziehung?*, antwortete der Manager aus Dortmund: *Liebe!*
Mit Ausrufezeichen. Meistens wurde ja nur der schnelle Sex gesucht und eingefordert. Aber er fuhr fort:
Übrigens, die traditionellen Rollenverteilungen können wir vernachlässigen, ich bin liberal genug zu akzeptieren, dass sie die Kohle anschafft. Und ein wenig Misstrauen sollte schon dabei sein, eine Beziehung ohne Stress hätte den lauen Geschmack einer Suppe ohne Salz.
Ich als Frau hätte die Suppe gewürzt, nicht gesalzen. Doch auf Beziehungsstress konnte eine richtige, sensi-

ble Frau gut verzichten. Wie gut, dass Frauen heute nicht mehr heiraten mussten. Für diesen Herrn müssten ja Frauen die Kohle anschaffen gehen. Deshalb waren die Lockerungen einiger Sitten nicht nur fällig, sondern überfällig. Manche abgeschnittenen Zöpfe konnten wirklich in den Abfalleimer. Denn:
Seien wir mal ehrlich, im Grunde genommen interessiert uns Männer bei den Fragen zunächst nur die „Blindenfrage" :-) Mädels! Stottert hier nicht so herum! Der so genannte Blinde ist doch hier psychologisch nur instrumentalisiert, um den eigenen Attraktivitätsgrad darzustellen! Alle anderen, sich immer wiederholenden positiven Eigenschaften werden doch von beiden Seiten vorausgesetzt!

Warum dieser 56-jährige Manager so ironisch war, sollte wirklich untersucht werden. Er gab nichts von sich preis, sodass Frauen sich kein Bild von ihm machen konnten. Hinter Ironie ließen sich Probleme wunderbar verstecken. Der Mann selbst bekannte sich zu seiner Ironie – nannte es aber parodistisch – und grenzte sich gekonnt ab:
Das sind meine parodistischen Antworten auf – wie mir scheint – ein Heer von Klosterschülern, die mindestens mit zwei Heiligenscheinen durch die virtuelle Welt geistern und Träume auf elektronischem Hochglanzpapier illusionieren.
Für die Damenwelt kommt daher hier nur ein Mann infrage, und der nennt sich: DON JUAN DE MARCO! – den gibts leider allerdings nur 1,5 Std. im Kino zu sehen!

Diese Feststellung dieses Mannes traf den Nagel auf den Kopf. Aber bei ihm war nur der Kopf gemeint, nicht das Herz, wie aus dem letzten Satz hervorging: *Bist du eine wirklich attraktive Frau mit großem Herzen* (warum forderte er das nur von Frauen – von sich selbst leider nicht?), *die mit einem kosmopolitischen, toleranten und finanziellen und auch sonst unabhängigen Mann in Kontakt treten möchte, tue es!*

Die Betonung lag auf unabhängig. Dieser Mann wollte heiße erotische Wochenenden – mehr nicht. Keine Verpflichtung. Sich nicht binden, sich nur amüsieren. Wenn Frauen ihn erhören sollten, könnte es unter gleichberechtigten Bedingungen sicher sehr nett sein, aber ...

Man merkte, wenn er eine neue Flamme hatte, war er einige Wochen nicht im Chat vertreten. Wenn er wieder *online* war, war sein Traum vermutlich zerplatzt. Er musste sich erneut auf die Suche begeben. Darauf angesprochen, blieb nichts von seinen ironischen Antworten übrig, die er für die Beantwortung der Fragen formuliert hatte. Zwischendurch wurde nur Gift und Galle gespritzt. Gekonnt wegstecken konnte er seine Niederlagen nicht. Das Fell war auch nicht sehr dick.

Es ist die Frage, wenn eine Frau unter derartigen Bedingungen zu Sex pur eingeladen wird, ob sie dieser Einladung überhaupt Folge leisten möchte. Für Frauen gehören in den meisten Fällen Herz und Hirn zusammen, in der Reihenfolge: Zärtlichkeit, Liebe und dann Sex. Andere Reihenfolgen sind bei Frauen sicher in der Minderzahl, ansonsten fühlten sie sich nur auf ihren Körper und die Körbchengröße reduziert. Männer hingegen können sehr wohl zwischen Liebe und Sex tren-

nen. Der *Jagdinstinkt* der Männer wird bei *Friendscout* sogar propagiert: *Das größte Jagdrevier mit hoher Trefferquote!*
Nach dem Motto: *Die Frau hütet den Nachwuchs und das Heim, während der Mann jagt und versucht, sich möglichst flexibel fortzupflanzen – natürlich mit hoher Trefferquote.*
Und wie ist es bei Männern, die noch keine hohe Trefferquote aufweisen können?

Das Geistige muss man ahnen – das Körperliche schauen – und dann beides umgekehrt darstellen

(Jean Paul)

Männer, die nicht erhört wurden, weil sie noch zu tief in den Verstrickungen ihrer Ehe und der Trennung gefangen sind, machen kuriose Kapriolen. Das habe ich aus eigener Erfahrung festgestellt. Sie sind oft zynisch und nicht fähig, ein normales Gespräch zu führen, beschwerte ich mich während eines Kaffeeklatsches bei meinen gespannt zuhörenden Freundinnen. *Wenn dieser abgewiesene Mann versucht, ein Foto von mir so zu manipulieren, dass ich erniedrigt werde, ist die Mail für einen Deaktivierungsantrag fällig. Der Kopf wurde abgeschnitten, der Busen fototechnisch im Computer vergrößert und hervorgehoben. Dann ist die Zeit außerdem reif für eine Anzeige. Er will damit ausdrücken, dass ich hirnlos bin und nicht denken kann*, ereiferte ich mich.

Da Männer im Allgemeinen nichts verschenkten, musste ich nur geduldig abwarten, bis der Typ mit ähnlichem Namen und ähnlichen Daten wieder auftauchte. Seine anderen Profile waren inzwischen alle zwangsweise deaktiviert worden. Nach einigen Wochen setzte er sein Guthaben zur Partnerfindung für den Profilnamen *ichoderdu* als Glückslos ein. Mir war bekannt, dass Männer oft ähnliche Profilnamen auswählen. (Frauen können mehr um die Ecke denken und hätten anders gewählt.) Ich nicht faul, setzte ein eigenes Profil dagegen und machte mich jünger, genau wie *ichoderdu* auch in den Jungbrunnen gefallen war. Ich machte mich interessanter, indem ich kein Foto reinstellte. Den Text der Fragen gestaltete ich kurz und bündig, so dass der Profilinhaber *ichoderdu* nicht überfordert würde. Ich türkte den Ort und meinen Beruf. Ich animierte ihn, auf mein extra eingerichtetes Profil zu schauen, indem ich sein Profil anklickte. Das langte. Ein Double-Match erfolgte. Ich schrieb:

Wenn zwei dasselbe meinen, ist doch schon ein Anfang gemacht, lieber ichoderdu. Es würde mich freuen, von Ihnen Persönliches erzählt zu bekommen. Was Sie beruflich machen und was Sie den Tag so umtreibt. Wir wohnen nicht weit auseinander. Also wäre ein Treffen nicht kompliziert. Mein Dorf liegt zwischen Br'haven und Bremen und ist sehr idyllisch. Gruß B.

Die Antwort ließ nicht lange auf sich warten:
Du hast Recht, es ist alles ganz einfach oder doch nicht? Na gut, ich fang mal an: Erst seit Anfang des Jahres lebe ich in Bremen, habe aber schon seit drei Jahren ein kleines Fotostudio hier. Jetzt versuche ich im Norddeutschen zu leben, so gut es geht. Aber keine Angst, mir gefällt es hier oben ganz gut, und ich liebe das Meer ... und so bin ich wahrscheinlich auf dem Weg nach Bremen schon mal bei dir vorbeigekommen ... oje, die Arbeit ruft ... ruf mich doch auch mal ... einfach an!? 04 21-790 xx xx, bis dahin, viele Grüße Günter.

Den Rest besorgte die Auskunft.

Sieben einsame Tage und noch viel mehr,
sieben einsame Nächte, mein Herz ist schwer.
Ich bin nicht geboren, um einsam zu sein.

Was bei dem eigenen Ehepartner zur Scheidung geführt hat, ist den Männern im Chat nicht fremd. Für die Partnersuche ist es wichtig herauszufinden, wie lange die Männer schon allein sind. Oft lässt sich das daran erkennen, wie lange der Mann schon chattet, weil er bisher noch keine passende Frau gefunden hat. Bei dem großen Angebot von Frauen macht das misstrauisch, und man muss sich fragen, ob nicht bereits das Einsamkeitssyndrom zugeschlagen hat. Ob der Mann nicht lieber mit seinem Hund oder der Katze glücklich ist, gar mit dem Teufel Alkohol. Frauen sollten immer darauf achten, dass der neue Partner nicht dieselben Probleme hat wie der alte, den sie deswegen verlassen haben. Durch ein anerzogenes Helfersyndrom können Probleme eingefangen werden, und das Perpetuum mobile beginnt sich erneut zu drehen.

Deshalb sollten Frauen genau darauf achten, warum und wieso der Mann eine neue Partnerschaft anstrebt. Männer sollten der Frage nachgehen, warum Frauen nach mehr als 30 Jahren Ehe plötzlich zu einem Freund des Ehemannes ziehen und dort ihr Glück versuchen. Es nützt dem betrogenen Ehemann nichts, dass er sich ausweint. Fakten und Taten sind angebracht.
Wenn Christine sich auf die Reise begibt, einen solch verlassenen Mann zu besuchen, sollte sie vorher gründ-

liche Ursachenforschung betrieben haben. Hatte der Mann sich innerlich schon von seiner Ehefrau gelöst? Hatte er die heimliche Hoffnung, dass sie doch noch zurückkommt und die neue Partnerin nur Lückenbüßerin ist, um dringenden Bedürfnissen abzuhelfen?
Als Christine bei ihrem Besuch auf einem Hotelzimmer bestand, läuteten beim Mann, der Jurist war und Friedrich hieß, schon die Alarmglocken. Würde das Wochenende so verlaufen, wie er es gerne hätte oder wie Christine es für sich geplant hat?
Friedrich empfing Christine sehr freundlich, zeigte ihr die Gegend und seinen Familiensitz. Dann erklärte ihr Friedrich das große Haus mit fünf Etagen und zwei Gaststätten. In den obersten Etagen befand sich die Wohnung, die sehr renovierungsbedürftig war – ebenso wie der Mann. Als Alleinstehende musste Christine natürlich selbst in ihrem Haus handwerklich tätig sein und ihren Mann stehen. Der zukünftige Partner bemerkte die 30 Jahre Abnutzung, die Unordnung, die Wäscheberge, das Chaos nicht. Er sah nur sich und seine Probleme, die er in Angriff nehmen musste, und dazu gehörten eine Gesprächspartnerin und ein kuscheliges Bett. Mit Reden allein brachte man solche Probleme nicht vom Tisch, sondern nur durchs Anpacken. Obwohl Christine ihr eigenes Zimmer bekam, wollte der Mann gern anpacken: *Ach ja, herzig diese Hügel. So formschön, so griffig, so richtig zum Knutschen!* Christine, aus diversen Begegnungen im Chat gereift, wollte nicht. Sie gackerte vor sich hin, als sie sich diese Situation wieder ins Gedächtnis rief. Christine hatte ihren Besuch nicht als erotisches, sondern als Kennenlern-Wochenende deklariert. Und so sollte es

bleiben. Aber plötzlich zeichnete sich ein Hügel in Friedrichs Hose ab. Was nun? Christine wollte nicht. Der Mann brauchte Erlösung vom Druck. Nachdem der kleine Wicht an die frische Luft befördert und auch noch vorgezeigt worden war, blieb Christine nichts anderes übrig, als mit ihren Händen die Erlösung der Qual zu bringen, damit wieder Ruhe im Revier eintrat. Und so verschwand er wieder, wo er hingehörte und seit langem allein zu Hause war. Das Jagdrevier der Männer war unendlich, die Formen unterschiedlich. Selbst wenn Christine für diesen Mann die Königin der Nacht darstellte, gab es keine Garantie für die nächsten Monate. Der Zug mit Christine war noch nicht ganz abgefahren, als der Blick sich schon auf andere richtete, die sicher die nächsten Wochenenden dort am Fluss verbringen würden. Den kleinen Wicht sehen sollen und ihn streicheln müssen, wie Christine dieses Kennenlernen kommentierte.

Der Hölle Rache kocht in meinem Herzen, Tod und Verzweiflung flammet um mich her!

(Die Zauberflöte)

Was nützt es, sich nach einem solchen Wochenende zu fragen, wer nun kein Verständnis für den anderen hatte und warum man den Weg zu diesem Kandidaten überhaupt auf sich genommen hat? Das wahre Gesicht eines möglichen Partners erlebt man erst, wenn er sein Heim präsentiert, sich sicher fühlt und die Märchenstunde in den Telefonaten der Realityshow weicht, äußerte sich Christine. Die Anzahl der Schürzenjäger stirbt nicht aus, sie nimmt eher zu. Das hat wiederum mit der Anonymität des Chats zu tun. Aber auch mit dem Selbstverständnis der Männer, die meinen, sie seien die Oberlehrer der Nation. Belehrendes müssen Frauen sich von Männern gefallen lassen, die immer in der Familie König waren und ihre Vasallen brauchten. Manche Frauen ließen sich das damals gefallen, bis ein Märchenprinz sie wachgeküsst hatte und ihr von den Fortschritten der Menschheit berichtete. Nämlich dass Frauen gleichberechtigt sind. Im Grundgesetz ist es zumindest verankert – aber es ist noch nicht bei allen Männern angekommen. Es wird – wie es sich in einer guten Ehe gehört – erst der Hund gefüttert, dann darf die Ehefrau sich an den Tisch setzen. Und ob sich die Frau intellektuell die nötige Sehschärfe erworben hat, bestimmt meist nur der Mann. Wenn die Frau sich eine Brille anschafft, sieht das Leben plötzlich ganz anders aus: Glasklar, und es kann zum Generalputz kommen.

Neues von der Geldfront: Wo sind sie hin, die vielen Männer und das Geld?

Zum Generalputz holte auch Bärbel aus, wie sie uns beim nächsten Treffen berichtete. Sie war unzufrieden, weil die Firma Soles ihren Vertrag nicht erfüllt hatte, und wollte noch einen Teil ihres Geldes retten. Der Brief lautete:

Sehr geehrte Frau Peines,
nachdem ich festgestellt habe, dass dies mein 17. Brief an Sie ist, frage ich mich, wie lange ich noch warten

muss, bis Sie mir drei Kandidaten vorstellen, wie Sie mir schriftlich avisiert haben. Und vorstellen heißt nicht, mir nur einen Namen zu nennen.
Was ist los mit Ihrer Firma? Wollen Sie nicht? Können Sie nicht? Ich habe für viele Dinge Verständnis, nur für solche Späßchen nicht. Wenn in Verträgen klar und deutlich formuliert wird, was Sie mir vermitteln wollen, dann müssen Sie den Vertrag erfüllen. Es wurden doch in Ihrem ersten Brief großblumige Versprechungen gemacht, wen Sie alles vertreten. Und eine zu mir passende Persönlichkeit hatten Sie auch.
Die andere Möglichkeit wäre, dass Sie das Geld zurückerstatten. Schnell und problemlos. Meine Kontonummer kennen Sie ja.
Für mich ist der 15. Dezember 2004 Deadline. Entweder noch 500 Euro zurück oder mir vier vernünftige Kandidaten vorstellen, die sich nicht jünger fühlen und lieber im Sandkasten spielen wollen, weil sie noch nicht erwachsen geworden sind. Das sind meine Vorgaben.
Und es sind vier; nicht drei Kandidaten. So weit kann ich es noch an meinen Fingern abzählen.
Bis dahin eine fröhliche Vorweihnachtszeit mit vielen Bescherungen.

Ihre
Bärbel Meyer

Das war der siebzehnte Streich, der achtzehnte Streich folgte eine Woche später, um die Firma mürbe zu machen.

Sehr geehrte Frau Peines,
dies ist nun der 18. Brief an Sie. Gibt es immer noch keine passenden Angebote? Ist Männerflucht angesagt, oder ist Ihr Schätzkästlein nicht wohl gefüllt? Weihnachten ist doch eine gute Gelegenheit für Männer, sich die Wunschträume zu erfüllen und ein nett verpacktes Frauchen mit Schleife unter dem Weihnachtsbaum auspacken zu können. Doch leider stehen in den renommierten Zeitungen so wenig Anzeigen von Männern, die Sie anschreiben könnten. Dafür umso mehr von Frauen, die einen Partner suchen.
Wie wollen Sie es nur schaffen, mir bis zum 15. Dezember 2004 vier zu mir passende Männer vorstellen zu können?
Ich habe mir noch einmal den ersten Vertrag durchgelesen und blieb an dem handschriftlich angefügten Satz hängen:
"Sollte Frau Bärbel Meyer wider Erwarten bis zum 16.09.04 in keine bleibende Verbindung gekommen sein, erhält sie 1500 Euro Honorar zurück."
Ich bitte um die Rückgabe!
Es wird eigentlich nur noch teurer, wenn Sie den Vertrag nicht erfüllen oder zahlen.
Ansonsten wünsche ich Ihnen eine schöne, erholsame, stressfreie Vorweihnachtszeit.

Bärbel Meyer

Und, oh Wunder, eines Tages, plumpste ein Brief aus Hamburg in ihren Briefkasten, diesmal nicht als Einschreiben. War der Firma schon das Geld ausgegangen? Für eine ISDN-Leitung war auch kein Geld da, denn das Faxgerät lief über dieselbe Leitung. Von moderner Kommunikation war in dieser Firma nichts zu spüren.

Sehr geehrte Frau Meyer,

in Anbetracht Ihrer momentanen Situation lassen wir uns darauf ein und zahlen Ihnen den Betrag in Höhe von 500 Euro aus. Über dieses Geld können Sie spätestens am 18.12.04 verfügen.
Wir bestehen darauf, dass Sie sich nach dem 18.12.04 bei uns nicht mehr melden.
Wir wünschen Ihnen ein frohes Weihnachtsfest und ein glückliches neues Jahr.

Mit freundlichen Grüßen
Peines

Von leeren Kassen, Pokerspielen und heißer Luft

So, der dicke Brocken wäre geschafft, seufzte Bärbel erleichtert. Jetzt hieß es auf das Geld warten, bis es wieder im sicheren Hafen, nämlich auf Bärbels Konto, lag. Aber da Bärbel fein säuberlich ihre Briefe aufbewahrte, konnte jeder Rechtsanwalt gegebenenfalls Forderungen stellen, wenn das Geld nicht pünktlich eintrudelte. Bärbel fragte sich allerdings, was wohl mit *In Anbetracht Ihrer momentanen Situation* gemeint sei. Die finanzielle Situation der Firma auszuloten wäre interessant. Der Wagen, mit dem Frau Peines gekommen war, war geleast, und der Anzug, den Frau Peines trug, hatte schon bessere Tage gesehen. Er war blank. Blank blieb aber auch Bärbels Konto. Die versprochenen 500 Euro befanden sich vielleicht als Bargeld in Frau Peines' Keksdose. Deshalb schritt Bärbel mutig zu ihrem Rechtsanwalt, der Frau Peines Dampf machte – per Einschreiben.

Firma Soles
z. Hd. Frau Peines

Vermittlungsvertrag vom 16.03.2004

Sehr geehrte Peines,
gemäß beigefügter beglaubigter Vollmachtskopie zeige ich an, dass mich Frau Bärbel Meyer mit der Wahrnehmung ihrer Interessen beauftragt hat.
Mir liegt der zwischen Ihnen und meiner Mandantin am 16.03.2004 geschlossene Vertrag vor.
Frau Meyer hat mir berichtet, dass Sie nicht in der Lage waren, Ihre vertraglich übernommene Verpflichtung zu erfüllen.
Aus diesem Grunde fordere ich Sie hiermit bei Vermeidung einer gerichtlichen Klärung auf, den von meiner Mandantin gezahlten Betrag von 1.500 Euro bis zum 07.01.2005 zurückzuzahlen.

Mit freundlichem Gruß
Dobber – Rechtsanwalt

Die unendliche Geschichte setzte sich fort, und Kapitel würde sich an Kapitel fügen. Das nächste Kapitel war der Brief ans Gericht, weil Frau Peines nicht auf das

Schreiben des Rechtsanwaltes reagiert hatte und Bärbel die vertraglich vereinbarte Rückerstattung nicht bekommen hatte.

Der Mensch ist ein Gaukler von Natur und spielt eine fremde Rolle (Kant)

Was erklärte uns Bärbel daraufhin, worauf zukünftig alle Teilnehmerinnen vom Treffen zu achten hätten? **Wissen ist Macht.**

Damit mir Chat und Partnerschaftsanzeigen nicht über den Kopf wachsen und ich genervt aufgebe, sollte ich mich schlau machen, was die Code- und Schlüsselwörter im Chat und bei Partnerschaftsanzeigen bedeuten, damit keine Fehlinterpretationen entstehen. Es wäre peinlich, wenn bei einem *dominanten Mann* angenommen wird, dass das Zusammenleben mit diesem Herrn ein Zuckerschlecken sei. Bei *erfahren* sollte eine Frau auch misstrauisch sein. Wie erfahren und worin? In Ehen, in diversen Jobs, im Auf und Ab des Lebenskarussells? Ein *spiritueller* Mensch könnte Gedichte schreiben und erwarten, dass ich zuhöre. Vielleicht geht es ihm wie den Katzen bei Vollmond: *unberechenbar*. Bei *direkt* sollte ich lieber nicht nachfragen, sonst geht der Weg ohne Umschweife ins Schlafzimmer. *Gut situiert* kann auch eine Dönerbude besitzen und sich Unternehmer nennen.
Frauen sollten, wie in Anzeigen bei Immobilien, immer den Blick auf die so genannten Attribute werfen. *Gepflegtes Haus* hört sich besser an als *ungepflegte, mit*

Reparaturstau versehene Immobilie, die mit an Sicherheit grenzender Wahrscheinlichkeit nicht verkauft werden kann. Münze ich das auf den Wunschpartner um, müsste es heißen:

Gebildeter, gepflegter, attraktiver, phantasievoller, sensibler Mann sucht Frau fürs Leben.
Und nun raten Frauen herum, was die Übersetzung wohl bei einem Mann bedeuten könnte, dessen Pseudonym Macho ist:

Humorvoll... Er lacht, auch wenn ihm zum Weinen ist.
Lieb... Er ist devot veranlagt.

Stark... Wenn ich beschwipst nach Hause komme, bringt sie mich ins Bett.

Phantasievoll... Er weiß, was Migräne bedeutet.

Unternehmungslustig... Er geht jeden Morgen mit dem Hund Gassi.

Erotisch... Er läuft den ganzen Tag im String-Tanga rum.

Intelligent... Er kann mir jeden Wunsch von den Augen ablesen.

Attraktiv... Ich kann ihn meinen Freundinnen präsentieren.

Gebildet... Er ist fotogen.

Zuverlässig... Er steht seinen Mann.

Ehrlich... Er vertraut mir beim ersten Date sein Jahresgehalt an.

Leidenschaftlich... Er kann gut kochen – und zwar jeden Tag.

Tolerant... Er hat nichts dagegen, dass ich mit meinem Golflehrer schlafe.

Harmonisch... Er pinkelt im Sitzen und nicht auf den Boden.

Bei den Anforderungen einiger Damen wundert es den Macho übrigens nicht, dass die Singlebörsen boomen.

Neue Besen kehren das Land

Und was ich als Frau suche, habe ich aus dem Internet heruntergeladen und liest sich so. Bitte nehmen Sie es nicht zu ernst, sonst könnte man als Frau wirklich nur verzweifeln. Es fängt damit an, was eine Frau so sucht.

Und was soll es mit uns werden?
1. Variante: Das Chatspiel
Level: Das weiß ich auch nicht so genau.
Ort: stumpf vor dem PC
Spieler: mindestens zwei

2. Variante: Das Kaffeetrinkenspiel
Level: einfach
Ort: angenehme Lokalität
Spieler: entscheidet die Situation
Voraussetzungen: Sympathie

Ein gegenseitiges Interesse verleitet einen dazu, sich in Bewegung zu setzen und den Abend mit einem wildfremden Menschen zu verbringen. Angenehm wäre natürlich, wenn du dich unterhalten kannst und man nicht vor Langeweile einen Plan zum Verabschieden schmiedet.

3. Variante: Das Rumsexelspiel
Level: einfach bis anspruchsvoll
Ort: flexibel
Spieler: mindestens zwei
Voraussetzungen: Lust, Geilheit, Neugier, Hygiene, Gesundheit

Schönes Gesicht, schöner Körper, genug Spielzeug in der Hose. Dazu noch einen sexuellen Reiz, dann ist diese Variante genau richtig. Hier gibt es verschiedene Rollen. Es gibt keine Verpflichtungen, es geht um Spaß.

4. Variante: Freundschaften
Level: gehoben
Ort: alles, was dazu dient, um diese zu pflegen
Mitglieder: Diese wissen, dass sie mir gewaltig viel bedeuten.

*Voraussetzungen: Bist intelligent, emotional, humorvoll, loyal und schaffst es, mir meine Fehler zu zeigen, ohne dass die Apokalypse ausbricht. Du kannst zuhören und auch Ratschläge geben. Man kann die Sau rauslassen, ohne sich zu langweilen (nein, kein Sex). Man kann sich alles erzählen, ohne Peinlichkeit und Scham. Es herrscht Vertrauen. Sorry, die Plätze sind schon vergeben *lach*. Nein, ob es eine Freundschaft wird, entscheidet sich dann. Echte Freunde sind selten.... aber diese lässt man auch nicht gehen. Ob ein Mensch dafür in Frage kommt, merkt man sofort!*

5. Variante: Beziehung
Level: ultra
Ort: überall
Mitglieder: nur zwei
Voraussetzungen: Es gibt nicht nur gut und schlecht, es gibt nur ehrlich oder nicht. Denn nur wenn man es ehrlich und ernst beginnt, hat es eine Chance. Für mich sind folgende Dinge elementar, natürlich keine abschließende Aufzählung:
Keine Grundsatzdiskussionen, bestimmte Dinge müssen klar sein.
Keine Unehrlichkeit.
Vertrauen, Liebe, Leidenschaft.
Nein, Fremdgehen ist kein Zeichen von Liebe.
Bitte eine echte Bindung.
Rationalität und Emotionalität sollten gelebte Begriffe sein.
Dinge sind niemals wichtiger als der Partner.
Kompromissbereitschaft.
Eine gewisse Arroganz und Kompliziertheit.

Dominante Züge, die aber nur selten zum Vorschein kommen.
Und was sucht eine Frau wirklich und wen? Und wie viele Menschen suchen und in welchen Variationen?

Die Nacht ist nicht allein zum Schlafen da, die Nacht ist da, dass was gescheh'...

(Gustaf Gründgens)

Wenn ich den Statistiken Glauben schenken darf, gibt es in Deutschland rund 7,5 Millionen Singles. Dazu kommen so aparte Variationen wie *Seitenspringer* oder *Swinger*, die Gleichgesinnte für ihre Vorlieben im Chat suchen. Gottlob findet man nur wenige Beispiele im Chat dafür. Ein Beispiel jedoch möchte ich Ihnen nicht vorenthalten:
Der Swing des Lebens hat mich, einen schlanken, nicht nur nachtlichttauglichen Akademiker, schon Vielfältiges erfahren lassen – von der Musik bis zur Lust. Warum nicht jemanden finden, die das nach meinem ersten Clubbesuch am liebsten im Rhein-Main-Neckar-Gebiet oder rheinabwärts auch ab und zu teilen möchte? Suche eine Frau für weitere Clubbesuche, die vielleicht etwas Erfahrung mitbringt oder es immer schon mal wollte. Sympathie sollte vorhanden sein. Stil und Intelligenz bevorzugt. Von Zeit zu Zeit muss man einfach sündigen, sonst verliert man den Spaß an den Tugenden. Zu meinen Tugenden gehört die Antwort und Verabschiedung.
Danke

Also, wenn es dem Mann in der ersten Begegnung nicht gefallen hat, verabschiedet er sich.

Viel Zulauf konnte der Mann nicht haben, stellte ich beim Suchen fest, weil er mit der gleichen Anzeige – nur unter verschiedenen Namen – zweimal im Internet vertreten war.

Das bisschen Haushalt mach ich doch mit links!

Ob dieser Hamburger, dessen kleine Minianzeige von *Parship* in der *Zeit* stand, viel Zulauf hatte? Ich hatte ihn mal angeklickt, um zu sehen, wer sich dahinter verbarg. Sein Alter hatte er – um mehr Frauen zu interessieren – mit *vagen über 65* angegeben. (Er war aber schon über 70.) Erwin sprang gleich auf mein Kontaktgesuch an und mailte erfreut zurück. Ich bekam den Hinweis, dass Erwin im Hamburger Aikidoverband zu finden sei. Klickte mir das Internetprofil des Verbandes an und fand auch ein Foto von ihm. Zwar hatte Erwin nicht mehr so volle Haare, aber er sah für sein Alter ganz passabel aus. Wir verabredeten uns für einen Vormittag in Hamburg, und ich setzte mich in Trab.
Der Stadtteil, in dem Erwin wohnte, gehörte zu den besseren Stadtteilen Hamburgs, was er auch betonte, als er den Weg zu sich beschrieb. Leider verfranzte ich mich in Hamburg beim Auffinden der Straße ein wenig und musste Erwin um Hilfe bitten. Der kam auch prompt, denn seine Wohnung war nicht so weit entfernt von dem Standort, den ich schon erreicht hatte.

Und was geschah dann? Vor mir stand ein ziemlich kleiner Mann, der doch, seinen Angaben zufolge, größer als ich hätte sein müssen. Aber weit gefehlt. Die Großmannssucht hatte auch hier zugeschlagen. Ich grinste in mich hinein.
Erwin fuhr nun voraus und brachte mich zu dem verabredeten Treffpunkt. In diesem schönen Stadtteil gab es wundervolle Bürgerhäuser, die liebevoll gepflegt und in Ordnung gehalten wurden. Aber da wohnte Erwin nicht. Er wohnte, obwohl er vorher betont hatte, dass er Finanzmanager einer weltbekannten Werbefirma gewesen sei, in einem schäbigen Apartmenthaus aus den 50ern mit dem Charme von gebohnertem Linoleum und alten Fliesen. Ich war bemüht, mir das nicht anmerken zu lassen. Wir betraten den Fahrstuhl, der sicher auch so alt war wie der Mann, der mit mir da drin war. In der Enge des Fahrstuhls bemerkte ich auch zum ersten Mal den etwas strengen Geruch von Erwin, der wohl in den Morgenstunden sein geliebtes Aikido betrieben und vergessen hatte, das Bad aufzusuchen und die Kleidung zu wechseln.
Nachdem wir in der obersten Etage angekommen und viele Flure zu überqueren waren, standen wir vor der Wohnungstür. Erwin hielt mir die Tür auf und bat mich herein. Der Flur war klein. Neben der Eingangstür gab es ein Bad, nur mit einem Vorhang versehen. Wie praktisch, überlegte ich, der Geruch wäre nach der Benutzung sofort sozialisiert. So etwas war mir in den letzten drei Jahrzehnten nie mehr widerfahren. Ich musste noch eine Treppe hochsteigen, um zum eigentlichen Wohntrakt zu kommen. Einen Ausblick auf die anderen, wunderschönen Häuser in dieser Straße hatte

ich nicht, weil es keine Fenster zur Straße gab; nur ein Atrium schloss sich an das Wohnzimmer an. Ich hatte das Gefühl, an der Berliner Mauer zu stehen, und war verblüfft. Das bemerkte Erwin und erklärte, er könne keine Sonne ab. Die Sonne käme sehr heiß von oben, und nachts könnte man die Sterne sehen. Wie im Gefängnis, dachte ich. Jetzt kamen wir zum gemütlichen Teil dieser Begegnung. Das glaubte ich zumindest, aber weit gefehlt. Ich begab mich auf diesen etwas merkwürdigen Balkon, und mir wurde ein verschmutzter Stuhl angeboten, den eine Hausfrau sicher 20 Jahre nicht zu Gesicht bekommen hatte. Nun, ich hatte meine Vorstellung von Gepflegtheit und Sauberkeit schon bald ad acta gelegt und wollte mich auf das Gespräch konzentrieren. Es wurde mir erst einmal ein Tee: *Pfefferminze oder grüner Tee?* angeboten. Worauf ich doch lieber einen normalen Schwarztee bevorzugte. Erwin ging in die hinteren Räume, um den Tee zuzubereiten, so dass ich einen Blick auf die kärgliche Einrichtung werfen konnte. Ikeasessel von vor über 20 Jahren füllten den Raum. Einige Bücherregale und ein Laptop waren die wertvollsten Stücke, die hier vorhanden waren. Ansonsten hatten die nicht sehr geschmackvollen Bilder, die an den Wänden hingen, sicher nur für den Besitzer große Bedeutung. Für den Kunstmarkt und für den guten Geschmack des Bewohners nicht. Tante Augustes Mann hatte in den 50ern auch solche Landschaften – Wald und Wiesenstücke – gemalt, erinnerte ich mich. Heute landete so etwas sicher bei vielen Familien auf dem Dachboden oder beim Trödler. Aber wir befanden uns ja schon auf dem ausgebauten Dachboden des Hauses.

Erwin kehrte zurück. Der Tee war fertig aufgegossen. Jeder bekam einen Becher in die Hand. In einer Thermoskanne wurde der Tee serviert. Mit spitzen Fingern fasste ich den Becher an, denn ich sah, dass viele Tee trinkende Menschen diesen Becher mit entsprechendem Inhalt bereits in der Hand und am Mund gehabt hatten. Kurz gesagt: Er war nicht ordentlich abgewaschen worden. Da fing ich an zu sinnieren. Was suchte dieser Mann eigentlich – eine Putzfrau? Oder eine Partnerschaft, und beide wohnten zusammen und ließen es sich gut gehen? Oder nur gelegentliche Treffs, um ins Bett zu gehen? Das blieb unklar. Denn Erwins Tag war sehr strukturiert. Morgens erst mal den geliebten Kampfsport, der ihn sehr forderte. Dann der tägliche Besuch bei der 97-jährigen Mutter, nach der er – weil er ein pflichtbewusster Sohn war – auch sehen musste.
Anschließend Kunst und Kultur, also Theater und Konzertbesuche. Die tägliche Zeitung hatte er schon lange Jahre abbestellt. Das würde ihn nicht interessieren. Nur *Die Zeit* wurde gelesen und Bücher. Weder ein Radiogerät noch ein CD-Player waren vorhanden. Nach seinem persönlichen Leben befragt, bekam ich nur oberflächliche Antworten. Die erste Ehefrau – eine Französin – lebte in Paris. Die drei Kinder, die schon längst erwachsen waren, auch. Eine langjährige Partnerschaft wäre zu Ende gegangen, deshalb die Anzeige in der Zeit und bei *Parship*, versuchte er mir zu erklären. Aber um Himmels willen! Warum suchte er eine Frau, wenn er keinen sexuellen Notstand hatte?
Der wohl schmeckende Tee war ausgetrunken, und wir kamen überein, zum Mittagessen in ein indisches Restaurant zu gehen. Das wäre ganz in der Nähe der Woh-

nung. Ich freute mich, denn dann konnte ich noch einmal die schönen Häuser bewundern, die ich so liebte und die in meiner Heimatstadt nicht so zahlreich waren. Das Essen war sehr gut und das indische Gericht neu für mich. Erwin war hier bekannt, weil er nie selbst kochte, und dieser preiswerte Mittagstisch gefiel ihm. Wir tranken noch eine Tasse Kaffee zusammen, und ich verabschiedete mich, ohne *Auf Wiedersehen* zu sagen. Es war uns beiden wohl klar, dass dieser Vormittag, zumindest aus meiner Sicht, ein Flop war.

Zu Hause angekommen, löschte ich die Verbindung im Computer als erste Amtshandlung und war froh, dass so ein Damoklesschwert nicht über meinem Kopf hing und ich aussuchen konnte, mit wem und wie ich mit einem Mann zusammen sein wollte. In so einer Bruchbude sicher nicht. Mit Erwin jedenfalls auch nicht. Ich lachte in mich hinein, denn einige Situationen entbehrten nicht der Komik. Nachmittags rief Erwin noch mal an und meinte, es wären wohl unterschiedliche Welten, in denen wir lebten, und die Chemie wäre zwischen uns nicht stimmig. Richtig, dachte ich und sagte dies auch in meiner Damenrunde, nicht nur die Chemie. Es war alles nicht stimmig und Erwin, das ist das Schlimme, merkte es nicht einmal.

Erwin setzte seine Suche fort, so berichtete ich. Ein paar Wochen später hatte er wieder eine Kleinanzeige in der *Zeit*. Diesmal verhielt er sich etwas geschickter mit der Preisgabe seines Alters, allerdings war er um einen Zentimeter gewachsen. *Normalerweise bekommen Klassemänner weit über 100 Anfragen von Frauen, und in vielen Fällen läuft der virtuelle Briefkasten über. Hier scheint aber wirklich keine Frau anzubei-*

ßen. So geht es einem mit einem deutschen Mann alter Schule, von der Erwin, wie uns dieses Beispiel zeigt, wenig genossen hat, ergänzte ich.

Ein Klick – und die Welt liegt dir zu Füßen. Denkste!

Wie sieht es trotz der Globalisierung in Europa mit Männern aus, die in unserem Umfeld wohnen, aber keine deutsche Erziehung und nicht die wilden 68er-Jahre mitgemacht haben? Natürlich meine ich, spielen auch Religion und Erziehung eine erhebliche Rolle, ob Männer der älteren Generation flexibel genug sind, um sich auf eine neue Frau mit anderen Idealen und Vorstellungen einzustellen.

Die Schweiz ist mit nach Frauen suchenden Männern in der Vielzahl bei *Parship* vertreten, die Minderzahl bei *FS24*. Diese Anzeigen bei *FS24* sind oft auch deaktivierungswürdig, wie ich feststellte. Einige Franzosen benutzen *Parship* und *Friendscout* auch. Niederländer kommen erst langsam im Chat dazu. Einige Mitglieder aus dem ehemals sozialistischen Ausland sind vertreten. Den Anzeigen von Schweizern sollte mit Vorsicht begegnet werden, weil das aktive Wahlrecht für Frauen erst recht spät in der Schweiz eingerichtet wurde. Abgesehen davon haben alle wehrpflichtigen Männer in der Schweiz immer ein Gewehr zu Hause. Da stellt sich die Frage wie bei dem *Cowboy*, ob ich mir das antun soll:
Welche drei Dinge würden Sie mit auf die einsame Insel nehmen?

Meine Partnerin/Frau, meinen Drilling (Gewehr) und meine Zahnbürste.

Ich glaube, ich würde lieber daheim bleiben und noch einen Blick in das Grundgesetz werfen, denn emanzipierte Frauen in deutschen Landen möchten sicher nicht so leicht ihre erworbenen Rechte wieder abgeben. Das merke ich an den Texten, die zu lesen sind. Sie unterscheiden sich schon von den Texten vieler deutscher Männer. Natürlich sollten Frauen nicht unvorbereitet darauf losgehen, einen Ausländer kennen zu lernen. Sie sollten auch nicht die persönlichen Erziehungsmethoden und Kulturen aus den jeweiligen Ländern außer Acht lassen. Vor allen Dingen ist es wichtig, die Familie kennen zu lernen.

Im Chat fällt mir oft auf, wenn ich von einem Nichteuropäer angeklickt werde, wie autoritär das Verhalten Frauen gegenüber sein kann, weil sie es in ihrer Erziehung nicht gelernt haben, die Frau als gleichberechtigten Partner wahrzunehmen. Und nicht nur das: Was Frauen an Erziehung und Wissen innerhalb der Familie mitbekommen haben, wiederholt sich in der eigenen Ehe sehr oft wieder. Wenn die Mutter vom Vater geschlagen und sexuelle Gewalt angewendet wurde, finden Frauen es fast normal, wenn es in der eigenen Beziehung ebenso abläuft.

In einer Untersuchung, die vom Familienministerium in Auftrag gegeben wurde, kamen paradoxerweise deutsche Ehemänner und Partner schlecht weg. Es war kein Schichtphänomen, wie in der Studie festgestellt wurde. Die meisten Täter waren berufstätig und hatten eine bessere Bildung als der Durchschnitt. In dieser Studie war auch zu lesen, dass Einwanderinnen aus Ost-

europa häufig schwerer körperlicher und sexueller Gewalt ausgesetzt worden waren.
Deshalb *Handle with Care*, wie die Engländer sagen, und vertraue nicht jedem Schriftsatz von Männern, der uns Frauen die blumigsten Versprechungen macht. Denn wenn Frauen die Opfer sind, sind meistens Männer die Täter. Es soll auch nicht verschwiegen werden, dass es Frauen gibt, die auf ihre Männer einprügeln, und Frauen im Chat genauso flunkern und angeben, wie Männer ihre Vorzüge und Vorlieben anpreisen.
Was muss noch berücksichtigt werden, um nicht unglücklich zu werden und mit Ein- und Beschränkungen, die die deutschen Frauen längst hinter sich gelassen haben, zu leben? Eine gleiche Sprache sollte gesprochen werden, und man sollte sich auf Augenhöhe begegnen.

Tu felix Austria nube

Mit Toni aus Österreich, von dem ich auf meine Anzeige verspätet einen Brief erhielt, hätte ich wohl dieselbe Sprache gesprochen, aber inhaltlich waren wir doch weit auseinander, weil ich gerne selbst bestimmte, wer bei mir einzog.

Sehr verehrte gnädige Frau, liebe Unbekannte!
Sie behagen mir! Vermag ein um einen Lenz nach Ihnen geborener (1,83/stattlich), von Liebe, Lust und Leidenschaft geprägter, erbaulicher „Mann mit Eigenschaften“ (wie Geist und Witz) – übrigens für viele ein

Blickfang – Österreicher, ledig/kinderlos, als (Ehe-) Partner Ihr Interesse zu entfachen, gar Ihr Wohlwollen und Gunst zu gewinnen? Dann bin ich womöglich Ihr Zukünftiger; mithin der (für Sie) gemachte Mann ... Seien Sie jedenfalls auf eine Überraschung gefasst!
Möchten Sie mehr erfahren – und mich kennen lernen?
Als Zeichen des Zuspruchs würde ich mich natürlich über das eine oder andere verlockende Foto von Ihnen sowie Ihre Telefonnummer (bitte Festnetz inklusive Zeiten der Erreichbarkeit) außerordentlich freuen! Bereits gespannt, Sie zu hören, werde ich Sie promptest anrufen. Diesem ersten Gespräch wird auch noch ein umfassender Brief (mit Telefon und neuestem Bild) nachfolgen.
Und was, wenn es sich bei unserer Begegnung herausstellt, dass wir füreinander bestimmt sind??? Seien Sie getrost, da fiele es mir nicht schwer, kurzerhand zu Ihnen nach Deutschland zu ziehen!

Aufs Herzlichste grüßt Sie
Toni

P. S. Bei etwaigem Desinteresse möge der Vernunft willen Ihre Antwort bzw. eine allfällige Rücksendung ausbleiben.

Eine Rücksendung unterblieb und das Austauschen der Telefonnummern auch. Werbung machte dieser Ehemann in spe für sich gekonnt, aber für meine Begriffe war etwas zu viel Schmäh dabei – mit Zuckerguss, Mozartkugeln und *Küss die Hand, gnädige Frau.* Das war in Norddeutschland unüblich.

Zugeklappt und ausgetauscht? Die Mädchen des Monats

Dennoch sollten sich Frauen Grundbegriffe der Werbung für die Chatterei im Internet aneignen und nicht mit Blindheit geschlagen sein. Wer sich im Chat mit Hilfe eines Fotos darstellen will, muss schon einige Hirnzellen aktivieren und sich fragen, was der Kunde König, der Mann, wünscht? Wie habe ich mich als Frau präsentiert? Sind meine Vorteile auch geschickt zur Schau gestellt worden? Oder habe ich als Frau nur mein Alter dargestellt? Sieht der Mann, wie alt ich sein könnte, oder greife ich gleich zum Konfirmationsbild? Das alles sind Überlegungen, die ich anstellen muss. Sollte ich als Frau gleich beim Frischemarkt über die Theke gucken und schauen, wie das nackte Fleisch präsentiert wird? Nein, ich sollte mir lieber gleich den Playboy auswählen, um zu sehen, wie die Models präsentiert werden. Es muss ja nicht gleich das Playmate des Monats sein. Ich möchte ja nicht ein Mädchen des Monats sein, sondern die Frau für längere Zeiten und nicht immer zugeklappt und ausgetauscht werden. Aber wer sich auf dem Foto im Chat zu bedeckt, zugeknöpft und konservativ präsentiert, hat schlechte Chancen. Es ist hilfreicher, kein Bild einzustellen und nur mit einem guten Text zu locken, weil das die Phantasie der Männer anregt. Wer, wie es oft in der Werbung präsentiert wird, seinen Körper in Andeutungen auf dem Foto zeigt, setzt die manchmal vorhandene Vorstellungskraft der Männer in Gang, und es kommt zu Anfragen,

denen ich gar nicht gerecht werden kann und will. Wer zu viel Haut zeigt, hat schlechte Chancen, und die Anfragen sind dementsprechend ordinär:
Wichst du gern?

Das soll wohl witzig sein, kann aber sofort mit einem Konterschlag beendet werden:
Verpiss dich!

Auch Frauen sollten sich ungeniert der Sprache bedienen: *Wie es in den Wald hineinschallt...*
Also ein gekonntes Mittelmaß mit ein wenig Haut, fröhlich präsentiert, kann den Zulauf bringen, wenn der Text aussagekräftig ist und dem Mann zusagt. Leidende Frauen werden selten von Männern akzeptiert; sie sollten sich bereits von ihrem vorherigen Desaster erholt haben und dem Jammertal entronnen sein.

Ich zähle täglich meine Sorgen, denn ich lieb dich sehr!

Witz, Charme und Ehrlichkeit sind Tugenden, die im Chat gewünscht sind. Vor allen Dingen wird von Männern immer wieder gefordert: Sie soll treu und lieb sein! Das Wunschdenken der Männer, stelle ich fest, wie Frauen zu sein haben, ist nicht kongruent mit ihrem eigenen Verhalten und Aussehen.
Merkwürdig ist in diesem Zusammenhang, dass viel mehr Männer kein Bild einstellen als Frauen. Fotos gibt es nur auf Anfrage. Und wenn dann eins kommt! Ich hätte die Masse der Aufnahmen von erigierten Pe-

nissen schon einer Kunstgalerie zur Verfügung stellen und eine Ausstellung mit erotischen Männerbildern arrangieren können. Am Nacktbadestrand von Sylt gab es nicht so viel zu schauen. Selbst im Doppelpack von hinten und von vorn wurden sie per Mail serviert, versehen mit den Größen. Bei mir sind nur XXL gesichtet worden; also nur Supermänner mit gut gebautem Body. Und ob der abgebildete Penis zu dem Mann gehört, der dieses Bild gemailt hat, kann erst nach einer gründlichen Leibesvisitation festgestellt werden, auf die man als Frau in vielen Fällen gern verzichtet.
Meine Freundin Katrin hätte auch gern auf Bertl verzichtet, der die XXL-Penisse und Superbusen gern auf Leinwände pinselt, wie sie später bei einem Besuch feststellte. Bertl bat sie in einem Brief, in dem er sich als Künstler vorstellte, um ein Rendezvous.

Liebe Musik-Literaturfreundin,
Ihre Anzeige reizt mich zu einer Antwort.
Ich bin ein 53 Jahre junger Romantiker mit blauen Augen. 173 cm groß und auf der Suche nach einer Frau, träume ich von einer liebevollen Beziehung, in der sich Lebensfreude, Achtung, lebendiges und geistreiches Miteinander immer wieder ergänzen.
Mein Persönlichkeitsprofil:
Offen, spontan, warmherzig, sinnlich mit Grips und Charme, lache gern, suche und genieße feinsinnige Gespräche und bin naturverbunden und tierliebend. Mit meinen Neigungen zur bildenden Kunst und Kultur, also auch Literatur und Musik, bin ich etwas unkonventionell, aber mit Tiefgang. Ich habe viel zu geben: Meine Zärtlichkeit und mein Verständnis, meine Lei-

denschaft und Treue und möchte das und vieles mehr mit der passenden, lieben Frau teilen. Wenn ich Ihre Phantasie etwas beflügeln konnte, freue ich mich über eine Antwort oder einen Anruf.

Bis dahin, viele Grüße
Bertl

Ich male mir ein Bild von dir!

Katrin, nicht uninteressiert, rief den Mann, der sich im Brief so positiv dargestellt hatte, an und sprach diverse Male mit ihm. Er teilte ihr auch seine Homepage-Adresse mit, auf der er sich als Maler und Bildhauer präsentierte. Katrin aber wollte sich zunächst einen persönlichen Eindruck verschaffen und verabredete sich mit ihm. Die beiden Suchenden wollten sich auf halber Strecke in Köln treffen. Bertl fuhr von der Mosel, seinem jetzigen Wohnort, an, während Katrin den Zug nahm, da ihr die Gegend fremd war.
Die Bahnfahrt war unterhaltsam, der Tag heiß. Als sie in Köln ankam, knickte Katrins Laune schon ein wenig ein, denn der im Brief avisierte Typ war nicht auf dem Bahnsteig zu finden. Lediglich ein etwas schüchterner Mann stand noch da, der kleiner war als Katrin. Sie fragte ihn, als sich die Masse der aussteigenden Menschen verlaufen hatte, ob er Bertl sei. Bertl bejahte, sichtlich schwitzend – ob von der Wärme oder aus Gehemmtheit, war nicht zu deuten. Immer wieder wurde das große Taschentuch bemüht, um den Schweiß von der Denkerstirn zu wischen. Ja, der Mann mit den et-

was ungewöhnlichen und verschobenen Proportionen war Bertl. Katrin staunte. Hatte sie den falschen Brief gelesen und verinnerlicht? Lange Beine und ein kurzer Oberkörper zierten den Mann. Davon war im Brief nicht die Rede! Wenig blonde, flaumartige Haare waren ihm geblieben, vorsichtig und akkurat in Richtung gekämmt, damit sie den Schädel ganz bedeckten. Bertls Augenlider zuckten nervös, als er Katrin begrüßte. Er nahm ihren Koffer, und sie gingen fast wortlos zu einem Auto, das Seltenheitswert besaß. Es bestand aus vielen verschiedenfarbigen Teilen und sah aus wie ein fahrbares Atelier. Es hätte fast schon wieder ein Kunstwerk sein können, wenn es von Herrn Joseph Beuys zusammengesetzt und ins Museum geschoben worden wäre. Das Auto war voll gestopft mit Farben und Decken, Planen und Müll. Katrin wurde eingeladen, der Koffer verstaut, und es ging zum Hotel, das Katrin sich vorher ausgewählt hatte.
Nachdem sie eingecheckt hatte, wartete Bertl schon, um ihr sein geliebtes Köln zu zeigen, dessen Heimatdialekt er auch vorzüglich beherrschte, wenn er wollte. Der Dom war der erste Anlaufpunkt. Sachkundig erläuterte Bertl ihr das Innenleben des Bauwerks. Manchmal war es doch von Vorteil, wenn man einen Mann als Touristenführer an seiner Seite hatte, der Messdiener gewesen war und im Kommunionsunterricht gut aufgepasst hatte. Anschließend spazierten sie zum Rhein. Kneipe an Kneipe reihte sich aneinander, sie tranken irgendwo einen Kaffee und begannen eine Unterhaltung, die sich durch Tiefgang auszeichnen sollte. Katrin kam diese Unterhaltung ziemlich missglückt vor, von einem feinsinnigen Gespräch wie im

Brief angedeutet, war keine Spur zu bemerken. Bertl schien aus Verlegenheit ziemlich ironisch in seinen Bemerkungen. Als Katrin ihn fragte, ob er schon mal verheiratet gewesen sei, musste er zugeben, dass ihm die Frau auf und davon war. Sie sei in ihrem Beruf als Vertreterin sehr erfolgreich gewesen. Bertl stand nun unglücklich mit seinem Künstlertum da. Ihm fehlte das Geld, um weitermalen zu können. Die monatlichen Kosten konnte er mit seinen Arbeiten nicht erwirtschaften. Deshalb auch das originelle alte Auto. In Köln hatte er sein Lager mit seinen Bildern und Skulpturen, an der Mosel wohnte und arbeitete er in einem alten Bauernhof mitten im Ort. Und die augenblickliche wirtschaftliche Lage veranlasste die Menschen nicht, ihr Geld in Kunst anzulegen.

In der Mittagszeit bekam Katrin vom vielen Gehen Hunger und wollte etwas essen, was durch die Vielzahl der Kneipen am Rhein ein Leichtes war. Doch Bertl hatte keinen Appetit. Ein italienisches Restaurant sah einladend aus, und sie setzten sich. Katrin bestellte sich eine Pizza. Bertl sah betreten zu. Katrin bezahlte ihr Essen selbst, denn sie glaubte, dass das fehlende Geld der Grund war, weshalb Bertl sich das Essen verkniffen hatte. Die beiden marschierten wieder zum Auto und fuhren in das Lager, in dem Bertl seine Kunstschätze lagerte.

Nachdem Katrin seine Kunstwerke unter Bertls Erläuterungen gründlich betrachtet hatte, wurde ihr einiges klar. Bertl sah sich als erotischen Maler, der Menschen beim Geschlechtsverkehr in vielen Positionen – im Zweier, Dreier, liegend, stehend und sitzend – großflächig und farbenfroh präsentierte. Seine so genannten

amourösen Bilder – vornehm ausgedrückt: Erotic Art – sollten Fellatio, Masturbation, Triole, die Position 69 darstellen. Das Bild, betitelt mit *Position 69*, war wohl aus dem Buch der *Kamasutralehren* entliehen. Es war für Katrin ein grafischer Aufklärungsunterricht, der nichts zu wünschen übrig ließ. Die meisten der hier abgebildeten Penisse, im erigierten Zustand gemalt, steckten im Mund der Frauen. Ein Bild vom *Reiterspiel* war dabei, das Vorspiel zum Akt, eine Traumszene, die in jeden Porno gepasst hätte, eine liegende Herbstliebe und ein Doppelvoyeur. Die Frauen sahen aus wie im Lido oder in Las Vegas bei den Bühnenshows – pralle Busen, lange Haare und ein schöner Körper. Und die Männer auf den Bildern sahen aus, wie Bertl gern ausgesehen hätte: groß und kräftig gebaut, mit Waschbrettbauch und XXL-Penis. Ein leuchtendes Rot dominierte in den erotischen Bildern: die Farbe der Liebe. Aber Liebe war hier nicht gemeint, sondern wilder Sex und reine Pornografie. Bertl lebte seine geheimen Phantasien und Wunschträume auf der Leinwand aus. Katrin bedankte sich artig für die Kunstführung. Sie verabredeten, dass Bertl sie zum Hotel bringen und später zum gemeinsamen Abendessen wieder abholen würde. Er müsste nur noch schnell zu einem Freund fahren.
Später stand Katrin am verabredeten Treffpunkt. Doch wer nicht kam, war ihr schon fast klar. Bertl tauchte nicht mehr auf. Er flüchtete vor einer Frau mit normalen Wünschen, die nicht verklemmt war und nicht gewillt, ihn und seine Vorlieben zu finanzieren.
Katrin blieb noch einen Tag in Köln, um sich mit einer Freundin einige Museen anzusehen, in der es richtige

Kunst anzusehen gab – keine pornografischen Darstellungen.
Und was geschah ein Jahr später? Bertl schrieb Katrin erneut auf eine andere Anzeige unter Chiffre – den gleichen Sermon mit dem unkonventionellen Tiefgang – und erwartete Antwort. Die ließ Katrin ihm dieses Mal über eine E-Mail-Adresse zukommen, nachdem sie einen Blick auf seine Homepage mit den erotischen Bildern geworfen hatte. So hatte Bertl letztendlich das Nachsehen, nachdem er sie versetzt hatte.

Adios, amigo! – Der Stuhl neben dir ist leer … am Wochenende

Nach diesem Erlebnis hatte Katrin erst einmal von Anzeigen die Nase voll und konzentrierte sich wieder auf das Internet. Sie merkte wie ich, welche Organisationen für Frauen interessant sind und welche nicht. Was will ich als Frau bei Organisationen, in denen ich nur stundenlang im Live-Chat hängen muss, um zu kontakten? Männer lassen die Kiste oft während der Dienstzeit laufen. Das kann ich an der Uhrzeitangabe der eingehenden Mails erkennen. Ein Grund, warum der Mann im Büro chattet: Dann sieht es die Ehefrau zu Hause nicht, falls sie mal den Computer anstellt und auf einen für sie falschen Pfad gelangt. Am Wochenende haben viele Männer chatfrei.

1. Die Familie fordert sie.
2. Er kann davon ausgehen, dass sich seine Stundenzahl am Computer kolossal erhöht, und das passt nicht ins Wochenendprogramm der Familie.

Effektiver ist es, sich bei größeren Kontaktbörsen anzumelden, denn wer findet schon den richtigen Partner im Live-Chat? Doch nur wenige. Und je primitiver das Angebot ist, desto primitiver sind die Männer. Selbst die Umgangssprache im Chat hat dann nur das Niveau der Straße.
Wenn Sie sich als Frau bei einer der größeren Firmen, z. B. bei der in München beheimateten, als Mitglied eintragen lassen, kann ich nur empfehlen, dass Sie manchmal Ihre Vornehmheit vergessen. Erinnern Sie sich an die Zwistigkeiten, die Sie vielleicht mit Ihren Brüdern oder in der Disco hatten, wenn Sie als Frau grob oder unflätig angemacht wurden. Die Erinnerung kann man als Frau gebrauchen. Ich erwähnte schon, dass es bei dieser Firma, die über drei Millionen Mitglieder hat, recht bunt zugeht. Deshalb muss ich den Ball, wenn eine Mail eines interessierten Mannes ankommt, recht flach halten. Also meine guten Vorsätze oder das, was Frauen eben schon gelesen und dabei gelernt haben, wie sie sich verhalten sollen, nicht vergessen: Nicht jeder Wurf landet im Körbchen und ist ein Glückstreffer. Versprechungen sind groß, Seifenblasen ähnlich, und sie krachen mit großem Knall.

Vertrauen ist gut, Kontrolle ist besser – sagt W. I. Lenin

Frauen sollten von ihrem Recht Gebrauch machen, ihre Gefühle sprechen zu lassen; aber kritisch. Sie sollten Gefühl, Hirn und Bauch nicht außer Acht lassen. Das, was der eigene Ehemann sich öfter geleistet hat, ist zukünftigen Partnern nicht fremd. Es ist bekannt, dass Frauen vernetzter denken und mehrere Dinge gleichzeitig tun können. Deshalb sollten sie ihre Stärken nutzen. Wenn der *Zukünftige* feststellt, dass er die Frau des Lebens in mir gefunden hat, rechnet der *Zukünftige* nicht damit, kontrolliert zu werden, und chattet munter weiter. Das heißt auf gut Deutsch: Er sucht weiter! Solche Verhaltensweisen kennen Frauen auch von zu Hause. Der Kater lässt das Mausen nicht und reagiert dementsprechend unwirsch, wenn er auf ein zweites, etwas verändertes Profil derselben Frau hereinfällt und ihr den gleichen Sermon serviert wie beim ersten Mal. Da man durch eine Speicherung des Profils erkennen kann, dass wieder im Chat herumgesaust wird, stellt sich die Frage: Ist dieser neue Volkssport, dem vornehmlich Männer zu *Weltniveau* verholfen haben, dafür verantwortlich, dass sich gleichzeitig die Sexpraktiken in den letzten Jahren so verändert haben? Oder war die Zeit reif dafür? Deutschen Männern ist auf diesem Gebiet früher nicht gerade das Gütesiegel aufgedrückt worden. War die Zeit auch reif dafür, dass nur Frauen die Verhüterli kaufen und sie zur richtigen Zeit aus der Handtasche ziehen? Sollen Frauen lachen, wenn der Mann ihr einen Dildo zum Treffen mitbringt? Glaubt er, dass ihr sein Sexspiel nicht genügt, und hat Komplexe, dass er einen zu kleinen Penis hat, der nicht hart genug wird, und es ihn reizt und er zugucken möchte, wenn seine Partnerin so etwas benutzt?

Männer kämen manchmal auf die merkwürdigsten Ideen, stellten wir in unserer Runde einhellig fest.

Der Mann ist leicht zu erforschen – die Frau verrät ihr Geheimnis nicht! (Kant)

Vielleicht führt ein Institut für Sexualkunde hier einmal eine Untersuchung durch. Die Hoch-Zeiten der Sexualaufklärung von Oswalt Kolle und Beate Uhse sind inzwischen in die Jahre gekommen, sodass neue Untersuchungen auf diesem Gebiet für alle Suchenden hilfreich wären. Ich frage mich auch, ob der Muff in Deutschlands Betten nicht mehr vorhanden ist oder es ein verändertes Sexverhalten gibt, seitdem die DDR zu uns gestoßen ist. Gibt es Sex zwischen Ost- und Westbewohnern? Welche Unterschiede sind festgestellt worden im Verhalten von Bürgern in beiden Teilen der Republik, und welche Anforderungen haben sich geändert? Hat die Emanzipation der Frau in der ehemaligen DDR zu verändertem sexuellem Verhalten geführt? Welche Phantasien werden ausgelebt? Bekannt ist aus Erhebungen, dass jeder dritte Mann bis vierzig am liebsten dreimal die Woche Sex mit seiner Partnerin haben möchte. Also liegt der gute Martin Luther mit seiner These, wie oft der Mann mit seiner ihm angetrauten

Frau Sex haben sollte, heute noch gut im Vergleich zu den ausgewerteten Statistiken. Ich weiß auch, dass herzkranke Männer besser die Finger von außerehelichem Sex lassen sollten, weil es die Herzinfarktgefahr erhöht, und dazu will ja keine Frau beitragen. Je besser die wirtschaftliche Lage der Menschen ist, desto mehr wollen sie die Freuden der Sexualität genießen.
Interessant zu wissen wäre auch, ob sich die Verklemmtheiten der Fünfziger durch das Pornoangebot aufgelöst haben. Haben die nächtlichen Filmangebote der Privatfernsehsender das Sexverhalten geändert, oder haben Männer plötzlich Phantasie bekommen? Wie lange dauert heute ein Vorspiel? Findet es überhaupt statt? Was sagt der erste Kuss zwischen zwei Menschen aus? Lassen sich davon Qualitäten als Liebhaber ableiten? Das sind Fragen, denen ich mal nachgehen sollte, weil alles dem Wandel der Zeiten unterliegt.

Ich will keine Schokolade – lieber einen Mann

(Trude Herr)

Muss eine Frau sich mit Schokolade belohnen, um ihre Laune zu heben, wenn sie keinen Mann findet, den sie mag? Oder weiß sie, dass Sex ihr eher zu guter Laune verhilft, weil dann eine Menge Hormone ausgeschüttet werden? Außerdem ist Sex der beste Stresskiller. Nicht umsonst geht ein Paar nach einem Streit zur Versöhnung miteinander ins Bett.
Auch bei den Internetkontaktbörsen sind rein sexuelle Angebote zu finden. Grenzbereiche sind in unserer

heutigen Amüsiergesellschaft fast alltäglich. Wie primitiv manche Profile gefertigt werden, ohne Anstoß zu erregen, ist hier beispielhaft dargestellt:
Ein entwickelter Fachmann für die Seele, für Tiefes, der interessiert an Leib und Seele; in der Sexualität zart und heftig, mit Freude am Reden und währenddessen und hin und wieder ein wenig dominant; wenn man sich kennen gelernt hat, als Freund des Austausches geiler Phantasien auch dem Telefonsex für den kleinen Orgasmus zwischendurch sehr zugetan, freue ich mich auf eine neugierige Sie für hin und wieder und ab und an. Die verbindliche Liebesbeziehung ist eher ausgeschlossen. Nach jahrelanger Auseinandersetzung mit meinen Ängsten vor dem Verlassenwerden und meiner Minderwertigkeit gegenüber anderen Männern habe ich meine Eifersucht bewältigt. Ich wünsche mir die Begegnung mit einer Frau, die ebenfalls eifersuchtsfrei oder auf dem Wege ist, sich von dieser Geißel zu befreien.

So lautete die Beantwortung der Frage: Wie sieht Ihre Traumfrau aus? eines Mannes, der im Gesundheitswesen in Düsseldorf arbeitete. Ein Fachmann für Leib und Seele, wie er sich selbst nannte, konnte nur ein Psychotherapeut sein. Nachdem ich diesem Mann, der sich als *Freud* titulierte und mich zum Chatten angeklickt hatte, nur geantwortet hatte, dass er wohl für seinen Beruf ungeeignet sei, ich seine Dienststelle verständigen würde, wurde der ungehalten. *Freuds* Antwort war: *Bestätigt meine Auffassung: unzufrieden bis unter die Haarspitzen und zwanghaft Gift verspritzen.*

Es könnte natürlich pikant werden, wenn *Freud* von irgendeinem Angestellten aus dem Personalbüro der Stadt, der vielleicht selbst in dieser Organisation chattete, erkannt würde.
Glauben Sie nicht, dass das in diesem Land Folgen hat. Höchstens wenn man wie ich viele Zeitungen liest. Es heißt in einem Sprichwort: *Man begegnet sich immer zweimal im Leben.* Das Glück hatte ich. Ich warf die Beilage einer großen Zeitung aus Hamburg nicht in den Abfall, sondern blätterte sie durch. Und siehe da, ein Bericht handelte von Scheidung. Und der Autor, ein Psychologe einer kirchlichen Einrichtung, sah *Freud* verdammt ähnlich. Ein wenig mehr Haare und ein paar Pfund mehr. Er hätte sein Zwillingsbruder sein können. Und was stand da im Gegensatz zu der Aussage bei der Dating-Firma über Beziehungen und Scheidungen? *Wenn ich keine Orientierung von außen bekomme, verlottere ich in meinem Werte- und Maßstabsystem.* (Richtig, Herr Freud!) *Die Kirche muss deutlich sagen: „Partnerschaft ist nicht nur ein Vergnügen, sondern auch harte Arbeit. Kommt runter von den romantischen Erwartungen!" Ich finde es gut, wenn die Kirche Orientierungshilfe gibt und klar sagt: „Eheliche Treue ist nach unserer Auffassung gut." Daran kann ich mich reiben. Ich erlebe aber, dass sich die evangelische Kirche bedeckt hält, nach dem Motto: „Alles ist möglich."*

Achtung: kein Cartoon!

Alles ist möglich traf auch auf den nächsten Kandidaten im Chat zu. Bei *Friendscout* hatte ich schon vielen Anbietern Salz in ihre Suppe gestreut … sie einfach deaktivieren lassen. Bei dem folgenden Angebot geschah auch nach mehrmaliger Aufforderung, diesen Mann zu deaktivieren, nichts. Er trieb mit an Sicherheit grenzender Wahrscheinlichkeit seine Verkupplungsangebote weiter. Eine Kostprobe, die an Deutlichkeit nichts übrig ließ :

Körperliche Wünsche. Hallo, liebe (noch) Unbekannte, um Ihrer Suche einen Aufschwung zu geben, sollten Sie durch mich einen für Sie sehr interessanten (Arzt) Mann kennen lernen. Er wohnt 20 km südlich von Bremen und sucht für sich eine vollbusige Frau/Freundin. Mit liebem Gruß, Jan: 01 70-5 80 87 xx.

Dieser Mann mailte mir in der nächsten Stunde ein weiteres Angebot; gleiches Vorwort, danach fuhr er fort:

Bitte entschuldigen Sie meine direkte Art, es sind „nur" Abfragen, wir können uns auch ohne alle kennen lernen oder treffen. Es sollte nur eine Anfrage sein.
Würden Sie mit mir, Jan, 51/190/104, NR, graublaue Augen, vollem dunklem Haar, sehr einfühlsamem, mehrfach spr.tzdem und sehr STANDfestem XXL-

Luststab 23X6, immer zurückhaltendem, um deinen Höhepunkt zu genießen, noch 1–2 Paare treffen? Diese Paare sind w/m, 47/60, 52/50 sowie eine weitere Reife Bi-Frau, Eva, 62/173/85, vollbusig. Unsere Treffen finden im nördlichen Raum vom Landkreis OHZ statt. Mit freundlichem Gruß, Jan: 01 70-6 58 01 xx, Hausmann@t-online.de . Diese Nachricht kommt aus PLZ 27246.

Vieles entbehrt hier sicher nicht der Komik. Die Telefonnummern sind echt, und falls von irgendeiner Stelle, wie der Polizei, Interesse besteht, kann der Typ gefunden werden und mit einer saftigen Strafe rechnen.

Der Unterleib ist der Grund dafür, dass der Mensch sich nicht so leicht für einen Gott hält!

(Nietzsche, Jenseits von Gut und Böse)

Mit vielen Streicheleinheiten kann eine Frau rechnen, wenn sie auf diesen Mann trifft, der sie mit einem Gedicht umwirbt und seine Lust genießen will:

Ich möchte dich berühren
Jedes Haar, jede Ader spüren

Ich möchte Uns berühren
Gemeinsam in mich einführen

Ich möchte dich hören
Wenn du meinen Namen rufst

Ich möchte uns hören
Stöhnen und schreien voll Lust

Ich möchte dich sehen
Wenn dein Saft in mich fließt

Ich möchte uns sehen
Vereint in unseren Augen

Ich möchte dich riechen
Deinen geilen Duft der Lust

Ich möchte Uns riechen
Und jeden Augenblick genießen...

Auf eine besondere Art und Weise möchten sich Männer ausleben, die in ihrer Anzeige oder in ihren Profilnamen ein *Dom* im Titel haben und deshalb mit Vorsicht zu genießen sind. Zur Weisheit aller Unvorbelasteter und Nichtwissender sei gesagt, dass dies Angebote von Männern sind, die ihre Lust mit Leder und Peitsche ausleben möchten. Der Kölner Dom ist nicht gemeint und andere Kirchen auch nicht. Einweisung in *SM*, also Sado-Maso, erfolgt durch den Anbieter, und ein nettes Abendessen wird als Honorar geboten. Bei Gefallen wird das Zimmer mit entsprechendem Mobiliar zur Verfügung gestellt. Wenn dieser Mann gewerblichen Frauen, die sich auf SM spezialisiert haben, einen Besuch abstattete, würden ihn seine Lederstriemen

teurer zu stehen kommen. Zur Veranschaulichung das Beispiel eines Mannes, der eine Frau für fesselnde Momente und mehr sucht:
Du willst dich fallen lassen und aufgefangen werden ... und du kannst mit dem Wort „dom“ etwas anfangen, dann melde dich unter domDo@gmx.de.

Gemeldet hatte sich bei einem Profil, das ich extra für diese Männer angelegt hatte, dieser *Entfesslungskünstler* mit seinem neuesten Gedicht:

Ein Spiel zwischen Himmel und Hölle,
Feuer und Eis,
verschwiegen und versteckt

Unser Spiel
lässt unsere Träume leben,
entfacht die Phantasie unserer Seelen

Meine Wünsche sind DIR Befehl,
meine Befehle DEINE Wünsche,
mein Blick sieht DEIN Innerstes,
aus meinen Händen empfange Lust,
so wie es mir beliebt

Gefangen im Spiel der Gefühle,
hilf dir
mit meiner Macht,
du sollst sie leben,
du sollst sie spüren,
gebunden, blind und sprachlos ...

Vieles kann, nichts muss ...
Bei dem Angebot nahm ich die zweite Hälfte der Zeile in Anspruch und sagte: *Nichts muss!*

Sieh mehr, lies mehr und schreib nichts !

Ebenso bei dem nächsten dominanten Mann:

Sie riecht gut.
Sie kuschelt gern.
Sie ist ein guter Freund.
Sie ist ein guter Kumpel.
Sie ist treu.
Sie will das Beste für UNS.
Sie ist sehr zuverlässig.
Sie glaubt an ein WIR.

Hier war der Profilname Programm. Entfesslungskünstler suchte:
Einen Partner, der sich freut, sich in der Beziehung ungestraft völlig öffnen zu können.

Initiative von einer Frau wünschte sich dieser Herr aus der Branche:
Sie ist sanft, warm, weiblich und warmherzig.
Sie macht mir ihre Hingabe zum Geschenk.
Sie kann sich fallen lassen und überlässt mir bei manchen Gelegenheiten gerne die Führung.
Sie hat sich etwas Mädchenhaftes bewahrt.
Aber sie ist auch die selbstbewusste Frau an meiner Seite.

Wir reden von der Traumfrau, wohlgemerkt, kleinere Abstriche im Sinne des Realitätsgewinns sind möglich. Aus Paritätsgründen wäre Attraktivität durchaus kein Hindernis, BMI < 27 ebenfalls nicht.

Motto:
Love – Devotion – Surrender
Weiblicher soulmate gesucht.
Bin in meinem Umfeld persona publica.

Zu erkennen geben mochte sich dieser Herr nicht, dennoch:

Alles zulassen zu können.
Über alles reden zu können.
Seelenverwandtschaft
Leidenschaft

Neugier
Ich fange sie auf.

Die Frau, die in seinen Armen liegen würde, durfte sich fallen lassen und würde zum Schluss aufgefangen. Aber was im Mittelteil geschehen würde, bestimmte der Mann, ohne dass die Frau ein Wörtchen mitzureden hatte. Gelesen wurden wohl zum wiederholten Mal die von ihm gepriesenen Bücher: *Spiele der Erwachsenen* und *Brennende Fesseln*, um Anregungen zu bekommen.
Anregungen bekommt der Leser dieser Zeilen, die Friederike von *Der Putzmann im Internet gefunden hatte! Gönne dir was!*

Attraktiver, selbstbewusster Akademiker (Dr.), erfolgreich und gepflegt, möchte seine passive Seite als devoter Haus- und Putzdiener ausleben. D. h.
– Schuhe putzen
– waschen und bügeln
– wische Böden
– Staub saugen und Staub wischen
– Bad
– Keller und Speicher
– Gartenarbeit
– Auto waschen etc.
Gerne im Stringtanga und auch für Damenkränzchen. Welche Dame traut sich und leistet sich einen Putzdiener?

Nachdem Friederike diese Zeilen vorgetragen hatte, wurden alle Frauen im Kreis munter und fingen schallend an zu lachen. Diese Idee war schon im Fernsehen zu sehen gewesen und völlig wirklichkeitsfremd. Und nun dieses Angebot? Kaum zu glauben. Wie hieß es in der Reklame einer bestimmten Brillenfirma? *Und nicht einen Pfennig dazubezahlt.* Da entspräche das nächste Profil eines Mannes aus Essen schon eher der Realität, fand Bärbel:
Ich suche die Frau, die weiß, dass ein Sklave eines der individuellsten Geschenke ist, und sich ein liebevolles Geschenk gönnen möchte.
Begierden, Begehren, Leidenschaft, Romantik, Lust, Sehnsucht, Sinnlichkeit, Genuss, Erregung, Erektion, Feuchte, Erotik, Wollust, Höhepunkt, Niveau, Charme, Phantasie. Begriffe, deren Inhalte uns täglich immer wieder beschäftigen. Man sollte diese Dinge nicht

durch gesellschaftliche Konventionen ersticken. Ich möchte es ausleben, jetzt, heute, unmittelbar, intensiv, ausdauernd, oft, zärtlich, ekstatisch.

Meistens hatten die Männer, die diese Sexspielart ausleben wollten, in ihrem Profil einen höher dotierten und qualifizierteren Beruf angegeben, so wie *Kandi*:
Hallo, ich bin dienstlich regelmäßig in Norddeutschland. Würde gern eine nette, sympathische Dame kennen lernen, die Lust hat, sich einmal in die wunderschöne Welt der SM-Erotik entführen zu lassen, und diesbezüglich neue Erfahrungen machen möchte. Ihr Profil ist sehr ansprechend. Gerne lade ich zu einem ersten Kennenlernen bei einem netten Abendessen in stilvollem Ambiente ein. Ob wir den Abend, z. B. in meiner Hotelsuite, dann fortsetzen, können wir nach Sympathie und Stimmung entscheiden. Lust? Ich würde mich freuen. Liebe Grüße, Fred

Ein anderer Mann formulierte seine nicht alltäglichen Wünsche so:
Ich suche hier eine Traumlady, die regelmäßig, z. B. 1–2 x die Woche, ihre Dominanz genießen und ausleben will und Bedienung und Gehorsam wünscht; sehr gerne Anfängerinnen oder evtl. 2 Freundinnen! In der Zeit, in der ich bei dir bin, bin ich ziemlich perfekt und kann süchtig machen. Voraussetzung ist natürlich große Übereinstimmung in vielem und ein sehr, sehr gutes Gefühl! Neugierig? Interessiert? Nun liegt es an dir! Nur Mut!
Ich hatte Mut und zappte gleich weiter. Das Prinzip und die Anforderungen hatte ich verstanden. Aber

Schürzen hatte ich als Frau zu Hause genug getragen, und die Hundeleine hatte oft griffbereit gelegen, weil Herrchen bei schlechtem Wetter zu faul war, um mit dem Hund zu gehen. Und Essen kochen konnte ich auch selbst.

Jedes Wort ist ein Vorurteil

(Nietzsche)

Viele behaupten, dass Männer das Geld für den Puff sparen wollen. Die Frauen machen es ihnen mit ihrem Verhalten oft sehr leicht. Selbst 18-Jährige, die sich hier tummeln, haben schon solch ein Verhalten drauf und wollen Frauen, die ihre Großmütter sein könnten, gern als Übungsmatte oder Sprungtuch missbrauchen. Wenn man fragen würde, wie alt denn seine Eltern seien, würde mit Sicherheit ein niedrigeres Alter herauskommen als das derjenigen Frau, die in dem Kinderbett Platz nehmen soll. Einige haben Verständnis dafür, wenn sie eine Absage bekommen; andere nicht. Einen 23-Jährigen musste ich darauf hinweisen, dass seine Karriere bei der Bundeswehr als Offizier wohl ein schnelles Ende finden würde, wenn es ruchbar würde, dass er mit einer fast 60-Jährigen schläft. Er sollte sich bei der Bundeswehr lieber um Ausdauersport kümmern, dann ginge es auch ohne.

Ein 19-Jähriger, der sich *Simpson* nannte, stellte gleich seine Bedingungen, bevor er mich überhaupt kennen lernen wollte. Er wollte im Bett und außerhalb viel von

Frauen lernen. Selbst ein 26-jähriger namens *kinglui* wollte sich gern mit mir vergnügen:

kinglui (18:16 Uhr):
Hallo, schöne Frau :-)

SarahVaughn (18:17 Uhr):
Und, was gibt es?

kinglui (18:17 Uhr):
Willst du dich mit mir treffen?

SarahVaughn (18:18 Uhr):
Nein, mein Sohn!

SarahVaughn (18:18 Uhr):
Ich bin nicht deine Traumfrau, sondern eher deine Mutter, und auf Hardrock stehe ich auch nicht

kinglui (18:19 Uhr):
Wollte doch nur poppen

SarahVaughn (18:19 Uhr):
Ich aber nicht, mit Kindern treibt man es nicht

kinglui (18:20 Uhr):
Ui

Ein 40 Jahre alter Anlageberater fand, dass er kein großzügiger älterer Herr auf der Suche nach Frischfleisch war:

(außer du beweist mir, dass dein IQ proportional zu deinen Maßen mitgewachsen ist) ...
... und ich liebe starke Frauen und habe kein Problem damit. Sollte sie jedoch lila Schals tragen und am Wochenende am liebsten auf Demos unterwegs sein, ist sie eindeutig zu stark für mich. ... Deshalb sind Frauen die einzigen Opfer, die ihrem Jäger auflauern.

Sicher hatte sich bei diesem Anlageberater sein IQ nicht proportional zur Zunahme seines Leibesumfangs erhöht, ganz zu schweigen von seinem EQ. Der war wahrscheinlich gar nicht vorhanden. Oder er wusste mit dem Wort nichts anzufangen.

Es war unterhaltsam, in diesem Katalog der Eitelkeiten und unerfüllten Träume zu blättern. Ich blätterte noch ein wenig und stieß auf *Einfach Mann*:
Und da der Sexismus der Männer hier ach so sehr beklagt wird, sage ich es gleich vorher: Mir ist Erotik wichtig und, wie so oft betont wird bei den Damen, besonders guter Sex, und das nicht nur am Sonntag, sondern bei jeder Gelegenheit.

Glaubte der Mann, dass er gut im Bett sei, oft könne und vielseitig sei? Oft können bedeutete nicht zwangsläufig Qualität. Auch nicht, beim Sex auf die Uhr zu schauen, um zu stoppen, wie lange der Akt gedauert hatte. Das konnte ein Mann nicht vergleichen, wie Frauen auch keinen direkten Vergleich mit Geschlechtsgenossinnen hatten. Aber *Einfach Mann* stellte weiter fest: *Also, die Damen, die sich daran stoßen, bloß schnell weiterzappen.*

Ars longa vita brevis
(Die Kunst ist lang, das Leben kurz)

Auch bei Franz von Assisi hätte ich schnell weitergezappt, aber er schrieb mir eine Flirtmail. Sein Name war Anmaßung hoch 10. Ob Ironie oder Parodie, bleibt jedem Einzelnen nach dem Lesen dieses Profils selbst überlassen. Bei Beruf stand Heiliger, bei Wohnort Assisi in Italien. Wenn schon, dann richtig. Sein Motto, mit dem er mir das Kennenlernen schmackhaft machen wollte, war:
Oh Herr, weigere dich nicht! Lass Weisheit regnen und segne die lieben Mitmenschen mit Erkenntnis und einem lichten Moment. Lass mich all die Verführerinnen (uff, vorher stand da Tussis) *mit den netten Profilchen ertragen! Alle die, die da stammelnd lästern, und gib mir die Kraft, auch künftig mit Eseln, Hupfdohlen und Nebelkrähen zu reden. Auch segne die Breitmaulfrösche, die in hoher Zahl den Chat heimgesucht haben, und lass mich ihre Brüllquaktöne richtig deuten. Und lass auch sie bald eingehen in dein Reich, denn sie stören nur. Du sagtest auch noch bei deiner Bergpredigt, dass die da selig sind armen Geistes (Oh Naddel, du Glückliche). Oh Herr, sie haben dich sicher falsch verstanden. Amen. Und lasst euch raten und beherzigt es: Vernebelt's Hirn die Brunft, schadet es der Vernunft, und das geht böse aufs Gekröse!*

Darüber hinaus hatte er auf mehreren Seiten die Fragen von *Friendscout* beantwortet, die ich den Lesern abschnittsweise nicht vorenthalten möchte. So stellte er sich seine Traumfrau vor:
Die drei Ds: drall, dumm, demütiges Verhalten. Tägliches Nachtgebet mit anschließenden Exerzitien. Na einfach eben der FS-Prototyp. Sie sollte auch viele „lach und fg" im Profil haben und carpe diem nicht nur übersetzen können, sondern den Tag dazu nutzen, meine kärgliche Klause von Vogel- und Schafsmist zu säubern. Sie sollte auch gut zu Vögeln und anderen Wesen und Unwesen sein. Aber auch zu anderen Tieren lieb sein und die Kakerlaken ins Nachtgebet einschließen. Zu der höchsten Entlohnung, die es im irdischen Dasein geben kann: den Gotteslohn! Dignum et justum est! Ach ja, dass ich es nicht vergesse: Sie sollte mich täglich vor dem Schlafengehen daran erinnern, meine Sandalen im Bett auszuziehen.

Und was war Franz von Assisi in der Beziehung wichtig?
Täglich mehrmaliges Beten mit gemeinsamem Absingen (u. a. Laudate Dominum, Confirma hoc Deus, (Theooo, wir fahr´n nach Lodz), der vom Vatikan vorgeschriebenen Liturgien. Fehlerfreies Aufsagen des römisch-katholischen Glaubensbekenntnisses: leichtes Stottern kein Hindernisgrund! Dafür gibt´s vielfältige Leistungen sowie ein Zimmer mit aufgehängtem INRI an der Wand. Ebenso ein Betstuhl mit ´nem Autogramm vom Sponitifex Klaximus Moribundissimus. Oder? Wie heißt er gleich wieder? Na ja, muss man sich nimmer lang merken.

Und auf die Frage, worauf *Franz von Assisi* stolz sei, kam die Antwort:
Auf meine Demut! Aber auch zwischen den Mahlzeiten ausgiebig zu fasten. Meine Esel schmerzfrei in Salami verwandelt zu haben und seine Ohren der Organbank für Transplantationen für diverse Chatter zur Verfügung zu stellen. Aber ist Stolz nicht Hoffart und somit Satanswerk? Kyrie Eleison+++ (erbarme dich)

Zu der simplen Frage, was für ihn Erfolg sei:
Dieter Bohlen im Traum erschienen zu sein und ihn davon abgebracht zu haben, in den Franziskanerorden einzutreten. Maria Hellwig nicht mit Therese von Konnersreuth verwechselt zu haben.

Und zu guter Letzt:
Dreimal durch Assisi gelaufen zu sein und dreimal den Ketzern das Handwerk gelegt zu haben! Hosianna, brennen sollen sie!

Gottes Garten ist unendlich

Uff, nach so viel Text und Schwafelei war ich nicht gerade erfreut, als ich Post von ihm erhielt. Da blieb mir nur, ihm zu antworten:
Ich als halbwegs vernünftiger Mensch habe nicht die Absicht, mit Ihnen irgendetwas zu unternehmen. Im Text liegt die Würze in der Kürze. Suchen Sie sich eine gleichwertige Verrückte. Gruß M.

Die Antwort ließ nicht lange auf sich warten:
Sorry, da ich jetzt erst nachträglich sehe, dass Sie Autorin sind und von Würze reden, verfassen Sie entweder Kochbücher oder müssen die Ghostwriterin von Dieter Bohlen sein. Insofern bin ich wirklich froh, von Ihnen verschont geblieben zu sein, und möchte mich mit einem Zitat von Karl Kraus verabschieden, der da sagte, das Wort entschlief, als diese Welt erwachte. Wenn er es auch noch zur Morgenstunde gemeint hat, dann ist es bereits Mittag. Auf Wiedersehen und freundliche Grüße aus Istanbul. Manfred Lünch.

Der arme Karl Kraus würde sich in seinem Grabe umdrehen, wüsste er, dass seine Worte so missbraucht worden waren. Irgendwie hatte das Leben diesen selbst ernannten Franz von Assisi im Morgenland wohl dazu verführt, in die Märchenkiste von Tausendundeiner Nacht zu greifen, sonst wären in Deutschland womöglich schon einige Ärzte um diesen Patienten besorgt.

Die Frauenverbissene Liga sicher eingeschlossen. An ein Wiedersehen hatte ich mit diesem Herrn natürlich nicht gedacht, aber ich antwortete ihm noch mal:
Sehr verehrter Herr Lünch, nicht alle haben Ihren prallen Humor. Ich jedenfalls nicht. Sie müssen goutieren, dass Menschen anders sind als Sie. Sie müssen lernen, mit Absagen zu leben. Das müssen alle Erwachsenen. Vor allen Dingen müssen Männer das lernen. Es gibt viele Frauen, die nicht auf einen Spaßvogel angewiesen sind, sondern sich ihrer Klasse bewusst sind. Guten Tag

Die Retourkutsche folgte prompt:
Tut mir Leid, wenn Sie jetzt eine Entschuldigung ob meines vielleicht etwas rüde erscheinenden Tons erwarten. Ich betone nochmals, ich will mit Ihnen beileibe kein amouröses Geplänkel, sondern ich meine es zutiefst „geschlechtsneutral", wenn ich Sie als „bourgeoises Monster" bezeichnen würde. Ich bitte Sie daher in aller Form, mich nicht mehr zu kontaktieren, und bin richtig beleidigt für den Fall, dass Sie mich nochmals anschreiben sollten. Sollten Sie es dennoch, so werde ich für Sie eine Abhandlung verfassen, die literarischen Wert haben dürfte. Wirklich, ich bin noch nicht auf Hochtouren, um den richtigen Ton für Leute Ihres Schlages zu finden, und kann mich auch nicht dazu aufraffen, Ihre schopenhauerschen Kunstgriffe zu erwidern. Fühlen Sie sich ganz einfach geohrfeigt. Nicht als Frau, sondern virtuell und geschlechtsneutral. Der Objektivität halber möchte ich Ihnen mein Bedauern aussprechen, Sie überhaupt angeklickt zu haben. Aber man kann's eben nicht voraussehen, auch

mal in die Sche... zu klicken. Mit bestmöglichen Grüßen, Manfred Lünch.

Ich wollte ja nun wirklich nichts von ihm und hatte ihn nicht angeklickt. Umkehrung der Tatsachen, weil der Mann nicht mit Absagen leben konnte. Deshalb der Schlusspunkt:
Sehr geehrter Herr Franz von Assisi, nun geht es hier um eine Richtigstellung. Sie wollten etwas von mir, nicht umgekehrt. Das wollen wir hier zum Ausdruck bringen. Eine Abfuhr im Leben werden Sie wohl schon mal bekommen haben und werden auch damit umgehen können. Das wiederhole ich nun zum zweiten Mal. Ihr Ego wird nicht drunter leiden. Ihr Text, der sooo-ooo griffig ist, wird nun Eingang in mein Buch finden. Auch Ihre Mails. Abgesehen davon habe ich Sie zur Sperrung angezeigt. Mit freundlichem Gruß M.

Die Sperrung erfolgte letztendlich, aber erst nach mehrmaliger Aufforderung. Schließlich gab es Richtlinien, die sich diese Firma gesetzt hatte und die auch befolgt werden sollten. Nicht nur wegen der Frauen; auch die Kirche und der Glauben wurden durch den Kakao gezogen.
Wenn er sich nicht mit schopenhauerschen Kunstgriffen beschäftigt hätte, wäre ihm vielleicht aufgefallen, dass ich nur Immanuel Kant zitiert hatte: *„Man merkt leicht, dass auch kluge Leute bisweilen faseln!“*
Ein halbes Jahr später tauchte dieser Mann unter neuem Namen als *François Villon* erneut auf. Seine Schwafeleien füllten erneut fünf Seiten. Jetzt benutzte er den Namen eines französischen Dichters (leider

konnte der sich nicht mehr wehren). Er schrieb mir abermals – und lobte mich ob meines guten Briefstils! Aufgrund seines schlechten Gedächtnisses hatte er wohl meinen Profilnamen vergessen und die Schimpftiraden ebenso. Er mailte mir, dass er deaktiviert worden sei. Daraufhin antwortete ich ihm aufrichtig, dass er dieses mir zu verdanken habe. Ich sperrte ihn von neuem.

Wiederum ein halbes Jahr später: François Villon *is back on the route* – dieses Mal als Künstler im braven Duisburg. Ein paar Bilder zur Ansicht gab es gratis, damit ich den Künstler während seiner Arbeit sehen konnte, sogar ganz vernünftige, gut gemachte Portraits. Sieh an, es geht doch!, dachte ich. Er hatte gelernt, die Fragen kurz und bündig, vor allem seriös, zu beantworten. Alle Achtung! Lernfähig schien er ja zu sein. Sein Motto: *Ich bin so wild nach deinem Erdbeermund!* (Kennen wir ja von dem Schauspieler und Rezitator *Klaus Kinski*!)

Ich schrie mir schon die Lungen wund
nach deinem weißen Leib, du Weib.
Im Klee, da hat der Mai ein Bett gemacht,
da blüht ein süßer Zeitvertreib
mit deinem Leib die ganze Nacht.
Da will ich sein im tiefen Tal
dein Nachtgebet und auch dein Sterngemahl.

Ich setzte erneut einen Schlusspunkt.

Überall wird das Heu auf andere Weise geschichtet zum Trocknen unter derselben

Ob ich bei diesem Angebot einen Schlusspunkt setzen sollte, war zu überlegen, denn er erwartete ... *dass sich die Attraktion nicht auf ihre weiblichen Reize beschränkt, sondern auch auf ihre Gehirnaktivität erotisierend wirkt!*

Der nächste Kandidat aus dem Chat war total ratlos:
Schreibe ich, sie soll schlank sein, so meldet sich die Hübsche mit den weiblichen Formen nicht, wünsche ich mir eine Intelligente, so denkt die Natürliche ohne Titel, ich mag sie nicht. Denke ich an eine Selbstbewusste, so traut sich die Schüchterne erst recht nicht. Will ich eine Golferin, denken alle anderen, der hat keinen Sex mehr.
Es ist zum Haareausraufen, wenn ich genug davon hätte.

Dazu meinte ein Jurist, der im Chat vertreten war:
Ganz wichtig: Schlank und nicht nur Vakuum zwischen den Ohren – unterhalten möchte ich mich nämlich auch ganz gerne mit ihr!!

Die Unterhaltung bei *Leckereien* beschränkte sich auf:
Na ja, wie der Name schon sagt ... sie sollte meine Vorliebe teilen ... aktiv wie passiv; und sie sollte keine neue Primärbeziehung suchen, sondern einfach ab und zu ein paar geile Stunden ... ; o)

Das *Dunkle Blatt* erläuterte:
Dass ich ledig geblieben bin, ist eines der Dinge im Leben, die ich ein wenig bedaure. Vor allem im Urlaub wirkt sich das störend aus. Im Urlaub bringen die Leute unverheirateten Männern ab einem gewissen Alter ziemliches Misstrauen entgegen: Sie vermuten bei ihnen einen starken Egoismus und wohl auch einen gewissen Hang zum Laster. Ich kann ihnen nur Recht geben.

Tja, das Leben sei eins der schwersten, wenn Männer allein sind. Das stellten alle Frauen in der Runde fest. Aber was sollten Frauen denn erst sagen, wenn sie bei *ihrer Zartheit* schwere Möbelstücke transportieren mussten? Mit Bohrmaschinen und Dübeln umgehen lernen, Bauteile zusammensetzen und vor allen Dingen von Männern geschriebene Gebrauchsanweisungen lesen und verstehen müssen? Natürlich mussten sie auch allein in Urlaub fahren, egal wie alt sie waren. Da konnten Frauen nicht die Hände über dem Kopf zusammenschlagen und es sich so leicht wie Männer machen:
Mal ehrlich, was hast du denn erwartet? Ich stehe mit beiden Beinen im Leben und brauche keinen Mutti-Ersatz!

Ob ich bei diesem Kontakt als Mutti-Ersatz herhalten sollte, war mir schleierhaft. Jedenfalls bekam ich von einer jungen Frau ein Flirtmatch.
Hmmmmm ... ich denke mal, dass ich zur Zeit eher auf der Suche nach meiner Traumfrau bin. Und sie wird eine tolle Frau sein... mit gaaanz viel Gefühl... gaaanz

viel Sinnlichkeit … Kommunikativ und kuschelbedürftig … :-)
Wichtig ist mir in einer Beziehung: Vertrauen … Liebe ohne Bedingungen … gegenseitiger Respekt … behutsames Umgehen miteinander

Liebe … so wie ich sie definiere, beinhaltet sooo viel. Ich bin hauptsächlich von meiner Mutter großgezogen worden, zu ihr habe ich ein sehr inniges Verhältnis …

Mein Vater ist mein biologischer Vater … mehr nicht, aber irgendwie bin ich ihm trotzdem verbunden.
Und lachen kann ich über Männer, die meinen, sie seien Frauenversteher … und doch nicht den blassen Schimmer haben, was in einer Frau vorgeht … sie wissen vielleicht um einiges … aber sie spüren es nicht.
Erfolg … hmmmmmmm
kleine und auch größere Ziele zu erreichen … diese Ziele setzt man sich doch ständig im Leben …
und jedes Erreichen ist ein kleiner oder größerer Erfolg …
Ich denke mal … mein Traumurlaub, mit der richtigen Partnerin wird jeder gemeinsame Urlaub zu einem Traumurlaub.
Mein Ziel war ein anderes: keine Muttergefühle ausleben zu müssen. Wenn der richtige Mann käme, fände Anna vielleicht den Dreh und reflektierte ihr Leben. Dann wären Frauen für sie nur als Gesprächspartnerinnen interessant. Und für mich eh – mehr nicht.
Ein *Herrgottnochmal* versuchte auch den Weg übers Eis. Was suchte er?

Die richtige Mischung aus Dame (in der Gesellschaft), Hure (im Bett), Freundin (wenn's klemmt) und Kumpel (für jeden Unsinn zu haben).

Viele Männer, die diese Dienste noch nie in Anspruch genommen haben, wissen gar nicht, dass Huren ihre Freier nicht küssen. Also aufgepasst, Männer, wer küssen will, sollte lieber das Angebot dieses jungen Mannes durchlesen und davon lernen:
Sie liebt es zu küssen, mag sanfte, forschende Lippen und Zunge, kann sich fallen lassen, kann nehmen und sich hingeben ... physische Nähe in wunderschöner Stimmungsverwandtschaft.

Was war dem Mann wichtig in der Beziehung?
Zur Zeit endloses Küssen! Schöner zärtlicher Sex, und ein Erfolg ist es, wenn sie in meinen Armen zufrieden einschläft.

Und angesprochen auf die Ernährungsfrage, hieß es:
Warme Lippen auf deinen Schenkeln. Dazu gefühlvolle Musik.
Ich schätzte an diesem Mann zumindest seinen Mut, so klare Aussagen hinsichtlich seiner Wünsche und Sehnsüchte getroffen zu haben, da diese Klarheit Missverständnissen vorbeugte. Dann müssten Frauen sich hinterher trotz diverser Versprechungen nicht anhören: „*Du bist mir sympathisch, aber ...*" Ein „*Aber*" beinhaltet immer eine Einschränkung. Frauen hingegen wünschen sich ein Ja und kein „*Ja, aber*".

Der Teufel hat den Schnaps gemacht

Ein *„Ja, aber"* spürte Christine auch, als sie die Einladung eines Diplomingenieurs namens *Paul* bekam, und stellte ihre Fühler auf Empfang. Zu Beginn ihres Kontakts wurde eine Einladung in weite Ferne gerückt, sodann bot *Paul* ihr für den Sonnabendabend fast überfallartig ein Date an. Sie befürchtete, dass ihr mit dieser Einladung ein etwas anderer Abend bevorstand; auch wenn es in seinem Profil bei der Frage Was macht Ihre Traumfrau aus? hieß:
Das Licht macht sie nicht aus – sie ist Ästhetin, sie hat Charme, Witz und Humor, sie ist fraulich und hat Esprit, sie hat Ausstrahlung und Niveau, Stil und Güte, also eine ganz normale Frau.

Da Christine überzeugt war, eine normale Frau zu sein, machte sie sich auf den Weg, um *Paul* in der nahen Großstadt mit Weltcharme zu besuchen.
Sein Profil war ihr angenehm aufgefallen, weil es gekonnt ironisch gehalten war. Obwohl *Paul* Techniker war, konnte er gut mit Sprache umgehen und wusste sich geschickt ins Licht zu setzen. In seinem Profil schrieb er, was ihm in einer Beziehung wichtig war: *Ehrlichkeit, Vertrauen, Humor, Zärtlichkeit und Erotik* sollten Vorrang haben. Seine Abneigungen tat er auch kund: *Beim morgendlichen Kaffee wollte er sich nicht ständig erklären müssen, und Platon, Nietzsche und Kant sollten außen vor bleiben.* Unverzichtbar war ihm das Wissen, dass beide in allen Situationen des Le-

bens zusammengehörten, ohne Vor- und Nachdenker. Auch das sprach Christine an, weil sie auf außergewöhnlich formulierte Profile ansprang.

In Hamburg sind die Nächte lang!

Die Begrüßung war herzlich und offen. Christine wurde in ein tadellos aufgeräumtes Haus geführt. Edel und kostbar das Interieur in der Wohnung, es blinkte überall wie in der Putzmittelreklame von Meister Proper. Selbst das Gartenhäuschen und die Werkstatt, die Christine bei einer Führung besichtigte, wirkten wie geleckt. Sein Zuhause hätte sich für eine Reportage in der Zeitschrift *Schöner Wohnen* hervorragend geeignet.

Christine begutachtete und lobte die Pflanzen, dekoriert nach Größe und Farben. Einige mehrarmige Kerzenständer, verteilt auf diverse Ecken im Zimmer und auf den Tischen, wirkten so, als sei sie in eine Aussegnungshalle gekommen. Zu ihren Ehren wurde leider keine Kerze angezündet; alles war nur Dekoration. Es gab nichts, was sie hätte beanstanden können. Nur schade, dass Christine nicht gleich ihre Koffer mitgebracht hatte. In dem Haus, das sehr ihrem Geschmack entsprach, hätte sie sich gleich niederlassen können – bis auf eine Winzigkeit: Die Aussegnungshallenatmosphäre hätte sie geändert.

Es imponierte ihr, dass ein allein stehender Mann so eine gepflegte Häuslichkeit hatte. Aber sie machte sich auch Gedanken darüber, warum seine vorherige Partnerschaft nicht gehalten hatte. Haben die Kinder, die

die Frau mitgebracht hat, zu viel Unordnung gemacht? Wurden die Riten, die der Mann aus seiner Kindheit verinnerlicht, nicht eingehalten? War er überhaupt noch flexibel genug, sich auf eine neue Frau mit eigenen Vorstellungen einzulassen, oder war diese Aufgeräumtheit der Wohnung nur strahlende Fassade? War dort ein Angstsyndrom verborgen, das alles so an seinem Platz zu sein hatte und nichts verrückt werden durfte? Und sie würde die heilige Ordnung durcheinander bringen und in diesem Haus zu viel des Guten sein? Wie die Expartnerin mit ihren Kindern? All diese Fragen schossen Christine durch den Kopf.

Plötzlich miaute eine Katze. Christine wurde kurz begrüßt von der Katze, der Hausherrin. *Paul* stellte ihr die Katze vor: Milly sei ihr Name. So stand es auch an der Haustür. Bewohner: Milly und Familie. Damit waren die Familienverhältnisse schon an der Haustür geklärt. Milly strich um ihre Beine. Danach ließ sich das Katzenvieh majestätisch auf dem schwarzen Ledersofa nieder. Gelassenheit spürte Christine bei der Katze nicht, eher Wachsamkeit – wie vor dem Sprung auf eine Maus. Doch Christine ließ sich nicht mit einer Maus vergleichen. Da müssen schon größere Hindernisse kommen. Och, schon wieder so ein Eindringling, dachte Milly. Es arbeitete in ihrem Katzenhirn, ihre Stirn war gekraust: Na, wollen mal sehen, wie lange die es aushält und ich wieder die alleinige Königin bin!, sinnierte Milly.

Der Tisch war liebevoll dekoriert, einige nette Teller angerichtet, der Wein erlesen. Sie nahmen auf den Sofas Platz, hin und wieder beäugt von Milly, die auf einem Seidenkissen thronte und sich putzte. Christine

ging sich kurz darauf auch putzen und sah im Bad keine zweite Garnitur einer anderen Person stehen. Allein stehend war hier auch allein stehend und nicht geflunkert.
Beide kamen sich beim Erzählen und Austauschen von Erinnerungen aus der Jugend näher. *Paul* ging öfter in die Küche und versorgte sich dort mit einem Getränk französischen Ursprungs. Der kredenzte Wein mundete Christine vorzüglich. Bedauerlicherweise musste sie sich mit dem Trinken zurückhalten, weil sie noch fahren musste. Christine ließ sich schließlich durch *Pauls* Überzeugungskunst zum Bleiben bewegen, um den köstlichen Wein weiter genießen zu können.
Der Weg führte nach Mitternacht dann logischerweise ins Schlafzimmer, das natürlich gleichfalls von Milly in Beschlag genommen wurde, weil sie auf ihrem angestammten Hausrecht bestand. Christine bemerkte Sand und Katzenhaare in ihrem Bett und wusste, wer normalerweise die Beischläferin war. Milly wurde des Raumes verwiesen, war beleidigt und kotzte in der Nacht aus Trotz und Eifersucht auf ihr Seidenkissen.
Christine erlebte eine schöne Nacht, wenn auch mit Verzögerung, weil der Genuss des französischen alkoholischen Getränks dem vollständigen Genuss von Sex entgegenstand, wie Christine im Gespräch mit ihren Freundinnen durchblicken ließ. Einige Stunden später allerdings war es so, als hätte jemand an Aladins Wunderlampe gerieben und ihre Wünsche erfüllt. Wünsche, deren Erfüllung beide so lange vermisst hatten.
Der folgende Morgen begann wesentlich liebloser. Vielleicht war *Paul* unausgeschlafen, hatte zu viel Alkohol genossen oder sich überanstrengt. Der gedeckte Kaf-

feetisch spiegelte die Lieblosigkeit wider. Obwohl ja in *Pauls* Profil stand, so erinnerte Christine, dass er an seinem Frühstückstisch etwas Aufbauendes, Stärkendes und ein fröhliches Gegenüber bevorzugte. Davon war nichts zu spüren. Vielleicht wollte *Paul* den morgendlichen Kaffee ohne Platon, Kant und Nietzsche genießen – also ohne Vor- und Nachdenker, wie er es in seinem Profil beschrieb. Aber Christine ging es zu ruhig zu, und das machte sie misstrauisch. Milly hatte Hunger, eroberte sich den Tisch und glaubte, der gekochte Schinken sei nur für sie bestimmt. Christine aß nicht mehr davon.

Laut Profil waren *Paul* in dieser Beziehung Ehrlichkeit, Vertrauen, Humor, Zärtlichkeit und Erotik wichtig. Einiges hatte Christine als Frau bekommen. Nur wenn der Mann meinte, die Katze sei die Maus des Hundes, und Tierliebe sei die Voraussetzung für tiefe Gefühle, dann irrte er, weil er seine Ängste auf Zweisamkeit und Nähe nicht in den Griff bekommen hatte und seine einzige Liebe die Katze war, eine zu aufgeräumte Wohnung und der zu häufige Griff zu einem bestimmten Getränk. Deshalb beendete *Paul* das Frühstück mit dem Satz: *Du bist mir sympathisch, aber ...*

Nach dem *Aber* verließ Christine *Paul*, der ihr nicht bestimmt war, mit seinem verkotzten Katzenkissen, um wieder eine ganz normale Frau sein zu können mit Wünschen für und Hoffnungen auf eine erfüllte Partnerschaft, ohne vorher mit Altlasten aufräumen zu müssen. Sie wollte eine Beziehung für alle Jahreszeiten, nicht nur für eine Nacht. Ihre Devise war: Mit dem Mann, mit dem ich einschlafe, möchte ich auch zukünftig wieder aufwachen und nicht teilen müssen mit dem Inhalt des Kühlschranks. Aber möglichst für alle Zeiten!

Ein paar Tage später, als Christines erster Ärger über dieses verkorkste Wochenende verflogen war und sie hatte Revue passieren lassen, warum es so endete, schrieb sie *Paul* einen Brief. Darin bat sie ihn, doch für sich etwas zu tun und professionelle Hilfe für seine Sucht in Anspruch zu nehmen. Bitterböse Retourkutschen folgten. Im Chat begegneten sie sich erneut, und Christine begrüßte ihn. Sie kamen wieder ins Chatten und telefonierten. *Paul* sprach eine zweite Einladung aus und versprach, dass diese Begegnung nicht so enden würde wie die letzte. Da *Paul* Urlaub hatte, wollten sie ein paar Tage miteinander verbringen und sehen, was daraus resultierte. Christine ließ sich erweichen, packte ein paar Kleider ein und fuhr nochmals los.

Der Abend verlief sehr harmonisch, sie grillten in dem wunderschönen Garten und unterhielten sich angeregt. Christine hatte *Paul* sogar ein Geschenk mitgebracht, das zu seinem Beruf passte. Sie hatte den Eindruck, dass er lange nichts geschenkt bekommen hatte, weil er sich unheimlich freute, es gleich benutzte und damit baute. Sie schmiedeten sogar Pläne, was *Paul* Christine in Hamburg noch zeigen wollte. Zwischendurch führte ihn sein Weg allerdings abermals zu häufig in die Küche.

Der nächste Morgen am Frühstückstisch endete wie zuvor: *Du bist mir sympathisch, aber* ... So schnell hatte Christine noch nie ihre Sachen gepackt wie in diesem Fall und fuhr nach Hause. Danach wurden die Briefe, die ausgetauscht wurden, im Ton unfreundlicher, und sie beendeten den Dialog für immer. Später erfuhr Christine im Chat nach einem kurzen Kontakt mit *Paul*, dass er jetzt Bridge-Partnerinnen suchte. Die Suche nach einer Lebenspartnerin hatte er wohlweislich eingestellt.

Wer wird denn gleich in die Luft gehen?

Nicht nur für eine oder zwei Nächte wollte Ria Kontakt zu einem Personalchef und Doktor der Jurisprudenz aus Augsburg. Der Mailaustausch verlief merkwürdig, weil der Mann – *Badger005* – Ria nichts über sich verraten wollte. Als Beruf war nur Akademiker angegeben worden. Das monierte Ria mit Recht in unserer Runde. Wir nickten zustimmend.

Nach und nach wurde er aber mitteilsamer, und beide gewannen den Eindruck, auf einer Wellenlänge zu sein, was Interessen und Lebenslage anging. Es flogen viele Mails zwischen Bremen und Augsburg hin und her. Während ihrer Telefonate führten sie tiefsinnige Gespräche, begleitet von Fürsorge und Wärme, was selten zwischen zwei Menschen in so kurzer Zeit vorkam. Beide bekamen Lust, sich persönlich kennen zu lernen. Sie vereinbarten, sich in Berlin zu treffen.

Badger005 hatte alles für ein perfektes Treffen vorbereitet. Sie hätten sich nach der Ankunft in Berlin nur kurz in die Augen gesehen, schwärmte Ria, und wären dahingeschmolzen wie Butter in der Sonne. Zwischen ihnen bestand eine magische Anziehungskraft, die selten war. Den Nachmittag konzentrierten sie sich nur auf sich. Erst am Abend zeigte ihr *Badger005* einige Se-

henswürdigkeiten und die Größe Berlins. Am nächsten Tag besichtigten sie den Reichstag, anschließend die Kunstausstellung des amerikanischen Museums of Modern Art. Zwischendurch legten sie immer wieder eine Verschnaufpause ein. Abends ging es auf die Piste in die Hackeschen Höfe, die Ria ein Begriff waren, und aßen sehr gemütlich. Danach fielen sie wie tot in die Betten. Berlin forderte seinen Tribut.
Der nächste Morgen, der bei diesem wunderschönen Zusammensein und dem gegenseitigen Verstehen entscheidend war, bekam einen Knacks, als nichts mehr funktionierte. Berlin war überfüllt, weil zur gleichen Zeit ein Straßenrennen und eine Demonstration stattfanden. Sie konnten ihren geplanten Standort nicht mit dem Taxi erreichen, sondern mussten die restliche Strecke mit der U-Bahn fahren, die Koffer lagerten sie vorher ein. Die Stimmung von *Badger005* sank auf den Nullpunkt. Er ahnte wohl auch, dass er Farbe bekennen musste, ob sie sich wieder sähen oder es nur ein einmaliges Vergnügen gewesen sei.
Auf dem Bahnhof angekommen, wollte *Ria Badger005* zu einem Gespräch über dieses Treffen verleiten. Da *Badger005* das Durcheinander der Stadt sehr entgegenkam, unterblieb es. Als er Ria zum Zug gebracht hatte und sie sich verabschiedeten, erklärte er nur: *Ich rufe mal an!* Dieser Satz war genauso schlimm wie der Satz: *Du bist mir sympathisch, aber...* und die Ergebnisse identisch.
Im Zug hatte Ria genügend Zeit, eine Abschiedsmail zu formulieren, und servierte selbst ab. Die Hinhaltetaktik kannte sie zur Genüge aus anderen Begegnungen. Männer waren zu feige, um Absagen zu erteilen,

stattdessen schoben sie die Entscheidung so lange vor sich her, bis sie sich erübrigte.

Im Chat begrüßte *Ria Badger005* öfter noch mal, was ihn aber verdross. Ein neues Profil von Ria ohne Foto mit dem Namen Rosenheimerin wurde von ihm als Bewohner dieser Ortschaft in Bayern gedeutet, und er wollte Kontakt. Ria gab sich ihm nach zwei Mails fairerweise zu erkennen, um keine Spielchen mit ihm zu treiben. Er deaktivierte sein Profil. An *Badger005* hatte kein Interesse mehr. Ria hatte in ihrem Profil außerdem den Abschnitt eines Buches von Hans Fallada integriert, so dass jeder, der ihr Profil anklickte, sehen konnte, wer gemeint war. Denn Badger heißt im Englischen *Dachs*. Hans Falladas Geschichte handelte von Fridolin, dem frechen Dachs: *Lieber Fridolin*, sagte seine Mutter, *gib dich nie mit einem anderen Geschöpf ab, und sei es die liebreizendste Dächsin! Lebe stets für dich allein, fauche, kratze, beiße alle weg! Sei misstrauisch, lass auch das schönste Fressen stehen, wenn es dir Gefahr bringen kann.*
Gefahr hatte ihm das Treffen mit ihr wohl gebracht. Ein Mann kann nicht auf zwei Hochzeiten tanzen, sinnierte Ria. War die Ehe doch nicht so getrennt, wie *Badger005* es geschildert hatte? Sollte dies nur eine willkommene Abwechslung sein? Ein fröhliches Wochenende, ohne mal an die drei Kinder zu denken, die ihr Studiengeld forderten? Sollten die Probleme mit der Ehefrau, die nicht so großzügig dachte, was Nebenbeziehungen anging, ausgeblendet werden? Diskussionen über ein solches Thema führte er vielleicht grundsätzlich nicht, weil ein Personalchef ja immer den Ton an-

gab, ohne dass Untergebene dies ändern konnten. Ria kam zu keinem Ergebnis und musste diese Begegnung als missglückten Versuch, einen Mann kennen zu lernen, hinnehmen und in die Schublade der unangenehmen Erinnerungen einräumen.
Später kam *Badger005* unter einem anderen Namen wieder. Ria erkannte ihn trotzdem und sprach ihn mit seinem richtigen Namen an. Daraufhin stellte er sein Interesse an der Chatterei erst einmal ein, bis er mit einem neuen – nur mit wenigen Informationen versehenen – Profil wieder auftauchte.

Und die Moral von der Geschicht ...

Eine Frau kann trotz eines gelungenen Anfangs nicht davon ausgehen, dass es zu weiteren Kontakten kommt. Als Frau kann man mit Männern über alles reden, nur nicht über Beziehungen. Männer wechseln im Fließbandverfahren von einer Partnerin zur anderen, ohne zu reflektieren, warum es bei der einen nicht geklappt hat. Fazit:
Während man nach der Richtigen sucht, kann man eine wunderbare Zeit mit der Falschen verbringen!
Traummänner gibt es nicht! behauptete *Silvia* im Chat: *Jeder hat seine Schwächen und Fehler. Im Übrigen habe ich das Gefühl, dass hier fast jeder nach einem absolut perfekten Partner auf der Suche ist – hallo, aufwachen!!! Den gibt es nicht. Es sei denn, ihr fahrt nach England und lasst euren Traumpartner im Wachsfigurenkabinett von Madame Tussaud anfertigen.*

Es lohnt sich für Frauen, sich einmal die Profile ihrer Geschlechtsgenossinnen anzuschauen, um herauszufinden, mit welchen Vorzügen sich andere Frauen anpreisen. Oder welche Meinung Frauen vom anderen Geschlecht haben. Denn Frauen sind wirklich realitätsbezogener als Männer, wie dieses *USA-Girl*:
Ich glaube kaum, dass es den Traumpartner gibt. Hier ist es schwer, eine Mail beantwortet zu bekommen. All die Männer, die ihre E-Mail-Adresse angegeben haben …
Denkt mal drüber nach, ob ihr Mails erhalten wollt. Es gibt auch Frauen, die nicht wie ein Supermodel aussehen, aber auch ganz nett sind und nicht nur für einen One-Night-Stand zu haben sind.

Richtig gesehen hat das die Frau! Männer kaschieren gern ihre Pfunde oder die Größe und machen sich attraktiver, als sie sind. So schrieb Executiver Lover:
Es lebe die Liebe, Lust und Leidenschaft.

Aber er fuhr fort:
Mann/Frau lernt sich zuerst kennen und stellt dann fest, es beginnt zu kribbeln, und Mann/Frau möchte sich näher kommen … und man muss sich nicht vorher versprechen, dass der/die andere der Partner für die Zukunft ist. Ich halte nichts von leeren Versprechungen. Entweder es wächst was aus dieser Anziehungskraft oder eben nicht. Wir sind alle erwachsen genug, um zu entscheiden, was wir wollen und was nicht. Es gab noch keine Frau, die nicht bereit war, sich auf mehr einzulassen!

Nichts sagende leere Wörter sind die schönsten Idiotismen der Höflichkeitssprache

(Jean Paul)

Solch harsche Kritik an Frauen sollten sich alle Frauen zu Herzen nehmen und es wie bei dem griechischen Schauspiel von Aristophanes' *Lysistrate* machen: sich verweigern, bis die Schlacht geschlagen ist und der Krieg zu Ende. Natürlich fällt es Frauen in vielen Fällen genau so schwer wie einem Mann, sich einer stimmungsvollen Situation zu entziehen und zum Sex heftigst Nein zu sagen. Fred hatte ich bei *Parship* kennen gelernt und mit ihm eine ausreichende Anzahl von Matching-Points, so dass ich davon ausgehen konnte, dass wir uns verstehen und gut harmonieren würden (lt. *Parship*). Es wurde ein Treffen in Bonn – seinem Wohnort – verabredet.

Der Abend begann ganz harmlos. Fred holte mich vom Bahnhof in Bonn ab, und wir suchten ein Hotelzimmer für mich. Danach gingen wir erst mal einen Kaffee trinken. Das Wetter war schön, die Atmosphäre der Innenstadt an diesem Abend um den Marktplatz herum aufgelockert mit Musikeinlagen. Dann musste Fred gestehen, dass er kein Geld hatte. Ich müsste wohl, wenn wir essen gehen würden, die Bezahlung übernehmen. Schöner Abend, dachte ich mir im Stillen. Aber ruhig Blut, mal sehen, wie sich der restliche Abend gestalten würde.

Es stellte sich heraus, dass Fred Amerikaner war, der als junger Mann aus Franken in die USA gegangen war.

Seitdem die Regierung nach Berlin umgezogen war, bekam er als Dolmetscher in Bonn keine Aufträge mehr. Andere Aufträge waren bei der heutigen wirtschaftlichen Situation auch schwer zu ergattern. Also konnte er seine Familie nicht mehr ernähren, geschweige denn den Hund. Seine sehr junge Frau war ihm bei dieser wirtschaftlichen Misere abhanden gekommen. Er zeigte mir Bilder von den Kindern und dem Hund. Da fiel es mir wie Schuppen von den Augen: Fred suchte eine betuchte Frau, die den Haushalt, die Kinder und den Hund versorgte – mit ihrem Geld! *Feine Aufgabe*, dachte ich mir, *aber nichts für mich*. Nach dem letzten Wein in einer gemütlichen Kneipe wollte ich nur noch in mein Bett. Fred meinte, er müsste nur noch kurz zum Auto, er hätte etwas liegen lassen. Das wäre auf dem Weg zum Hotel. Was er mit der Tasche wollte, die er aus dem Auto holte, war mir unklar.
Als ich mich vor dem Hotel von Fred verabschieden wollte, rannte der zum Empfang und ließ sich meinen Zimmerschlüssel aushändigen. Er eilte in den ersten Stock, in dem sich mein Zimmer befand.
Auf der Treppe, die ich bewusst langsam heraufging, um Zeit zu gewinnen, überlegte ich fieberhaft, wie ich mich des Problems Fred entledigen könnte, ohne in diesem feinen Hotel Aufsehen zu erregen.
Mein Zimmmer war zum Marktplatz gelegen, direkt unter meinem Fenster befand sich ein Bistro, dessen Besucher mich notfalls hören würden, falls ich um Hilfe schreien müsste. Diesen Tumult wollte ich allerdings gern vermeiden.
Als ich das Hotelzimmer betrat, war Fred schon damit beschäftigt, den Inhalt des Kühlschranks zu überprü-

fen. Er fragte mich, ob ich etwas trinken wolle. Ich lehnte dankend ab. Ich setzte mich auf die Fensterbank des geöffneten Fensters, von wo aus ich von den Bistrobesuchern gesehen werden konnte. Ich bat Fred zu gehen, da ich müde sei, aber er weigerte sich. Ich musste erst massiven Druck auf ihn ausüben (was ich sonst nie tat!) und ihm mit der Polizei drohen, bis er endlich aufgab und den Raum verließ. Erschöpft ließ ich mich in einen Sessel fallen. Eine derartige Situation hatte ich noch nie erlebt.

Ich malte mir das andere Szenario aus: Mein Hilfeschrei wäre ein kostenloses Freilichtschauspiel mit bekanntem Ausgang gewesen. Fred und ich hätten möglicherweise gerangelt. Vielleicht wäre sogar die Polizei gekommen, und Fred hätte die Nacht in der Zelle verbracht und keinen Appetit mehr auf weibliche Wesen gehabt. Sicher wären nur Zorn und blaue Flecken als Andenken an einen an sich netten Abend geblieben. Ich schauderte. Gott sei Dank war ich noch einmal glimpflich davongekommen. Es blieb mir am nächsten Tag nur ein schneller Rückzug aus dieser Stadt und von Fred.

Wir haben alle mehr Torheiten als Haare

Ein schneller Rückzug blieb mir auch nur von einem Mann namens *Winne* übrig, der beruflich das Computerwesen gut beherrschte. Leider war ihm nie eine Software in die Hände gefallen mit dem Titel: Wie verhalte ich mich im Gespräch einer Frau gegenüber, die ich zu einem Treffen mit mir animieren möchte? Ich musste mir über eine Stunde lang geduldig seine Schulkarriere anhören, die wohl eher eine Schulmisere war. Außerdem gab er mir einen ausführlichen Krankheitsreport, der schon drehbuchreif aufbereitet war. Es grenzte an ein Wunder, dass dieser Mann überlebt und noch Interesse an einer Frau hatte. Normalerweise müsste er nur im Bett liegen, jammern und stöhnen. Nachdem er seinen Krankheitsreport abgeschlossen hatte, traute er sich, nach einem Rendezvoustermin zu fragen. *Nie*, war meine Antwort, was ihn doch verblüffte.

Verblüfft war ich auch, als ich mich mit einem Fabrikanten – Doktor der Physik – in einer gemütlichen Kneipe treffen wollte. Ich wartete in einiger Entfernung vor der Kneipe auf ihn, um zu sehen, was für ein Typ er war. Ich wusste, dass er ziemlich groß war, mehr nicht. Es gingen nette, gepflegte Männer in die Kneipe. Aber das Schicksal meinte es nicht gut mit mir. Als ich ihn erblickte, erstarrte ich fast zur Salzsäule. Mir war gar nicht bekannt, dass Männer in Sack und Asche auf Brautschau gehen. Am liebsten hätte ich mich schnell verdrückt. Aber Verabredung war Verabredung.
Das Gespräch verlief einseitig und drehte sich nur um die Kindheit dieses Mannes. Die Geschichte vom Zweiten Weltkrieg war mir durchaus bekannt, aber in der mir dargebrachten Erzählweise ein wenig neu. Anschaulich und ausführlich berichtete er mir, wie einzelne Kugeln um seinen Kopf zischten und Handgranaten detonierten. So präsent war ihm nach sechzig Jahren noch seine Kindheit. Man merkte ihm an, dass er schon lange allein in seinem Wachturm an der Zonengrenze hauste und er eine Hausfrau brauchte, die

Ordnung in sein Leben bringen würde. Weshalb ihn seine Ehefrau verlassen hatte, war ihm nicht aufgegangen. Mir schon. Aber der Doktor der Physik stellte glücklicherweise fest, dass ich nicht die richtige Partnerin für ihn sei. Die müsste etwas anders sein. So war ich meinem Schicksal noch mal entronnen, obwohl ich doch Skat spielen konnte. Das war sein Lieblingsspiel.

Aber wie darf ich als Frau im Chat oder im wirklichen Leben sein?
Sinnlich klug, Frau mit Humor zum Lieben und Lachen und Reden. Hübsch anzuschauen, mit Freude an Kultur, Kunst, guter Musik. Bin selber jugendlich, aktiv und nachdenklich zugleich. Meine Flirtpartnerin kann von allem abhängig sein außer Zigaretten, Alkohol, Tabletten und Bildzeitung.
Das meinte ein 59-Jähriger aus Düsseldorf.

Bei der Zeitung stimme ich ihm ja zu, aber was darf er?

Alles?

Ein anderer – wohl lebenserfahrener – Mann meinte ehrlich:
Noch eins: Ist es nicht ein eleganter Treppenwitz dieses Systems hier, dass alle Geschiedenen sich hier wiedertreffen, um wunderbare, kaum zu erfüllende Eigenschaften einzufordern, die sie vorher weder gegeben, geschweige denn erhalten haben? – Semper idem.

Für nicht Nichtlateiner sei gesagt: Xanthippe sagte von Sokrates, dass er immer derselbe in seinem Wesen war, einerlei, ob er kam oder ging. Auch Cicero hatte diesen Ausspruch für Sokrates' Gleichmut benutzt.

Welchen Gleichmut müssen Frauen eigentlich aufbringen, wenn sie einen Mann kennen lernen wollen? Wenn Frauen zu der Erkenntnis gelangen, dass eine Begegnung wieder im gleichen Gleis läuft, und Schluss machen, ist der Mann beleidigt und holt zum Gegenschlag aus, indem er ihr vorwirft, der Frau seien *geistige Einbahnstraßen* zu Eigen.

Männer vergessen sehr oft, dass Frauen eine starke Sensibilität besitzen und spüren, wenn die Chemie nicht stimmt. Dann ist Flüchten angesagt, nicht standhalten. Enttäuschte Männer, die um Bett und Gesellschaft gebracht werden, können genauso reagieren wie Frauen, die nach einer gemeinsamen Nacht nach Hause geschickt werden. Beleidigt und oft hasserfüllt. Sie nehmen zwar nicht die Pistole oder Mäusegift wie Gesche Gottfried, die die Mehrzahl ihrer Ehemänner damit umbrachte. Aber Briefe in ehrverletzender Form können genauso wie Giftspritzen sein. Es nützt in jedem Fall nur der schnelle Rückzug, bevor der Mann die Chance erhält, der Frau seelische Verletzungen zuzufügen.

Lieber zu zweit verhungern, als allein im goldenen Wagen fahren

Auch enttäuschte 40-jährige Männer suchen oft nach einer reifen Frau, die ihnen Geborgenheit bieten soll. Aber nur für das Bett. Vor Freunden und Familie wird die ältere Frau versteckt. In einem solchen Fall sollte eine Frau den Mann lieber in den Arm nehmen, ihn trösten und viel reden, anstatt mit ihm ins Bett zu gehen.

Solch eine Erfahrung machte Katrin mit einem studierten Philosophen, der sie unbedingt kennen lernen wollte, nachdem die Mails im Chat hin und her geflogen waren. Die Wohnorte lagen nicht weit auseinander, eine Einladung in das dortige Theater sollte den Abend versüßen. Katrin nicht faul, sattelte zwar nicht das Pferd, sondern die 110 PS und fuhr in die Großstadt. Kunst und Kultur waren angesagt.

Sie trafen sich vor einem Museum. Katrin fand den großen und schlanken, gut aussehenden Mann am vereinbarten Treffpunkt vor und beschloss, den sonnigen Tag zu genießen. Sie gingen zusammen in ein Straßencafé und beschnupperten sich erst einmal. Sie unterhielten sich gut und genossen Hausmannskost ohne Oberklassenschnickschnack. Langeweile kam nicht auf, die Atmosphäre stimmte.

Nach dem Essen statteten sie dem Museum einen Besuch ab. Als Katrin die moderne Kunst betrachtete, bemerkte sie, dass ihr das Wissen darum fehle. Der Philosoph, besser bewandert in diesem Metier als Katrin, erweiterte ihr Wissen, indem er ihr die moderne Kunst erklärte. Für die Kunst-Installationen hatte das Museum einige Höhlen zum ruhigen Betrachten geschaffen, die nur spärlich beleuchtet waren. Das Licht im nächsten Raum wurde noch schummriger, die Objekte in dem Raum nicht mehr so interessant, so dass der Philosoph enger an Katrin rückte und den Zungenkontakt mit ihr suchte. Gar nicht übel, dachte Katrin, die sich schon länger in unfreiwilliger Enthaltsamkeit

übte. Langsam schlenderten sie weiter Richtung Ausgang, hier und da noch weitere Kunstwerke betrachtend. Nach dem Kunstgenuss beschlossen sie, einen Abstecher zu seiner Wohnung und einen kleinen Ausflug ans Wasser zu machen.
Die Wohnung des Philosophen glich einer Höhle – das Wohn- und Arbeitszimmer einer Filmkulisse. Die Gardinen hingen in Fetzen vor dem Fenster, die Sonne schien durch den blauen Batist und warf einen Sonnenstrahl auf den braunen Holzfußboden, der bis zum Klavier reichte, auf dem man sah, wie der Staub im Licht tanzte, fast so romantisch, wie die Behausungen in dem Film Das Wirtshaus im Spessart dargestellt waren. An den Wänden waren noch Reste alter Tapete zu sehen, die frühere Mieter dieser Wohnung angebracht hatten. Ein Schachbretttisch stand vor dem Fenster, wo neben dem Klavier das Teuerste in diesem Zimmer stand: der Laptop. Vor dem Tisch stand ein alter Ledersessel, dessen Leder so brüchig war, dass er schon fast wieder als Rarität durchgehen konnte. Ein Teppich fehlte, dafür gab es unordentlich gefüllte Bücherregale mit wertvollem Inhalt. Kant, Nietzsche und ähnliche Philosophen gab es hier zuhauf, neben alten Bibeln mit Lederrücken. Die Matratze lag auf dem nicht sehr blanken Boden. Nur das Klavierspiel des Philosophen imponierte – die Nähe zu ihm auch. Die Absicht des Philosphen war eindeutig – schon im Museum –, nun sollten Taten folgen.
Der Anfang war schön, doch wie aus dem Nichts verflog der Zauber. Der kleine Herr war eingeschlafen und konnte nicht mehr zum Leben erweckt werden. Vor Schreck vor so viel Frau? Es war dem Philosophen

äußerst peinlich, doch dann kam er ins Reden und erzählte Katrin von den Problemen, die ihn quälten: eine Frau, die ihn nicht erhört hatte, und seine desolate Wohnsituation. Selbst sein verkorkstes Familienleben breitete er aus. Das waren die Ursachen seines Versagens im entscheidenden Moment. Er überspielte die Situation mit viel Zärtlichkeit und setzte sich wieder ans Klavier. Katrin stellte fest, dass sein Klavierspiel schon fast Pianistenqualität hatte, und freute sich schon auf das Theaterstück, in dem es auch um unbewältigte Beziehungen und Liebe ging.

Und was lernen wir daraus?

Männer haben's schwer,
außen hart, innen weich,
werden als Kind schon auf Mann geeicht.
Oh, Männer sind so verletzlich,
Männer sind einfach unersetzlich.

(Herbert Grönemeyer)

Alexander Mitscherlich beschreibt in seinem wohl bekanntesten Buch *Auf dem Weg zur vaterlosen Gesellschaft* die Folgen der Nachkriegsgeneration, die am Verhalten von Männern festzumachen sind und sicher noch viele Jahre andauern werden, bis eine normale Erziehung und normales Verhalten Platz greifen können. Aber nur dann, wenn Mütter lernen, ihre Söhne nicht als Ersatzmann zu sehen und wie kleine Könige zu bedienen. Das macht das Verhalten der Männer im Chat oft schwierig, weil sie es gewohnt sind – nicht nur

im Beruf – zu herrschen. Die Sozialbildung der Männer reicht oft nicht aus, die Andersartigkeit der Frauen kritisch aufzunehmen, anzuerkennen und sich auf ein gemeinsames Leben mit ihnen einstellen zu können. Diese Fähigkeit ist ihnen oft abhanden gekommen. Ob im Laufe des Lebens nicht erlernt oder ausgeübt, sei dahingestellt. Erziehung ist von Müttern der Nachkriegszeit oft mehr Terror und Druck als Führung zur Selbstständigkeit gewesen. Nach dem Motto: *Wenn du nicht gehorchst, dann ...*
Unter diesen Verhältnissen leiden Frauen noch heute, zum Beispiel wenn eine Frau Männer über 40 anklickt wie diesen 43iger, der nicht irgendwelche Standardsachen beantworten möchte, sondern:

Ich bin tageslichttauglich, umgänglich (esse schon mit Messer und Gabel), schlichtweg, ich bin, wie ich bin, mit Ecken und Kanten, und wenn ihr wissen wollt, fragt. Frage an euch: Warum müssen wir Männer immer den Anfang machen? Deshalb könnt ihr mir auch mal eine schöne Mail schicken!
Wie war der Satz mit der Selbstständigkeit in der Erziehung in Mitscherlichs Buch? Schon vergessen? Die Frauen nicht.

Lektion gelernt?

In der FAZ hatte ich eine Annonce geschaltet mit der Überschrift: *Die Forderung, geliebt zu werden, ist die größte der Anmaßungen.*

Daraufhin bekam ich eine Mail von Volker H.:
Liebe Inserentin, statt einer ausführlichen Antwort möchte ich Sie auf meine Anzeige aufmerksam machen, die in der gleichen Ausgabe der FAZ einige Plätze unter Ihner steht, mit dem Titel „Stolz und Zweifel". Ergänzend noch mein Alter (59) und meine Größe (173 cm). Ich lebe in Hamburg.
Ein zwei Jahre altes Foto schicke ich auch mit.
Nun bin ich gespannt auf Ihre Reaktion, am liebsten mit Foto.

Herzliche Grüße
Volker

Stolz und Zweifel sind für mich kein Widerspruch. Ich bin stolz auf meine Arbeit als Redakteur und Kommunikationsberater, mir meiner Stärken bewusst (z. B. zuhören können), aber auch Zweifel und die Fähigkeit zur Selbstkritik zähle ich dazu. Meine zig Lachfalten sagen viel über Freude und Glücksmomente meines Lebens. Meine strammen Waden sagen etwas über meine Lauffreudigkeit und viele Rad-Kilometer (in der Großstadt, auf dem Land, an Gewässern), die hinter mir liegen. Ich wünsche mir eine Frau zw. 45 und 60, die selbstbewusst zu ihrer fraulichen Figur (Kl.-Größe 42/44) mit sehr weiblichen Formen steht. Antworten gern mit aktuellem Foto unter Chiffre FAZ 45634.

Da ich ein gutes Gedächtnis hatte, auf das ich mich unbedingt verlassen konnte, fiel mir ein, dass ich diese Anzeige schon häufiger bei einigen renommierten Zeitungen gesehen hatte. Der Mann mit dem Busentick!

Dementsprechend fiel meine Antwort an den Inserenten aus.

Lieber Herr H.,
natürlich erinnere ich mich an Ihren Text. Ich glaube, dass Sie schon mehrfach – auch in der Zeit – inseriert haben. Früher – wenn ich es richtig erinnere – waren Sie auch mal Lehrer, wurden aber als Parteimitglied einer sehr linken Gruppe nicht hier in der BRD eingestellt. Ihre Vorliebe war Fahrrad fahren. Einen Bart hatten Sie auch und verkauften sich als Naturbursche. Ein Naturbursche, der große Busen bevorzugt. Diesmal waren Sie ja in der Wortwahl vorsichtiger. Ich kann und will Ihnen das nicht bieten. Ich definiere mich über meine Lebensart, nicht über meinen Körper. Der gehört zu mir, selbstverständlich, aber wichtig sind mir andere Dinge im Leben.
Ich frage ja auch nicht, ob Ihr bestes Stück eine kapitale Größe hat. Vielleicht sollte ich Ihnen jetzt einen Kuchen in Form eines ausladenden Busens schicken oder mich fragen, ob ich verklemmt bin. Deshalb ein Foto zum Schluss, mehr nicht. Sie können ja mal raten, welche Größe der Busen hat.
Gruß M.

Ich erhielt auf die Mail leider nie eine Antwort, obwohl ich ein ziemlich freizügiges Foto mitgemailt hatte. Also musste der Busen noch voluminöser sein.
Dabei fand die Kaffeeklatschrunde, dass es viele nette, etwas rundere Frauen gebe, die selten eine Chance bei Männern bekämen. Selbst wenn die Männer auch fülliger wären, die eine Frau suchten.

Ein leitender Angestellter im Chat teilte die Vorliebe des Herrn H.: Er wollte eine Frau kennen lernen – *the bigger, the better, die Cupgröße F* hatte. Zur Not nahm er auch eine mit der *Körbchengröße D*. Bei der Beantwortung der Fragen hieß es:

Worauf sind Sie stolz?
Auf meine Vorliebe für Frauen mit einem großen Busen ... ;-)))

Was bedeutet für Sie Erfolg?
Bei all meinen oberflächlichen Angaben ist die Beantwortung dieser Frage nur allzu klar: Der Erfolg bedeutet mir viel ... macht mich noch begehrenswerter ...

Wofür würden Sie Ihr Leben riskieren?
Für eine heiße Frau mit einem großen Busen ...

Eine etwas weiche, runde Frau suchte auch der *Rubensliebhaber*. Er beschrieb seine *Traumfrau* in einem Gedicht:

Alte Meister malten alle
dicke, weiche, satte, pralle
Hinterteile und auch Becken,
um des Mannes Lust zu wecken!

Heute ist das Lustsymbol
spindeldürre, beinahe hohl,
ist verhungert und komplett
ohne Formen, wie ein Brett!

Rubens, der die Frauen malte,
nicht nur weil man ihn bezahlte,
malte gerne Weiblichkeit,
korpulent und beckenbreit!

Eine Frau aus Rubens' Sicht
zeigte ihre Knochen nicht,
weil sie wusste, dass ein Mann
sich daran verletzen kann!

Wo sind nur die Zeiten hin,
wo man gar ein Doppelkinn,
einen Bauch und volle Brüste
liebevoll und zärtlich küsste?

Scheinbar gilt es heut als schön,
durch die Frau hindurchzuseh`n
und zu winken, wenn sie fliegt,
weil sie überhaupt nichts wiegt!

Nur wer erwachsen wird und ein Kind bleibt, ist ein Mensch

(E. Kästner)

Aber es gab auch andere Typen, die mir auf meine Annonce geschrieben hatten und in deren Mittelpunkt abweichende Wünsche und Vorlieben standen:
Ihre nette Annonce hat mich stimuliert, zur Feder zu greifen; ich würde gerne mit Ihnen Kontakt aufnehmen

wollen, möchte jedoch gern einiges mehr zu Ihren Affinitäten, Interessen, Hobbys und Attributen wissen.
Verzeihen Sie zunächst bitte, diesen Brief – entgegen meinem sonstigen Stil – per Medium PC geschrieben zu haben. Aber leider lassen meine geschäftlichen Aktivitäten und Terminzwänge – ich baue gerade eine Firmen-Gruppe auf bzw. aus – es im Moment nicht anders zu, und ich wollte doch den Kontakt mit Ihnen ohne größere Verzögerung herstellen.
Sie wollen sicher vorab einige Daten von mir wissen?! Hier sind sie: 59 Jahre jung (jedoch schneller, dynamischer und flexibler als viele junge Leute), 174 cm „lang", sehr sportlich (jeden Tag 1,5 h plus Golf, früher sehr viele Sportarten!), seit 2 Jahren geschieden (glücklich), Tochter 28 (stud.), Sohn 25 Jahre (Banker).
Ich bin vielseitig interessiert, innovativ und kreativ, modern eingerichtet und gekleidet (trage fast nur Fliege mit Weste – natürlich nicht beim Golfen), im Übrigen sehe ich mich als Mann mit (für) Stil und Form.
Apropos Golf: Spielen Sie auch? Das wäre natürlich ideal, aber keine Conditio! Mein Handicap verrate ich Ihnen allerdings erst bei unserer ersten Golfpartie. Ich habe vor Monaten sogar ein Turnier (jedoch nur ein Jux-Turnier) gewonnen, deshalb keine Angst!
Ich bin ein Schöngeist und für schönes (meist, aber nicht nur) modernes Design und Ambiente in jeder Beziehung. Wie sieht Ihre Geschmacksorientierung aus, modern oder klassisch/antik oder auch gemischt?
Meine kulturellen Interessen und Affinitäten sind breit gefächert: Kulturen allgemein, Kunst, Malerei, Thea-

ter, Konzerte, Museen, stilvolle Restaurants und Kneipen etc. Eine stärkere Konvergenz unserer Interessen – die ich zwar bereits z. T. aus Ihrer Annonce ableite – würde mich sehr freuen. Hier scheint einiges (oder mehr) zu korrelieren, oder? Darüber hinaus bin ich der Geschichte verbunden (im engeren und weiten Kontext), mag Gedichte – dichte selbst, primär aber anlassbezogen und besitze auch Sprüche- und Zitaten-Sammlungen, mit denen ich permanent arbeite (privat und geschäftlich).

Ich konnte nicht weiter vorlesen, ohne mich darüber zu mokieren, dass die Ansammmlung von Fremdwörtern wohl Eindruck schinden sollte. Doch dann las ich weiter im Text:
Zu meinen Hobbys resp. privaten Aktivitäten zählen noch die Veranstaltung von Sippentreffen (ich bin der „Papst" meiner über 150 Mann zählenden Sippe), Klassentreffen.
(In dieser Sippe fehlten allerdings eindeutig die Frauen!)
Ich werde mich auch künftig – berufsbedingt – mit innovativem Veranstaltungs-Management befassen, was ich aber schon einige Zeit als Dozent und Referent praktiziere (für Verbände und eigene Veranstaltungen). Wie sehen Ihre Hobbys und privaten Aktivitäten aus? Damit hätten wir schon ansatzweise die Überleitung zu meiner Profession gefunden; nachstehend nur stichwortartige Angaben, da ich sehr viel aufzuzählen habe (hätte):
Inhaber einer eigenen Firmen-Gruppe mit innovativen und intelligenten Dienstleistungen (Management-Qua-

lifizierung und Optimierungs-Unternehmensberatung in ganz Deutschland mit eigener Akademie (erst vor ein paar Wochen gegründet), auch Dozent und Schriftsteller. Sondierung zukunftsorientierter Unternehmenskonzepte (weltweite Aktivitäten), Kreation eines neuen Management-Begriffs um die Kommunikation, des Communication Value. Kontakte und Beziehungen bis zum Top-Management in Wirtschaft, Wissenschaft (kenne viele Rektoren, Dekane und Professoren), Politik (Berlin, Länderregierungen, Kommunen etc.) und Medien, national und international. Kosmopolit mit adäquatem Interesse an Ländern, Städten und Sprachen. 25 Jahre im Management aktiv (international).
Ihre beruflichen und sonstigen Engagements und Interessen (kulturell, modisch, kulinarisch etc.) würden mich ebenfalls sehr interessieren.
„*Also*", platzte Ria nach diesem Abschnitt des Briefes heraus, obwohl sie keine Feministin war, „*er, der Mann und zukünftige Partner, darf die große Politik machen, Wirtschaft, Beruf und das Außenleben organisieren. Die Frau darf sich nett kleiden und darf gut kochen. Ein wenig kulturelles Interesse darf selbstverständlich beim Frauchen bestehen oder ist erforderlich, weil man ja am Tisch des Herren servieren muss, wenn ein Abendessen für wichtige Geschäftspartner gegeben werden muss.*" / „*Lass mich den Brief weiterlesen, es kommen noch die Wünsche dieses Managers*", erklärte ich.
Im Übrigen vermag ich – trotz Pragmatismus und Realismus – eine etwas romantische Ader nicht verleugnen, liebe Gespräche (sowohl einfache als auch philosophische) und bin trotz Diskussionsfähigkeit und -be-

reitschaft durchaus auch harmoniebedürftig. Meine gesuchte Partnerin sollte sein – dies wäre meine Wunschvorstellung – attraktiv und charmant, schlank, nach Möglichkeit sportlich, mit Charisma und Esprit, einem ansprechenden Bildungsniveau, ähnlicher kultureller Orientierung, aber auch sinnlich, liebe- und verständnisvoll und – idealerweise – meine Kritikerin und Beraterin (Letzteres ist keine conditio sine qua non). Zu Kompromissen gegenüber diesem Wunsch-Profil bin ich natürlich gerne sowohl bereit als auch fähig.
Jetzt, da ich Ihnen einen starken Informationsvorsprung geliefert habe, liegt es an Ihnen, diesen – sofern interessiert – durch netten und positiven Brief auszugleichen (bitte mit Foto) oder zunächst durch einen Telefonanruf. Sollte es aus gegenseitiger Perspektive zu einer engeren Verbindung nicht (oder nicht sofort) kommen, wäre ich auch an der Weiterführung eines Kontaktes mit Ihnen auf der Kommunikationsebene interessiert.
Ich freue mich sehr auf einen Kontakt mit Ihnen und Ihren Brief resp. Anruf und wünsche Ihnen bis dahin alles Gute.

Mit freundlichen Grüßen
Manfred Belten

Diesen Brief erhielt ich nach meiner ersten Anzeige in der FAZ. Nachdem ich den Brief ein zweites Mal gelesen hatte, fielen mir die Formulierungen erst richtig auf, die ein Mann lieber weglassen sollte, wollte er nicht als Chauvi bezeichnet werden. Ich nicht faul, tippte einen Antwortbrief und beanstandete seine Überheblichkeit, seine Massierung von Fremdwörtern und seinen gestelzten Briefstil.

Dem Briefschreiber war gar nicht bewusst, was er angerichtet hatte. Manfred hängte sich ans Telefon und war nicht beleidigt, obwohl ich ziemlich harten Tobak auffuhr. Wir telefonierten öfter und tauschten uns aus. Manfreds Welt blieb mir weitgehend fremd. Manfred wünschte wohl Kontakt zu meiner Zeitungswelt und glaubte, ich könnte ihm Interviewtermine verschaffen, sodass sein Institut bekannt werden würde.

Diese Telefonate erfolgten in einer gewissen Regelmäßigkeit, bis Manfred mich Weihnachten wieder anrief und mir deprimiert sein Weihnachtsfest schilderte. Da neben Manfreds nicht sehr flüssiger Erzählung das Einschenken einer Flüssigkeit zu vernehmen war, versuchte ich das Gespräch auf mich zu lenken und ihm zu vermitteln, dass Weihnachten für allein stehende Menschen immer ein Problem sei und nicht nur für ihn, Manfred. Aber er hörte mir gar nicht zu. Er war voll von seinen Problemen und wollte ausschließlich seine Weisheiten an die Frau bringen und gebetsartig vortragen, wo er bald in Talkshows auftreten würde und schon Kontakte geknüpft hätte. Gott sei Dank versagte der Akku seines mobilen Telefons, und ich konnte auflegen. Dadurch hatte ich die Chance, beim nächsten Klingeln gar nicht erst den Hörer abzunehmen.

Ach, wie ist es möglich dann, dass ich dich lassen kann

Ein Künstler – ein Maler – wollte mich nach einer von mir aufgegebenen Annonce ebenfalls kennen lernen:
Liebe außergewöhnliche, liebe interessante Frau,
ich kann mir den Berg von Zuschriften von Männern vorstellen, die viel zu bieten haben, die voll im Trend liegen. Ich bin so mutig, mich dem Wettbewerb zu stellen, da ich vielleicht nicht so im Trend liege, eher der etwas andere Mann bin. Sie sind gewiss eine außergewöhnliche Frau. Als ich die Anzeige las, war ich restlos begeistert. Ich könnte zu jeder Zeile Ihrer Anzeige sagen, ja, das find ich toll, dem stimme ich zu, das gefällt mir und das spricht mich an.
Nun möchten Sie wissen, wer ist der etwas andere Mann?
67 Jahre, aber noch jung geblieben, 178, 85 Kilo, Diplomkaufmann im Ruhestand mit gelegentlichem freiberuflichem Einsatz bei einem Wirtschaftsprüfer. Blond gelichtet, Pfeifenraucher, blaue Augen, der Ihre Interessen alle teilt, zufrieden mit großem Bekanntenkreis als Single lebt, dem aber das eine fehlt, eine wache, spannende, interessante, liebevolle, exotische Frau mit sehr viel Zärtlichkeit. Umgekehrt bin ich davon überzeugt, dass ich das alles zurückgeben kann, wenn wir uns mögen. Bei aller Begeisterung über gleiche Interessen glaube ich doch einiges andere einbringen zu können. Seit zehn Jahren bin ich begeisterter Aquarellmaler mit vielen Ausstellungen im Umland und in

Italien. Inzwischen leite ich Aquarellkurse für Kinder und Erwachsene. In den letzten fünf Jahren habe ich lange Zeit in der Toskana gelebt und dort auch gemalt. Sie ist mir zur zweiten Heimat geworden, nicht wegen der Sonne und des Essens, sondern wegen der liebenswerten und herzlichen Menschen. Gerne würde ich mit Ihnen eine Reise ans Meer machen, ebenso möchte ich Ihnen „meine Toskana" zeigen.
Durch das Malen habe ich mich stärker der Natur, der Stille und den wertvollen Menschen genähert. Ich glaube, ich sehe jetzt mehr mit dem Herzen als mit den Augen (nach Saint-Exupéry).
Vergessen habe ich in meiner Vita, dass ich seit 20 Jahren geschieden bin, keine Kinder habe (Kinder aber liebe, siehe Kinderkurse) und mehrere Beziehungen hatte. Seit drei Jahren lebe ich allein. Und das möchte ich ändern, denn ich möchte meine Lebensfreude, meine positive Einstellung, mein Genießen, meine Kreativität (ich schreibe auch Gedichte) und meine Spontaneität mit einer wachen Frau teilen. Vielleicht sind Sie es? Ich bin selbstbewusst, aufrichtig und tolerant, sensibel und hatte nie eine Nebenfrau und möchte auch keine haben.
Wenn Ihnen der Brief gefällt, Sie neugierig geworden sind, habe ich einen Vorschlag, einen außergewöhnlichen, und zwar dort, wo Hermann Hesse, einer meiner Lieblingsschriftsteller, lange gelebt hat, uns im Tessin kennen zu lernen. Ich liebe das Tessin, vielleicht verlieben wir uns dort. Vom 1.10 bis 03.10.04 bin ich im Hotel Ascona, Ascona, und stelle dort am 02.10.2004 meine Bilder aus. Ab dem 08.10.2004 leite ich einen Aquarellkurs im Hotel Lago Lugano. Ich

lade Sie herzlich zum Kurs ein oder nach Ascona. Wenn Sie mögen, „inkognito"! Wenn wir uns kennen lernen, wünsche ich mir, dass die Strophen von Hesse zu unserem Lieblingsgedicht werden.
Daraus: „In jedem Anfang wohnt ein Zauber inne, der uns beschützt und der uns hilft zu leben. Vielleicht ist unser Anfang vorgesehen."

Herzliche Grüße
Wolf Eicken

Ja, was nun? Viele Prospekte waren dem Brief beigelegt worden, die Preisliste selbstverständlich auch. Sollte ich vom Nordende der Republik in das warme Tessin fahren? Sollte ich an dem Kurs teilnehmen und die Teilnehmerinnenliste auffüllen? Ich male in Öl und hatte vom Aquarellieren keine Ahnung. Sollte ich die lange Bahnfahrt in Kauf nehmen, nur um festzustellen, dass dieser Mann einen scheußlich riechenden Tabak rauchte? Die Prospekte waren jedenfalls da aufbewahrt worden, wo der dickste Pfeifenrauch in die Luft geblasen wurde und diese verpestete. Sie stanken entsetzlich. Sosehr ich Künstler mochte, dieser Tobak war mir zu dick aufgetragen. Wollte der Mann nur seine Kurse auffüllen und hatte seinen blumigen Brief, den er noch mit seinen Zeichnungen dekoriert hatte, auch anderen Inserentinnen geschrieben? Wer weiß? Auch so konnte man die schweizerische Fremdenindustrie ankurbeln und ihr zu einem höheren Umsatz verhelfen. Ich dankte liebevoll und sagte ab mit den Worten: *Ich küsse keine Aschenbecher!* Der Tabakgestank war der Auslöser, der anfängliche Zauber war verflogen.

Andere Männer, andere Vorlieben

Ein Typ namens Nagellackentferner schrieb bei Was macht Ihre Traumfrau aus: *Sie sollte einfach nur nett sein und bei nett-flirt auftauchen,* einer eben schon erwähnten Organisation, wo auch Witzseiten zur Belustigung aller aufgenommen wurden, und resümierte: *da ist wesentlich mehr los.*

Aber was ist da los, liebes nagellackentfernendes Kind im Manne: nur Witze über sechs Seiten! Gibt es hier überhaupt erwachsene Männer, die Frauen gefallen könnten, nicht nur Sexseiten und schlüpfrige Witze? Wo bleibt das Beantworten der Fragen oder zumindest einigen davon? murmelte ich am PC sitzend vor mich hin.

Ich stamme aus meiner Kindheit, wie aus einem Land

(Antoine de Saint-Exupéry)

Ein 48 Jahre alter Projektleiter fällte sein Urteil über eine Dating-Firma:
Hallo, Mädels, melde mich für alle Zeiten ab. Am Anfang war ich der Meinung, dass nur einige kaputte Typen dabei sind. Jetzt muss ich feststellen: Fast alle haben 'ne Klatsche. Das hatte ich nicht erwartet. Sollte wirklich eine von euch ach so göttlichen Frauen ein ernsthaftes Interesse an einer Beziehung haben, könnt ihr euch gern bei mir melden. Tschüß dann.

Männer verliebten sich in Gilda, aber sie wachten neben mir auf

Als Versuchsballon eröffnete ich ein *göttliches Profil* unter dem Namen *Rita Hayworth*, der amerikanischen Sexbombe. Gleich nachdem das Profil, das ich mit einem von mir selbst gemalten Portrait schmückte, erschienen war, übertraf es all meine Erwartungen. Es meldeten sich unglaublich viele Männer. Wie die Piranhas stürzten sie sich heißhungrig auf frische Beute, obwohl ich alle 25 Fragen mit Originaldaten aus dem Leben der Tänzerin und Schauspielerin Rita Hayworth beantwortet hatte. So erfolgreich war bisher kein von mir in den Chat gestelltes Profil gewesen. Immer wieder wurde es angeklickt.

Alter: 48 Jahre
Beruf: Tänzerin
Land: Deutschland
Wohnort: Der Film
Postleitzahl: 45000
Motto: Ich durchtanze die Nächte

Augenfarbe: braun
Haarfarbe: braun
Größe: 175 cm
Gewicht: 60 kg
Figur: athletisch
Erscheinungsbild:
modisch/aktuell/lässig
Sonstiges
Fitnesslevel: topfit
Rauchstatus: Nichtraucher
Ernährungstyp:
gesundheitsorientiert/Gourmet-Küche

Lieblingsküche: italienisch, indisch, mexikanisch
Familienstand: ledig
Eigener Haushalt: ja
Beruf: Tänzerin
Berufsgruppe: Freischaffende
Fremdsprachen: Englisch, Spanisch

Was macht Ihre/n Traumfrau/mann aus?
Ich suche keinen Traumtänzer, sondern einen Star, wie ich es in den Filmen kennen gelernt habe.

Was ist Ihnen wichtig in einer Beziehung?
Schön verwegen wie ein Filmpartner, gut gebaut, erotisch, sportlich, sinnlich, schöne Stimme, groß und lässig. Eben einen ganzen Mann suche ich, wie Robert Mitchum oder Cary Grant.

Worüber können Sie lachen?
Über gute Filme, die lustig sind.

Was bedeutet für Sie Erfolg?
Wenn ich tanzen darf.

Wovor haben Sie Angst?
Vor dem Aus meiner Karriere.

Wofür würden Sie Ihr Leben riskieren?
Nur für das Tanzen.

Lesen Sie gerne? Welches sind Ihre Lieblingsbücher?
Drehbücher.

Welche drei Dinge würden Sie mit auf die *einsame Insel* nehmen?
Meine Ballettschuhe, Handwerkszeug zum Bauen einer Bühne und Schminke.

Wie sieht für Sie ein *Traumurlaub* aus?
Ich tanze mit dir in den Himmel hinein.

Würden Sie sich als tierlieb bezeichnen?
Bitte keine Ameisen im Bett; sonst ja.

Sind Sie mit Ihrem Gehalt zufrieden?
Die Gage könnte höher sein.

Wie wichtig ist Ihnen Geld?
Es erlaubt mir, Filme selbst zu machen. Ali Khan hatte genügend.

Wie würden Sie einem Blinden Ihr Äußeres beschreiben?
Schlank, gut aussehend mit braunen, langen, lockigen Haaren. Einen schönen Busen, gut geformte, trainierte Beine. Und den berühmten Blick, bei dem die Männerherzen schmelzen.

Können Sie kochen?
Bei mir ist noch keiner unzufrieden vom Tisch aufgestanden.

Was gibt es bei Ihnen zum Frühstück?
Was wohl, und danach das Frühstück.

Was machen Sie in Ihrer Freizeit?
Ich sehe mir gern meine alten Filme an und schwelge in angenehmen Erinnerungen.

Gehen Sie gerne ins Kino? Welche Filme mochten Sie besonders?
Welche Filme ich wohl liebe? Dreimal dürfen Sie raten!

Welche Musik hören Sie gerne?
Musik zum Tanzen.

Was schätzen andere an Ihnen?
Wieder ein Ratespiel?

Was bedeutet Religion für Sie? Glauben Sie an Gott?
Einen Gott hatte ich schon zu Hause.

Was ist Ihnen peinlich?
Nichts mehr, habe alle möglichen Situationen schon in Filmen gespielt.

Was bedeuten Ihre Freunde für Sie?
Alles, die Welt der Hollywoodstars ist so einsam. Da braucht Frau verlässliche Freunde in der normalen Welt.

Und welche Antworten trudelten mir ins Haus? Hier ein paar Beispiele:

Hallo!
... wow – mit Rita wollte ich schon immer mal eine Nacht durchtanzen ...

Rhett Butler ...
lässt grüßen. Na, den kennst du doch mit Sicherheit ... Vom Winde verweht, das könnte ich sein. Nur, ich bin noch etwas besser drauf und größer allemal. Hast ja eine tolle Blindenbeschreibung, Beine und Busen hervorgehoben, ja, Männer mögen das. Besuche mich doch mal, bis bald, du hübsche Frau mit den tollen Waden ... LG ... P.

Hi!
Dein Nickname machte mich neugierig, u. das freut mich, weil dein Profil außergewöhnlich interessant ist. Also, ich habe vom Typ her keine Ähnlichkeiten mit Robert Mitchum, wobei ich ihn sowohl als Schauspieler u. auch als Mann außergewöhnlich beeindruckend fand u. finde, aber mit deinen restlichen Beschreibungen kann ich mich schon in etwa identifizieren; ich bin vielleicht im weitesten Sinne eine Mischung von Harrison Ford u. Jean Marais.
Na ja! Wie dem auch sei, ich wünsche dir einen sanften, aber sehr wirkungsvollen Rutsch ins neue Jahr u. ein sehr erfolgreiches u. erfüllendes 2005.
Einen lieben Gruß
Marius

Hallo, schöne Mona Lisa ...
Bei so einem schönen Bild muss man einfach antworten! Was bewegt denn eine so hübsche Tänzerin, einen so grimmigen brummigen Kriminalbeamten kennen zu lernen?
Habe mich trotzdem über deinen Kontaktbe(ge)such gefreut. Vielleicht hören wir im alten Jahr voneinander, du hast mich auch neugierig gemacht.
Bis dann und Grüße aus Thüringen

Wer bist Du?
Magst Du viell. mit mir einen Film drehen? (smile)
Siehst gut aus, Schatz. Viel Glück
Könntest du mir ...
Könntest du mir denn evtl. ein echtes Foto mailen?
Unter foryou@web.de

Oder bin ich gar nicht dein Typ?
LG Roy

Hallo, Ria, ein interessantes Profil hast du. Schade, dass ich an Robert Mitchum und Cary Grant nicht ganz heranreiche. Aber lebendiger bin ich.
Cary Grant sah wirklich verdammt gut aus, das muss ich auch als Mann zugeben. Und außerdem hat er auch noch so unterschiedliche Rollen gespielt, vom Thriller bis hin zur Klamotte.
Aber wer weiß, wie er sich angehört hat. Ich habe einmal Harrison Ford im englischen Original gehört: völlig monoton und langweilig die Stimme. Aber dafür lebt er noch.
Ich überlege gerade, was an deinem Profil ernst und was Joke ist. Tänzerin stimmt? Wohnort stimmt nicht?
Gruß und einen schönen zweiten Feiertag noch

Josef

Schade, dass du kein Bild von dir im Profil hast.
Oder ist es evtl. ein Selbstbildnis?
LG Goldi

Ganz schön anspruchsvoller Text. Laufen solche Männer frei rum oder tummeln sich hier bei ...? Schade, dass von dir kein Bild dabei ist. Na ja, von mir ist ja auch keins hier. Falls du trotzdem wissen willst, wer es wagt, dir zu schreiben, obwohl ich kein Supermann bin, dann schick ich dir eins per E-Mail, einfach so.

(Dazu brauch ich natürlich deine E-Mailadresse.)
Ansonsten: viel Glück weiterhin
Gerhard

Ich warf einen Blick auf sein Bild und sein Profil. Daraufhin schrieb er mir gleich die nächste Mail.

Hallo,
na, da fühle ich mich ja fast geehrt, dass du wenigstens mal einen Blick auf mein Foto werfen willst, wo du doch eher Cary Grant oder Robert Mitchum im Auge hast. Aber – sind die nicht schon tot? Dann hat man(n)/frau aber auch irgendwie nix davon. Wie komm ich denn an ein Foto von dir? Oder muss ich zu einer deiner Aufführungen ins Tanzhaus NRW kommen? Wie finde ich dort raus, wer du bist? Winkst du mal kurz von der Bühne? Ich tanze auf keinen Fall mit, ich bewundere aber gerne alle die, die das können.
Bis dann
Gerhard

Bewerbung als Regisseur!
Wer mit Rita Hayworth ins Bett möchte, geht mit „Gilda", ihrer berühmtesten Filmrolle, in die Kissen und steht mit Rita wieder auf.

DEIN GESICHT
Ich betrachte dein Gesicht
und erhasche
die Zeichen deiner Träume.
Manchmal lächelst du.

Träumst du dann
von mir?
Lieben GRUSS
Ewald

So liebe Mails bekam ich selten. Dabei wollte ich nur herausfinden, wie viele sich auf ein freizügig gestaltetes Profil melden würden. Ich musste sie alle enttäuschen. Nach dieser netten Erfahrung konnte ich garantiert nicht behaupten:

1. *Nette Männer sind hässlich.*
2. *Schöne Männer sind nicht nett.*
3. *Schöne und nette Männer sind schwul.*
4. *Schöne, nette und Heteromänner sind verheiratet.*
5. *Männer, die nicht so schön, aber dafür nett sind, haben kein Geld.*
6. *Männer, die nicht so schön sind, dafür aber nett sind und Geld haben, denken, ihr seid nur hinter ihrem Geld her.*
7. *Schöne Männer ohne Geld sind hinter eurem Geld her.*
8. *Schöne Männer, die etwas nett sind und zumindest teilweise hetero, finden euch nicht hübsch genug.*
9. *Die Männer, die euch schön finden, außerdem Geld haben und hetero sind, sind Memmen.*
10. *Männer, die einigermaßen gut aussehen, nett sind und Geld haben und Gott sei Dank hetero sind, sind schüchtern und werden euch niemals als Erstes ansprechen.*

11. *Männer, die nie! den Anfang machen, werden automatisch das Interesse an euch verlieren, wenn ihr die Initiative ergreift ...*

Aber was blieb mir anderes übrig, als die Initiative zu ergreifen und ein neues Profil mit anderem Bild zu erstellen, um nicht als Urheberin erkannt zu werden?

Ein redlich Wort macht Eindruck – schlicht gesagt

Deshalb musste ich Stil und Form ändern. Unter dem neuen Profil Schwalbe gab es wieder regen Zulauf. Das Sexuelle in dem Text war den Männern sehr genehm und anregend zweideutig.

Profil Schwalbe

Motto:
Bin wie eine Schwalbe, suche den Süden und die Wärme. Warte auf den richtigen Fluggefährten.

Was macht Ihre/n Traumfrau/mann aus?
Mein Traummann muss mir auf dem großen Flug folgen können und frei sein. Frei sein für die Liebe in gegenseitiger Achtung. Frei für das große Abenteuer der Seele. Frei für die Lüste des Körpers.

Was ist Ihnen wichtig in einer Beziehung?
Wichtig sind die täglichen Berührungen aller Art.

Was bedeutet für Sie Erfolg?
Erfolg ist oft der Anfang vom Ende. Frei sein ist alles. Frei für den großen starken Flügelschlag eines großen Vogels, der mit auf die Reise geht. Denn Schwalben sind zart, und ab und zu braucht man einen starken Vogel zur Begleitung. Und zu schnäbeln ist „nicht nur" Zeitvertreib.

Also sagt, Toren, was ihr wollt: Wissen ist was wert!

In manchen Fällen musste ich mein jetzt schon erlerntes Wissen im Chat einsetzen. Als Frau sollte man gewitzt im Schreiben sein und auch manchen flegeligen Puff einstecken können. Nie die weinerliche Zimperliese sein und nach Mama rufen. Wenn man seinen Text etwas erotisch verbrämt präsentiert hatte, vergingen die Herren vor Neugier.
Unter diesem Aspekt erschuf ich ein neues Profil – *Kleopatra33*. Kleopatra, bekannt als männermordende Frau, wurde in einem Filmklassiker dargestellt von Elizabeth Taylor, ihren Lover spielte Richard Burton. Ich war bestimmt nicht mit der Taylor zu vergleichen, geschweige denn zu verwechseln. Aber die Fotos, die von mir zu sehen waren, sahen ganz nett aus.
Ein Beispiel mit einem Kandidaten, der mir bei meinem neuen Profil schon öfter über die Computer-Maus gelaufen war.

Kleopatra33 (14:25 Uhr):
Keine am Angelhaken,
Mann, immer noch solo

Kleopatra33 (14:25 Uhr):
Der Sonntag ist doch ergiebig

Arno_52 (14:26 Uhr):
Ja, ich warte noch ...

Kleopatra33 (14:27 Uhr):
Dürften doch schon ein Dutzend in deinem Kästchen sein

Kleopatra33 (14:27 Uhr):
Bist doch pausenlos unterwegs

Kleopatra33 (14:27 Uhr):
Haben andere denn schon bemerkt, wer du bist ... nach dem Motto: Hallo, ich bin der Sven aus Wuppertal ...

Arno_52 (14:28 Uhr):
Aber sicher doch

Kleopatra33 (14:28 Uhr):
Und wie reagieren die?

Kleopatra33 (14:28 Uhr):
Das Alter stimmt doch nicht

Arno_52 (14:29 Uhr):
Sehr positiv ...

Kleopatra33 (14:29 Uhr):
Und keine Reaktion

Kleopatra33 (14:29 Uhr):
Immer noch nach dem ultimativen Kick suchen

Kleopatra33 (14:30 Uhr):
Keine Hobbys …

Kleopatra33 (14:30 Uhr):
… außer Computer

Arno_52 (14:30 Uhr):
Ich habe es doch nicht eilig …

Kleopatra33 (14:30 Uhr):
Vielleicht mal ein neues Gedicht auswendig lernen

Kleopatra33 (14:30 Uhr):
Doch der Druck ist groß, merkt Frau doch!
Oder bist du ruhiger geworden?

Kleopatra33 (14:31 Uhr):
Ist die so genannte Altersweisheit eingetreten?

Arno_52 (14:31 Uhr):
Ich war immer schon ruhig …

Kleopatra33 (14:31 Uhr):
Ha, ha, ha

Kleopatra33 (14:32 Uhr):
Wenn man über 60 ist, kann ich mir das vorstellen

Kleopatra33 (14:33 Uhr):
Man geht so auf die Rente zu

Arno_52 (14:35 Uhr):
Ei jeh, und jetzt ist alles aus bei dir?

Kleopatra33 (14:35 Uhr):
Nein, ich habe alles, was ich brauche

Kleopatra33 (14:35 Uhr):
Mein Buch ist fertig

Kleopatra33 (14:35 Uhr):
Eine Verlegerin und eine Lektorin habe ich auch

Arno_52 (14:36 Uhr):
Na also, alles bestens!!!

Kleopatra33 (14:36 Uhr):
Das zweite Buch wird in den nächsten Tagen angefangen

Kleopatra33 (14:36 Uhr):
Aber es ist keine Gedichtsammlung

Kleopatra33 (14:36 Uhr):
Und Männer stehen genügend in der Tür

Arno_52 (14:37 Uhr):
Du Glückliche …

Kleopatra33 (14:37 Uhr):
Das Glück kommt nicht von allein

Kleopatra33 (14:37 Uhr):
Man muss etwas tun dafür, und du, Rumpelstilzchen …

Kleopatra33 (14:38 Uhr):
… keine passende Frau gefunden? Sonst gäbe es doch kein zweites Profil.

Arno_52 (14:39 Uhr):
Das stimmt, und was machst du mit den Männern, die in der Tür stehen?

Kleopatra33 (14:39 Uhr):
Morgen treffe ich einen …

Kleopatra33 (14:39 Uhr):
… und am Ende der Woche kommt ein Prof. und besucht mich

Kleopatra33 (14:39 Uhr):
… mal sehen

Arno_52 (14:39 Uhr):
Und warum nicht heute?

Kleopatra33 (14:40 Uhr):
Heute sitze ich und arbeite

Arno_52 (14:40 Uhr):
Kennst du den Prof. schon?

Kleopatra33 (14:40 Uhr):
Muss Gerichtsbriefe zusammenstellen

Kleopatra33 (14:40 Uhr):
Ja, per Telefon und seine Vita

Kleopatra33 (14:40 Uhr):
Ist im Moment in Berlin, er war lange im Ausland

Arno_52 (14:41 Uhr):
Sehr schön, werdet ihr vögeln?

Kleopatra33 (14:41 Uhr):
Wenn wir uns mögen, warum nicht?

Kleopatra33 (14:41 Uhr):
Aber ich nenne das nicht vögeln

Kleopatra33 (14:41 Uhr):
Also doch ein Defizit?

Arno_52 (14:41 Uhr):
Sondern?

Kleopatra33 (14:42 Uhr):
Ich nenne das die Vollendung des Sich-Mögens

Arno_52 (14:42 Uhr):
Ich weiß doch, dass du ein Defizit hast, ist doch nicht schlimm..........

Kleopatra33 (14:42 Uhr):
Ich glaube, das Thema hatten wir beide schon einmal

Kleopatra33 (14:42 Uhr):
Erst einmal kennen lernen,
und dann geht alles seinen normalen Gang

Arno_52 (14:43 Uhr):
Morgen auch bei dem Date?

Kleopatra33 (14:43 Uhr):
Ich glaube, dass dein Defizit größer ist als meins

Kleopatra33 (14:43 Uhr):
Nein, das ist ein Freund …

Kleopatra33 (14:43 Uhr):
… kein zukünftiger Partner

Arno_52 (14:43 Uhr):
Wird wohl stimmen .....

Kleopatra33 (14:43 Uhr):
Eben ist auch ein Freund gegangen, mit dem ich ein Buch mache, habe schöne Fischsuppe gekocht, lecker …

Kleopatra33 (14:44 Uhr):
... und wir sind Texte durchgegangen

Arno_52 (14:44 Uhr):
Freunde sind etwas sehr Schönes ...

Kleopatra33 (14:45 Uhr):
Und welche Freundinnen suchst du immer noch?

Kleopatra33 (14:45 Uhr):
8-mal am Wochenende

Kleopatra33 (14:45 Uhr):
Sex ...

Arno_52 (14:45 Uhr):
Nun, halt eine Freundin ...

Kleopatra33 (14:45 Uhr):
... vom Feinsten

Kleopatra33 (14:45 Uhr):
Eine Freundin, Partnerin oder nur ONS, wie es im Chat stand?

Arno_52 (14:45 Uhr):
Du?

Kleopatra33 (14:46 Uhr):
Wir würden uns nur hacken

Arno_52 (14:46 Uhr):
Du hattest 8-mal Sex dieses Wochenende?

Kleopatra33 (14:46 Uhr):
Aber das war doch dein Schlagwort!

Arno_52 (14:46 Uhr):
Und mit wem?

Kleopatra33 (14:47 Uhr):
Frauen können besser damit umgehen

Kleopatra33 (14:47 Uhr):
Darüber schweigt der Genießer

Arno_52 (14:47 Uhr):
Das ist schön für dich! Wie viele hast du denn?

Kleopatra33 (14:48 Uhr):
Das große Schweigen tritt hier ein

Arno_52 (14:48 Uhr):
Und wer hat am besten geleckt?

Kleopatra33 (14:49 Uhr):
Das ist Intimität, mein Herr

Arno_52 (14:49 Uhr):
Na gut ...

Kleopatra33 (14:49 Uhr):
Nicht gut

Kleopatra33 (14:49 Uhr):
Ich dachte, dass du dazugelernt hättest

Arno_52 (14:50 Uhr):
Nein, habe ich nicht

Arno_52 (14:51 Uhr):
Lies einfach mal mein Profil

Kleopatra33 (14:51 Uhr):
Woher kam dann das Bild?

Arno_52 (14:52 Uhr):
?????

Kleopatra33 (14:52 Uhr):
Wem sitze ich auf? Rumpelstilzchen?

Arno_52 (14:53 Uhr):
Möchtest du gerne darauf sitzen?

Kleopatra33 (14:53 Uhr):
Oder?

Kleopatra33 (14:54 Uhr):
Ich sehe, dass der Druck wieder groß ist, und verlasse dieses eben fast noch gastliche Haus

Kleopatra33 (14:54 Uhr):
Es hat sich nichts geändert, was soll Frau im Alter über 60 auch erwarten.

Kleopatra33 (14:55 Uhr):
Weisheit?

Kleopatra33 (14:55 Uhr):
Ich sag mal bye und schicke noch ein nettes Gedicht vorbei

Arno_52 (14:55 Uhr):
Dann alles Gute heute ....

Kleopatra33 (14:55 Uhr):
Bis dann und viel Spaß allein im Bett

Arno_52 (14:56 Uhr):
Danke, so wird es sein!!!

Genießen wollte auch ein verheirateter Mann, der mein Profil *Kleopatra33* anklickte. Der verheiratete 61-jährige *Schnüffel 75* fand: *Frauen sind was Wunderbares,* und suchte so nebenbei etwas *Unterhaltung.* Bei der Frage *Was macht Ihre Traumfrau aus?* definierte er das genau:
Intelligent, humorvoll, gut gebaut (eher ein paar Kilo zu viel als zu wenig), kreativ, mutig, diskret, warm, weich und kuschelig. Sie sollte zumindest gelegentlich nachmittags Zeit haben. Da ich verheiratet bin (seit 33 Jahren) und dies auch zu bleiben gedenke, ist äußerste Diskretion erforderlich. Aufgrund der langen Ehe hat sich unser Verhältnis immer mehr in eine reine Freundschaft verwandelt, was ja im Prinzip sehr positiv ist, aber seit zehn Jahren fehlen mir die Schmetterlinge, was insofern zu diesen Aktivitäten führt. Ich strebe

eine Beziehung im „Wolkenkuckucksheim" an – auf absolut offener und ehrlicher Basis, die so lange währt, wie beide wollen. Solltest du auf den „Ultimativen" stoßen, ziehe ich mich sofort zurück, so sehr das auch schmerzen mag. Ich weiß, wovon ich rede, ich spreche aus Erfahrung …

Dazu fiel mir folgender Spruch ein: *Wer es mag, mag es mögen!*

Mit solchen Männern hatte auch ich so meine Erfahrungen gemacht. Für diejenigen, die Erfahrung mit gebundenen Männern suchten, stand noch ein Exemplar zur gefälligen Auswahl. Sein Angebot:
Genießer sucht Genießerin … Schauen wir mal, was so passiert … Bist du etwas älter und ein wenig molliger, umso schöner und kuscheliger … Ist aber keine Bedingung. Es sollte einfach „klick" machen, wenn wir uns in die Augen schauen :-). Foto gibt es auf Anfrage.

Und die Highlights aus seinem Angebot hatten fast denselben Tenor:
Was macht Ihre/n Traumfrau/mann aus?
Es muss einfach beim ersten Blick klick machen. Kein bestimmter Frauentyp, aber gern ein paar Kilos zu viel, zärtlich, romantisch, humorvoll, tolerant. Ich suche hier nicht die Frau fürs Leben, sondern eine Frau, die das Leben genießen möchte und mal Abwechslung vom Alltag sucht. Du kannst gern gebunden sein, und es sollte dich nicht stören, dass ich gebunden, aber eben nicht gefesselt bin. :-))

Wichtig sind mir Sexualität, Zärtlichkeit, Spaß, Toleranz. Ich möchte dich gern richtig schön verwöhnen, denn es gibt nichts Schöneres, als eine „schnurrende Frau“ im Arm zu halten und sie immer wieder aufs Neue zu stimulieren. :-)) Ich knutsche gern, und auch ansonsten mag ich ausdauernde Zungenspiele ... Irgendwie muss man(n) doch die körperliche Überlegenheit der Frau in puncto Ausdauer ausgleichen, oder ?? :-))

Manchmal kommt es mir so vor, als würde es den Männern schwer fallen, die Überlegenheit der Frau zu akzeptieren, nicht nur auf der körperlichen Ebene.
Sollten Frauen diesen Mann, der sich nach einer stoppelhaarigen Comicfigur aus der HÖR ZU nennt, akzeptieren? Die Entscheidung überlasse ich dem Leser.
Suche Partnerin (Single, verheiratet, gebunden, verwitwet) für dauerhafte stressfreie Zweitbeziehung für die schönsten Momente im Leben (gegenseitige Zärtlichkeiten und mehr, getrennt wohnen), auch gern älter, mit mehr Oberweite. Es kommt nicht auf irgendeine Äußerlichkeit (wie Haar- oder Augenfarbe, Kleidergröße- oder -stil, Aussehen, Einkommen), sondern sympathische Ausstrahlung an.
Eine Sie wird gesucht, die in ihrem Lebensumfeld bleiben möchte und nicht nach einem neuen Lebensabschnittspartner sucht, sondern in einer Zweit-/Nebenbeziehung den Bodytouch finden möchte, den sie in ihrem alltäglichen Leben nicht bekommt (bekommen kann) und zur körperlichen Entspannung vermisst. Wichtig ist, so viel Vertrauen in einer auf Dauer angelegten Partnerschaft aufzubauen, dass sich beide Part-

ner fallen lassen, aber auf den anderen verlassen können (aber kein Klammern oder Besitzanspruchsdenken).

Manche Kinderstuben waren feucht!

In vielen Fällen fragte ich mich, ob bei solchen Angeboten das Geld für den Puff gespart werden sollte. Eine andere Erklärung gab es für mich langsam nicht mehr. Den Puff oder die Sextalkline sparen wollte sich auch *setgames*.

setgames (23.40 Uhr):
Na, Lust auf ein richtig heißes Gespräch und einen himmlischen, gemeinsamen Orgasmus?

Kleopatra33 (23.40 Uhr):
Verpiss dich!

setgames (23.40 Uhr):
Welch gute Kinderstube!

Kleopatra33 (23.40 Uhr):
Du aber auch

setgames (23.41 Uhr):
Ich habe einfach nur eine Frage gestellt ... ein „nein, danke" hätte völlig gereicht!

Kleopatra33 (23.41 Uhr):
Die war so beschissen, wie man nur einer Frau, die erwachsen ist, eine Frage stellen kann!

setgames (23.43 Uhr):
O. k., mach's gut, OMA!

Kleopatra33 (23.44 Uhr):
Danke, Kind!

Wer solch eine unverschämte Frage stellte, durfte sich nicht wundern, wenn er eine passende Antwort bekam. Manche Männer im Netz hatten anscheinend keine gute Kinderstube genossen. Seine weiteren Mails bestätigten meine Meinung.

setgames:
Komisch, erst meint sie, mir verbale Backpfeifen erteilen zu müssen, und dann ist sie ständig auf meinem Profil!!??

Auf dem Profil war ich aber nur, um mir den Chat zu kopieren, was setgames ja nicht wissen konnte.

setgames:
Jetzt versteh ich gar nichts mehr …

Kleopatra33:
Ich speichere mir solche sinnigen Anfragen wie von Ihnen. Es war zu schön. Sie bieten mir Onlinesex und einen gemeinsamen, himmlischen Orgasmus an. Ich antworte heftig, und Sie sind beleidigt. Man bietet einer

Frau nicht solchen Unsinn an, die ein wenig mehr IQ hat als Sie. Das kann man schon dem Profil entnehmen. M.

setgames:
Quod erat demonstrandum!!!
By the way … gute Frau, ich bin mir sicher, du kannst mir nicht mal ansatzweise das Wasser in Bezug auf den IQ reichen!!! Und wenn es so wäre, es würde mich für dich freuen. Zu deinem Verständnis (sorry, es ist Usus, dass sich hier die Menschen nicht siezen): Sex, Anrüchigkeit, Feeling und sogar manchmal „plumpe Anmache“ haben nicht im Geringsten etwas mit IQ zu tun. Und daran bemessen zu wollen, dass du mir angeblich überlegen bist, zeugt nicht unbedingt von geistiger Stärke.
Dennoch ein schönes WE für dich.
M.

Kleopatra33:
Mich widert es an, wenn ein erwachsener Mann eine Frau auf diese Art und Weise anmacht. Haben Sie das eigentlich verstanden? Es ist „pervers“. Kapiert? Sie finden Eingang in mein Buch. Der Name wird selbstverständlich geändert. Keine Angst. M.

setgames:
Ich möchte lediglich den Ausgang finden, sowohl bei dir als auch in dem Buch!!!

So weit das Benehmen von schlecht erzogenen jungen Männern. Beim Aufschreiben klickte ich noch einmal sein Profil an und fand:
Dieses Profil existiert nicht mehr, da die Mitgliedschaft beendet wurde. Sind Sie neugierig, wieso dieses Mitglied gekündigt hat? Dann schauen Sie doch mal in unserem Menüpunkt „Verliebt & vereint“, vielleicht steht dort schon die Liebesgeschichte der erfolgreichen Partnerfindung.

Ich glaubte nicht, dass *setgames* eine Partnerin gefunden hatte, sondern vermutete eher, dass ihn eine Kandidatin wegen unmoralischer Angebote sperren ließ.

Die Damen, die es exklusiv lieben, finden vielleicht Gefallen an diesem Mann:

Eher Prada als Peek + Cloppenburg?
Eher Todt`s als Deichmann?
Eher Bulgari als Tissot?
Eher Loft als 2 Zi./KDB?
Eher individual als pauschal?
Eher Centurion als Visa?
Eher The Leading Hotels of the World als Etap?
Eher italienisch dinieren als Fritten rot/weiß essen?
Eher Gespräche als Fernsehen?
Eher Zärtlichkeit und Empathie als hoppla, jetzt komm ich?
Eher Lust auf Lust als Frust?
Eher heimlich begehrt als vermeintlich öffentlich geliebt?
Eher more nights als One-Night-Stand?

Eher diskret als posaunend?
Eher Alphamann als gar keinen Dialog?
Eher mal was nachdenken, als den Dialog verpassen?

... dann freut sich ein 39-jähriger, 193 cm großer Mann auf gerade Ihre Kontaktaufnahme!

Ein Unglück kommt selten allein!

Einen erneuten Kontaktversuch startete Winne bei mir, weil er mich mit meinem Profil nicht wiedererkannte. Ich allerdings hatte seinen langatmigen Krankheitsreport noch in schlechter Erinnerung. Er hatte sein Profil geändert, und nichts wies auf seine persönlichen Schwierigkeiten hin.

Alter: 56 Jahre
Beruf: Digitalzausel

Motto: *Nichts geht über das laute gemeinsame Lachen mit einer Freundin und Gedanken an meinen Nick.*

Was macht Ihre/n Traumfrau/mann aus?
*Sie schreibt mir spontan an Winne bei w*e*b.d*e*
allerbeste Freundin und Freund
schlank und/bis fraulich, herzlich, gütig, geistvoll, spontan, humorvoll, leidenschaftlich, anregend, Familiensinn, kreativ, liebenswert, (be-)sinnlich
Was ist Ihnen wichtig in einer Beziehung?
mit Partnerin emailen ggg an winne, alles,
vor allem harmonische und kreative Auseinanderset-

zungen, Ideen, nie Stillstand!!!
respektvolles MITeinander, Wahrhaftigkeit

Welches Sternzeichen haben Sie?
Wassermann mit Aszendent Wassermann
Mars + Merkur + Venus auch im Wassermann
Mond im Krebs
chin.: Erd-Büffel + Asz. Drache
Aquarius in höchster Potenz

Lesen Sie gerne? Welches sind Ihre Lieblingsbücher?
kein Lateinbuch!!!
(Die Schulmisere kennen wir ja schon zur Genüge)

Fachbücher
Magazine
Kriminalromane, Reiseberichte
Lieblingsbuch „Adenauer – Memoiren" von Karlchen Schmitz

Welche drei Dinge würden Sie mit auf die „einsame Insel" nehmen?
allerbeste Freundin

Exotik
Verhütungsmittel
Verkehrsschilder
Türspion
Parkuhren
Knöllchenblock für Parksünder
duales Zählsystem
den Weinkanister vom Foto in Australien

Können Sie kochen?
klar, eines meiner Hobbys
auch meine 30-Grad-Wäsche

Was gibt es bei Ihnen zum Frühstück?
dich, mich, eiweißreiche Kost ggg
je nach Stimmung
Sonst noch Fragen?

Was ist Ihnen peinlich?
nix, doch: Dummheiten

Ich entschied mich, auf den Mann zu verzichten und ihn anderen Frauen zu überlassen. Stattdessen hätte ich lieber das Gedicht von *Sorgenboy* bekommen:
Ich möchte dich lieben, ohne dich einzuengen,
dich wertschätzen, ohne dich zu bewerten,
dich ernst nehmen, ohne dich auf etwas festzulegen,
zu dir kommen, ohne mich dir aufzudrängen,
dich einladen, ohne Forderungen an dich zu stellen,
dir etwas schenken, ohne Erwartungen daran zu knüpfen,
von dir Abschied nehmen, ohne Wesentliches versäumt zu haben,
dir meine Gefühle mitteilen, ohne dich für sie verantwortlich zu machen,
dich informieren, ohne dich zu belehren, dir helfen, ohne dich zu beleidigen,
mich um dich kümmern, ohne dich verändern zu wollen, mich an dir freuen, so wie du bist.
Wenn du auch so handeln kannst, dann können wir uns begegnen und uns gegenseitig bereichern.

Das wäre doch mal ein Anfang für eine neue Beziehung, meinte Katrin ironisch.

Vielfältige Spiele suchte wiederum ein 35-Jähriger aus Braunschweig mit dem Pseudonym *Gespielin* her zu mir:
Eine Gespielin für kreative, niveauvolle Beschäftigungen zu finden, ist mein Ziel. Ich lebe nicht in einer Beziehung und suche hier auch keine. Vielmehr habe ich vor, hier eine sympathische Frau zum Spielen zu finden, wobei die Art dieser Spiele äußerst vielfältig sein kann. Die Hauptsache ist, dass es beiden Vergnügen bereitet, nicht wahr? Wer möchte hierfür schon zahlen, wenn wir auch ganz einfach so in Verbindung treten können?

Glaubt dieser Mann, den Liebeslohn nicht bezahlen zu müssen? Verständlich ist, dass dieser höher wäre als der Beitrag bei *FS*. Vermutlich hatte dieser Mann den Werbeslogan *Geiz ist geil* verinnerlicht. Aber Kreativität und Niveau hatten ihren Preis.

Der Appetit kommt beim Essen

Überspanntes Beantworten der Fragen ist bei Datingfirmen an der Tagesordnung. Die Anonymität des Internets verführt Männer wie Frauen, sich hinter ihren Pseudonymen zu verbergen. Sie versuchen zu kompensieren und können ihrer Phantasie freien Lauf lassen.

Ein Beamter gestand: *Hier kann ich die Sau rauslassen. Im Beruf darf ich das nicht.*
Ein Versicherungsangestellter aus Düsseldorf hatte den ganzen Tag Zugriff auf das Internet und wollte sich seine Mittagspause versüßen. Ein 36 Jahre alter Angestellter sucht etwas für zwischendurch, wie er sich ausdrückte. Da ich schon mal von ihm heimgesucht wurde, kannte ich seine Mätzchen schon. Damals wollte er sich mit mir am Flughafen treffen, um dort ein Hotel aufzusuchen. Wahrscheinlich achtete er nicht auf die Profilnamen, sondern nur auf das Alter der Kandidatinnen. Mit der Masche, *suche die reife Frau, die weiß, was sie will*, versuchte er sein Glück bei mir.

sucheMLF (11:48 Uhr):
Hi, bist du erotisch spontan, bin der Hans

Marie_Louise (11:49 Uhr):
Ja und? Du meinst, du möchtest in der Mittagspause was Erfrischendes?

……… … ……………………………… *Pause* ……

Marie_Louise (11:50 Uhr):
Hallo, eingeschlafen?

sucheMLF (11:50 Uhr):
Ja, bin da, wo bist du?

Marie_Louise (11:50 Uhr):
464466

sucheMLF (11:51 Uhr):
178 cm,18 cm, 68 kg, dunkelbraune Augen, kurze Frisur, in D'dorf

Marie_Louise (11:51 Uhr):
Bitte die Frage beantworten

sucheMLF (11:51 Uhr):
Wo wohnst du denn?

Marie_Louise (11:51 Uhr):
Und was ist gefragt?

sucheMLF (11:51 Uhr):
Welche?

Marie_Louise (11:51 Uhr):
Habe ich schon gesagt

sucheMLF (11:51 Uhr):
In der Mittagspause, ja

Marie_Louise (11:51 Uhr):
Was möchtest du?

sucheMLF (11:52 Uhr):
Alles, was Spaß macht

sucheMLF (11:52 Uhr):
Hab 'ne flinke Zunge, und 'nen geilen, langen, dicken Schwanz

Marie_Louise (11:52 Uhr):
Such dir 'ne Nutte und bezahl die

sucheMLF (11:52 Uhr):
178 cm,18 cm, 68 kg, dunkelbraune Augen, kurze Frisur

sucheMLF (11:52 Uhr):
Und selber, was willst du?

Dich nicht, war meine Antwort. Aber ich verlangte die Sperrung des Profils.

Probieren geht über Studieren

Das gleiche Schicksal widerfuhr auch *Bärli*.

Bärli (23:53 Uhr):
Hallo, mein Name ist Michael, bin gepflegt und möchte dich verwöhnen. Deine geheimen Träume wecken! Deine Muschi mit der Zunge zum Orgasmus bringen. Darfst auf meinem rasierten Schwanz reiten und dich glücklich machen! Probiere es aus!!!

Genau so wenig ausprobieren, wie *Bärli*, wollte ich *Flinke Zunge*:

Sein Motto:
Alles eine Frage der Technik ... Flinke Zunge gefragt und ein schöner Fleischlolli? Dann einfach einen Flirtkontakt schicken ... ich verwöhne dich – gern auch älter – in unnachahmlicher Weise ... Freue mich schon darauf, an dir rumzuknabbern!

Selbst als Herr *Freud* mir zum dritten Mal begegnete, wollte ich nichts mit ihm zu tun haben. Seine Wünsche äußerte er diesmal anders:
Liebe Frauen ab 40, die ihr berechtigterweise unzufrieden seid mit den real existierenden Männern, versucht es doch mal mit einem Paar.
Sie, 50, klug und sinnlich, mit Spaß an Mann und Frau, und Er, 52, nachdenklich, entspannt, gierig, beide

interessiert an Leib und Seele und Verstand, freuen sich auf eine neugierige Sie.

Unter einem anderen, neuen Profil klickte er mich an, da er mit mir plaudern wollte, und tat auf gütig. Meine Antwort war kurz: *Keine Patienten zur Zeit*? Sofortige Funkstille. Sein Interesse an mir war erloschen, meins war sowieso gleich null. Sex auf Krankenschein war nicht mein Ding.

Und was geschah an einem schönen Frühlingssonntagmorgen im März? Freud war wieder unterwegs und wie immer nicht sehr einfallsreich:

Freud (10:14 Uhr):
Guten Morgen, Sarah. Wenn mein Profil deine Neugier weckt, dann plaudere mit mir.

(Diese Variante hatte ich schon dreimal.)

SarahVaughn (10:15)
Immer derselbe Text, keine Phantasie?

SarahVaughn (10:16 Uhr):
Nie zufrieden mit dem Dreier?

SarahVaughn (10:17 Uhr):
Nun, keine Antwort ist auch eine. Feigling!

Freud (10:17 Uhr):
Deine ersten beiden Nachrichten verstehe ich ja. Aber was meinst du mit der dritten?

SarahVaughn (10:17 Uhr):
Deinen Dreier, den du dir wünschst, mit Zuschauern!

SarahVaughn (10:18 Uhr):
Schon vergessen? Kurzes Gedächtnis und dann Psychotherapeut!

Freud (10:18 Uhr):
Als ich meine Antwort schrieb, kam deine vierte. Ja, ich verstehe die Wörter, aber nicht den Sinn. Wieso unzufrieden mit dem Dreier?

SarahVaughn (10:19 Uhr):
Gut zuhören. Ich brauche es nicht. Sie brauchen wohl den Dreier.

Freud (10:20 Uhr):
Klare und präzise Ausdrucksweise ist nicht gerade deine Stärke.

SarahVaughn (10:21 Uhr):
Doch schon, aber Sie widern mich an.
Ich glaub, ich schreib doch einmal an Ihre Vereinigung der Therapeuten.

Flugs hatte ich ihn mit einem Mausklick gesperrt, damit er nie wieder mein neues Profil anklicken konnte. Danach schaute ich mir erst einmal seinen neu formulierten Text an:
Liebe Frauen ab 40, die ihr berechtigterweise unzufrieden seid mit den real existierenden Männern, versucht es doch mal mit einem Paar.

Sie, 50, klug und sinnlich, mit Spaß an Mann und Frau, und Er, 52, nachdenklich, entspannt, gierig, beide interessiert an Leib und Seele und Verstand, freuen sich auf eine neugierige Sie.

Bis dahin war der Text mit der vorherigen Anzeige identisch. Aber dann ging es los. Jetzt sollte die Leserin ob ihrer natürlichen Abwehrreaktionen verunsichert werden:
Wenn nun, nach dem Lesen dieser Zeilen, dem Pawlow'schen Reflex gleich, in euch ein „Nein" auftaucht, dem ihr mit „Ich teile nicht!!!", „Ein flotter Dreier kommt für mich nicht in Frage!!!", „Ich brauche einen und keine zwei!!!" u. Ä., versehen mit mehreren Ausrufezeichen, Ausdruck verleiht, als sei es eine Zumutung, euch ein solches Angebot zu unterbreiten, dann bitte ich um ein Innehalten, einen bewussten Moment der Nachdenklichkeit: Wollt ihr diesem Reflex, der den Vorgaben von Mama und Papa entspricht, weiterhin gehorsam folgen oder, gemäß euren eigenen Aussagen, dass ihr zu neuen Ufern aufbrechen wollt, neugierig seid, Stillstand verabscheut, euch entwickeln wollt, einmal in Ruhe überlegen, ob ihr in unserem Angebot etwas Positives erahnen könnt.
In Zeiten, in denen DER RICHTIGE UND EINZIGE *noch nicht als Lichtgestalt am Horizont aufgetaucht ist, sind wir als auch* RICHTIGE *eine erstrebenswerte Alternative: gesprächsbereit für Ernstes, Tiefes und Heiteres, angenehm zum Anschauen und Anfassen, sanft, gierig und geil.*
Wir sind eine Bereicherung.
Also: in die Hände gespuckt und ran.

Beinhart wie ein Rocker, beinhart wie ein Chopper ... beinhart geht das ab hier

Meine erstrebenswerte Alternative war die Sperrung! Ebenso bei *GönnersuchtPaar*:
Hallo, ich bin jung, gut aussehend, sportlich, kultiviert und wohlhabend.
Auf diesem Weg möchte ich eine lang gehegte und bislang nicht ausgelebte Phantasie Wirklichkeit werden lassen.
Ich suche ein Paar, das mir gegen eine äußerst großzügige (!) Aufwandsentschädigung erlaubt, an ihrer Intimität für einen Abend teilzunehmen, in niveauvoller Atmosphäre ... ich möchte lediglich zuschauen, wie ihr es treibt, mit euch Champagner trinken, Spaß haben.
Bin neugierig auf euch! Auch vorheriges Kennenlernen zum Abchecken von Sympathie möglich.

Auf das Abchecken verzichtete ich kommentarlos.
Ein Blick in das Profil von *Kometvenus* sagte mir, dass es auch hier besser wäre, die Finger von ihm zu lassen, auch wenn er unbedingt mit mir kontakten wollte:

Komet sucht Venus ... Traumfrauen gibt es doch nur im B-Movie ...
Komet sucht Venus, eine sinnliche Geliebte, eine leidenschaftliche Venusianerin, um den Traum vom Planeten der Liebe, Lust und Leidenschaft zu erforschen ...

Eine Liebhaberin sinnlicher und erotischer Genüsse, mit romantischer Ader, mit Charme, Esprit und Intellekt ...
eine Gespielin, offen für das Erkunden geheimer Sehnsüchte, lüsterner Träume und Begierden, für das Erleben sinnlicher Freuden und erotischer Raffinesse, mit allen Sinnen für das Spiel der Spiele ...
eine Genießerin mit Feuer, Flamme, Herz und Verstand, Toleranz ...
eine erfahrene und weltoffene Liebhaberin frei von Eifersucht und Besitzansprüchen, fernab von Beziehungskisten und „Szenen einer Ehe" ... einfach bereit zum Geben und Nehmen ...
Komet sucht Venus zum Pflücken der schönen Dinge des Lebens

Was ist Ihnen wichtig in einer Beziehung?
Liebe, Lust und Leidenschaft, Erotik, Sex und all die schönen Dinge, Toleranz, Vertrauen, Geben und Nehmen, Charme und Intellekt, Kometen mögen aber keine Beziehungskisten mit Eifersucht, Besitzansprüchen und und und

In dieselbe Kategorie war *Domtoy* einzuordnen:
Sie ist selbstbewusst, niveauvoll und attraktiv. Wir ergänzen uns gegenseitig, weil sie es gerne hat, wenn ich ihr sage, was sie machen soll. Sie weiß, dass sie manchmal nicht alles richtig oder gut macht, und dann ist sie froh, wenn ich ihr das sage und sie auch meinen Unmut spüren lasse. Manchmal bettelt sie sogar darum. Wir wollen uns ja beide weiterentwickeln und ganz viel lernen, schließlich sind wir sehr neugierig. Sie ist manch-

mal „gefesselt“ von dem, was passiert, auch wenn sie es nicht sehen kann. Dafür spürt sie es, und manchmal kann sie dabei gar nicht ganz still bleiben, weil es doch etwas schmerzt ... alles klar!? :o))
Sie weiß, was sie will!! Sie kann mir an Domtoy eine Mail schreiben, weil sie hinter dem ätttt noch den Anbieter setzt.

Im Chat wimmelt es nur so von solchen Beispielen. Wenn Sie sich auf das Internet und die Datingfirmen einlassen, werden Sie – je nach Stimmung oder persönlicher Neigung – lachen oder weinen oder den Kopf schütteln können.

Selbst bei *Parship* schrieb mir ein 73-jähriger Mann aus der Schweiz, bei Was meine Partnerin über mich wissen sollte: *Ich liebe die Erotik-Kultur*! Und *Parship* fand diesen Satz in Ordnung.

Vieles wird wird im Chat schöngeredet – sei es die Ausbildung, das Verhalten oder das Aussehen. Oft geben Kandidaten in ihren Mottos gern ihre Vorlieben preis, wie dieser Musiker und Komponist aus dem Raum Essen:
Was wären wir ohne Musik? Auch der Sex ist mit Musik viel schöner. Aber dies ist kein Motto, eine Erfahrung und Meinung. Die Männer scheinen sich ja hier viel mehr zu trauen als sonst! Traust du dich auch? Dann trau dich doch mal, einem Mann hier zu sagen, wozu er noch nie den Mut hatte! Also trau dich, Weib und Frau, Hure oder Heilige! Da ich meine Goldkrone verloren habe, bitte anklicken. Wenn ich nicht sofort

antworte, bitte noch mal versuchen. Ich antworte doch gerne! Nett bin ich auch! Wollen nur ganz wenige hier nicht glauben.

Das war sein Eingangstext, um eine Frau anzulocken. Wenn Psychologen die Texte kritisch betrachteten, würden sicher viele Männer bei ihnen auf der Couch landen.

Wie seine Traumfrau aussehen sollte, kam im nächsten Abschnitt:
Hübsches, anziehendes, aussagekräftiges Gesicht, gut gebaut, mit nicht zu wenig Busen und hübschen Beinen, herzlich und zuverlässig. Wärme und Geborgenheit ausstrahlend, intelligent und kulturell und politisch interessiert, genauso wie ich nicht nach Dominanz strebend, anpassungsfähig, ohne sich selbst aufzugeben, in der Lage, auf den anderen einzugehen, sich um Verständnis wenigstens zu bemühen, das gilt auch umgekehrt. Ehrlich, offen, ohne zu verletzen, humorvoll, rücksichtsvoll im Bett, ebenso zärtlich wie hemmungslos und geil. Meine Mail: Philomen@gmx.de
Wer keine Goldkrone hat wie ich, keine Nachricht selber verschicken kann und auch als Erster nicht verschicken möchte, wohl aber eine Nachricht erhalten möchte, möge bitte bei seinen 25 Fragen seine Mailadresse angeben. Wäre doch so lieb und sinnvoll wie logisch. Und Frauen können, wenn sie wollen, auch logisch sein. Ist doch logisch?

Nach einem Flirtmatch erhielt der Künstler folgende Mail von mir:

Lieber Musikwurm, es wäre schön, von Ihnen zu erfahren, was Sie von mir möchten. ONS, Bekanntschaft oder Partnerschaft? Ich suche einen Partner – wenn´s geht fürs Leben –, nicht nur für eine Aufführung.
Gruß M.

Dieser Künstler machte sich künstlich klein und bedankte sich für meine Reaktion auf ein kleines Würmchen wie ihn:
Ich suche eine Beziehung. Aber man weiß vorher nicht, was aus Kontakten wird. Es kommt so vieles zusammen, wo es stimmen muss für eine Beziehung. Also lernt man etliche kennen, mit manchen ergibt sich eine nette Bekanntschaft oder sogar Freundschaft. Manchmal hat man mit jemandem Sex, sogar sehr schönen, manchmal „nur" einen schönen Gedankenaustausch. Wenn du mehr wissen möchtest, frag mich einfach. Ich beantworte jede(!) Frage, d. h. auch intime! Einen lieben Gruß von …

Bei der zweiten Mail schon Intimes, das war mir zu viel, und ich antwortete ihm nicht.

Lass die Liebe, lass die Liebe aus dem Spiel …

Ein anderer Herr, ein großer Künstler im Umfeld vom Main, meinte, wenn ich nicht sofort spure, müsste ich mal richtig durchgevögelt werden, damit ich wie eine Katze schnurren würde. Das heißt doch nichts anderes als: Frauen wissen nicht, was ihnen Gutes entgeht, wenn man diesen großen Dirigenten nicht erhört.

Absagen können solche Herren nicht vertragen und mit Blickkontakt auf gleicher Höhe nicht umgehen. Beim Empfang solcher Mails sollte man als Frau ruhig mal die rote Karte zücken und dem Mann durch Deaktivierung eine Auszeit gönnen.
Dieser Dirigent tauchte nicht nur bei *Friendscout* auf. Nein, die besseren Karten hatte er bei *Parship*, wo er auch zu finden war. Das Verblüffende: Bei *Friendscout* war er 56 Jahre alt, bei *Parship* Jahrgang 1942. Da trau doch noch einem Mann. Und meistens fühlten sie sich jünger und möchten wohl noch einmal den alternativen Kick erleben. Bei *Parship* stand: *Fünf Worte, um mein Äußeres zu beschreiben: Große stattliche Figur, aber beweglich, mit noch fast vollem Haar, vorzeigbar, meist für Ende vierzig geschätzt, ausdrucksvolle Augen, die schönen Hände eines Musikers.*

Wer da nicht schwach wurde, konnte schon bedauert werden. Zumal er als Zugabe Theodor W. Adorno zitierte:
Geliebt wirst du allein dort, wo du schwach dich zeigen darfst, ohne Stärke zu provozieren!

Obwohl ich inzwischen seit anderthalb Jahren im Chat surfte, hatte dieser für Frauen interessante Mann noch keine Partnerin gefunden.
Kürzlich klickte er mich unter einem anderen Profil wieder an und wollte mit mir kontakten. An den Fotos hatte er mich nicht erkannt, obwohl die gleich geblieben waren. Schließlich hatte ich mich mit ihm ja heftig gestritten. Ich schrieb ihm eine Mail, dass er mir ja ant-

worten könne, wenn er Kontakt möchte. Das unterblieb. Seine neue Weisheit, die unter Adornos Spruch stand, war:
Darin besteht die Liebe, dass sich zwei Einsame beschützen, berühren und miteinander reden.
Von wegen *miteinander reden*!

Ich konnte mir nicht verkneifen, eine weitere Mail zu senden, als der Künstler erneut unterwegs war. Meine Mail lautete frech:
Schade
Lieber Herr Dirigent, Sie werden sicher auch geliebt, wenn Sie Ihr wahres Alter preisgeben würden. M.

Re: Schade
Warum, möchten Sie das so gerne?
Sie kennen meine Phone und können mich jederzeit anrufen.

Re: Re: Schade
Weil Sie, lieber Herr Dirigent, ein an sich interessanter Mann sind und ich mich frage, warum Sie bei dieser Fülle von Angeboten noch nicht die Richtige gefunden haben. Ich selbst habe mein gesamtes Berufsleben in einem Funkhaus verbracht, viel selbst produziert, was im Internet nachzulesen und zu hören ist. Ich kenne den Umgang mit Künstlern, habe viele interviewt und persönlich kennen gelernt. Habe mich in vielen Fällen mit den Eitelkeiten der Interviewten nicht wohl gefühlt und stelle immer wieder fest, dass ich selbst meine Grenzen kenne und nicht eitel zu sein brauche. Dieses Verhalten habe ich beim Umgang mit Prominenten

nicht, weil ich im Alter auch genügend Selbstsicherheit erworben habe. Außerdem kann ich meine Position gut einschätzen. Natürlich weiß ich, was ich zukünftig im Leben möchte. Und ich erwarte eher einen Anruf von einem Mann und nicht umgekehrt. In manchen Dingen bin ich ein wenig altmodisch – nicht bei der Gleichberechtigung und dem Verhalten von Männern. M.

Re: Re: Re: Schade
Sehr verehrte Frau M.,
ich mache keine Kompromisse mehr. Es gibt viele Frauen, die ich kennen lerne, aber es verbietet mir nicht nur die soziale Situation, sondern auch meine „altmodische" Erziehung, Dinge auszunutzen. Da hat sich eine ganz junge Sängerin in mich verliebt, aber ich sage mir und ihr: Zu Hause warten dein Mann, der dich liebt, und deine Kinder. Und niemals zerstöre ich eine Beziehung oder gar Ehe ...
Was ich brauche? Jemand, der mir alles abnimmt, der sich für mich „opfert", im Wagner'schen Sinne: mir durch den Kontakt zu Agenten und Orchestern die Einladung zu Gastdirigaten besorgt, die Gagen aushandelt und sich nicht wie ich bei jedem Gejammer dieser Banditen übers Ohr hauen lässt, der keine Scheu hat, diesen Parasiten der Kunst entgegenzutreten, mir die Fahr- und Flugkarten besorgt, den Frack einpackt und die Wäsche im Schrank sortiert, der mich beschützt vor dem Leben, damit ich es ganz der Kunst weihen kann. Und die Liebe zu dieser Frau käme dann von selbst. Das weiß ich ... Denn körperlich und see-

lisch bin ich nicht nur sehr der Liebe bedürftig, sondern auch fähig. Übrigens bin ich nie eitel gewesen, eher das Gegenteil. Liebe Grüße G.

Re: Re: Re: Re: Schade
Lieber Herr Dirigent, wir hatten ja schon mal einen Anfang gemacht, der allerdings unschön für mich endete, als sie mir klar gesagt haben: „Sie gehören durchgevögelt, dann würden Sie wie eine Katze schnurren." Abgesehen davon hatte ich Ihre Krankheit, eine Operation, nicht bemerkt. Deshalb war ich Ihnen nicht fürsorglich genug. Das hat uns abgehalten, uns weiter zu mailen. Ich bemerke aber, wo und wie Sie suchen, bei Parship und bei Friendscout mit unterschiedlichen Daten. Wie kommt es, dass ein solcher Künstler, der einen guten Ruf hat, außerdem attraktiv für Frauen ist, keine Partnerin findet? Natürlich ist es klar, wenn eine Partnerschaft gelingen soll, dass jeder die Dinge erledigt, die er besser kann. Also den Part übernimmt, um einfach mehr Zeit für die Gemeinsamkeiten zu haben. Dazu müsste man aber erst einmal die Gelegenheit haben, den Mann und zukünftigen Partner kennen zu lernen. Einen lieben Gruß M.

Richard Wagners erste Ehefrau hatte ihrem Mann auch den Rücken freigehalten, damit er seine Kompositionen schreiben konnte, in Armut gelebt, zeitweilig gehungert, während er gern prachtvoll lebte und mit Geld nicht umgehen konnte. Ständig mussten sie umziehen, um vor den Gläubigern zu flüchten.
Sollte ich mich solch einem Leben unterwerfen? Män-

ner konnten erfolgreich sein, wenn hinter ihnen eine starke Frau stand und ihnen den Rücken freihielt. Aber ich lebte auch selbst gern und arbeitete noch zeitweise in meinem Studio. Sollte ich persönliche Sekretärin werden, Socken stopfen und die Wäsche bügeln ... und dann bliebe Zeit für das Miteinander?

Die süßen Triebe mitzufühlen
ist dann der Weiber erste Pflicht!

(Mozart, Die Zauberflöte)

Und die Liebe zu dieser Frau käme dann von selbst. Das weiß ich ... Denn körperlich und seelisch bin ich nicht nur sehr der Liebe bedürftig, sondern auch fähig.

Und küsste sie mich zärtlich dann,
wär' sie mein Weib und ich ihr Mann

(Mozart, Die Zauberflöte)

Es bedurfte keiner weiteren Worte mehr. Bei diesem Suchenden auch nicht: Ein Bremer Beamter, der Karriere gemacht hatte und dessen Ehe dabei wohl auf der Strecke geblieben war, benahm sich keinen Deut besser. Nachdem er mir ein Kontaktgesuch geschickt hatte, chattete er munter drauflos, bis ich nachfragte, wann er denn endlich mit seiner großen Limousine vor der Tür stehen würde, um mich zu einem Abendessen abzuholen, das er versprochen hatte. Auf dem Weg nach oben habe er wohl den Benimmkurs vergessen, äußerte

ich mich meiner Damenrunde gegenüber. Auf meine Frage erwiderte er, er hätte sich um jüngere Frauen zu kümmern. Ältere Frauen müssten warten.
Später mailte er mich wieder an, weil er meinen Profilnamen wohl vergessen hatte. Darauf antwortete ich ihm, ich hätte viele Anfragen. Seine Anfrage wäre die 86., ich wäre erst beim Abarbeiten der Nummer 4. Er müsste sich noch ein wenig gedulden und mit anderen, mit jüngeren Frauen, vorlieb nehmen.

Mit reiferen Frauen möchte *Hengst*, 43 Jahre alt, vorlieb nehmen. Sein Wunsch Ich suche eine gute reife Stute ... kam mir ins Haus geflattert. Beim Lesen dieser Mail wurde mir klar, dass er Angst hatte, ein einsamer Hengst zu werden. Seine Ehe war durch Überforderung seiner Frau eine Unterforderung für ihn. Deshalb suchte er Abhilfe mit seiner Anzeige und dem Anklicken einer reifen Frau. Ich, kess, widersprach ihm vehement:
Ob ich reif bin, lieber Hengst, entscheide ich. Bleiben Sie lieber wiehernd auf Ihrer Wiese. Ich bin nicht Ihre Stute. Wir sind hier nicht auf dem Viehmarkt. Gehen Sie lieber zur staatlichen Besamungsstation. Oder gehen Sie zum Kören. Gruß M.

Eine schnelle Entschuldigung von Hengst folgte auf dem Fuße. Ich riet ihm, sich einen anderen Namen zuzulegen, ansonsten würden sicher viele Frauen mit harten Bandagen zurückboxen.

Ein anderer *Weidegänger* liebte die 2:
DALI sucht GALA ... oder so

ich steh nich´ auf ONS ... zweimal will ich schon kommen.

Desgleichen sollte sich *Körpersaft* eine andere Vorgehensweise überlegen. Sein Motto:

Die Vorliebe für den eigenen Saft,
den weißen Saft,
als Mann selber Dinge damit tun,
mich dabei beobachten lassen,
per Web-Cam,
redest DU mit mir darüber, schaust DU mal zu?
Säfte sind so interessant, luststeigernd ...

Bevor ich meine Unlust kundtun konnte, hatte Körpersaft mich schon gekrallt:
Hallo, hab gesehen, dass du mich angeklickt hast und auf meiner Besucherliste warst, haben meine Stichworte im Motto dich neugierig gemacht?

Marie_Louise (10:16 Uhr):
Ich gucke nur durch

Körpersaft (10:17 Uhr):
Ach so

Marie_Louise (10:17 Uhr):
Deine 25 Antworten ekeln mich an

Körpersaft (10:17 Uhr):
Na und?

Marie_Louise (10:18 Uhr):
Nicht na und, bist du krank?

Körpersaft (10:19 Uhr):
Fällt dir nichts Besseres ein?

Kundenservice@friendscout24.de (10:19 Uhr):
Ihre Nachricht konnte leider nicht gesendet werden, da „Körpersaft" Ihr Profil gesperrt hat.

Wer's mag, mag's mögen

Eine weitere Sperrung wäre wohl bei dem Profil von *Master d.* angesagt. Ein unscharfes Bild zierte das Profil.

Ich suche 'ne Sie, die dev. ist, da ich seit 15 Jahren Dom bin. Und ich meine Dom-Seite mal wieder rauslassen will. Wäre schön, hier was zu finden. Und ich suche eine feste Beziehung zu einer Frau, die mir alles geben kann. Unter anderem sollte sie älter sein und auch ausgefallenen Sex mögen. Nicht den 08/15-Sex. Gern was Versautes. Solltest du Interesse haben, dann melde dich doch mit Bild, das aussagefähig ist, unter M. d. Ich meine es ehrlich und stehe zu dem, was ich hier schreibe und denke.

Master d. wünschte sich ein scharfes Bild, obwohl er auf seinem eigenen Bild nicht richtig zu erkennen war. Ob er dünn, dick, nur füllig war oder sogar einen Waschbrettbauch hatte. Aber die angepeilten Zielpersonen müssten was *Scharfes* liefern, damit er sehen konnte, welche *Masse* sie mitbringen würden. Seine eigene Masse betrug 100 Kilo bei einer Größe von 175 cm. Hier sein Dialog mit mir:

Master d. (19:03 Uhr):
Hallo, darf ich fragen, was du für Männer suchst?

Marie Louise (19:04 Uhr):
Ganz normale, zu meinem Alter passend

Marie Louise (19:05 Uhr):
Ich bin weder ms noch dom

Marie Louise (19:05 Uhr):
Schminke dir das ab

Master d. (19:05 Uhr):
Was ist sm???

Marie Louise (19:05 Uhr):
Noch ein bisschen dazulernen …

Marie Louise (19:05 Uhr):
… Sadomaso

Marie Louise (19:06 Uhr):
Marquis de Sade…

Marie Louise (19:06 Uhr):
…`n bisschen Bildung schadet hier nicht

Master d. (19:06 Uhr):
Nur schade, dass du keine Ahnung hast, sonst würdest du alles verstehen

Marie Louise (19:07 Uhr):
Werd nicht frech, sonst sperre ich dich

Master d. (19:08 Uhr):
Tu dir keinen Zwang an. Über so viel Dummheit kann ich nur lachen.

Ich schaute mir erst einmal seine Vorlieben und die Beantwortung seiner Fragen an, um zu sehen, wem ich aufgesessen war und wie seine Traumfrau zu sein hatte.
Sie sollte sich unterwerfen können
Was ist Ihnen wichtig in einer Beziehung?
Leidenschaft, Geborgenheit, Wärme, Vertrauen
Ich werde hier keine Frau finden, weil hier die Frauen nur vollschlanke Männer suchen und keine molligen, aber nicht nur das. Die wollen nicht ihre sexuellen Neigungen zugeben, weil alle Frauen ANGST haben.

Wofür würden Sie Ihr Leben riskieren?
Für die Frau, die ich liebe und die sich mir unterwirft.

Welche drei Dinge würden Sie mit auf die *einsame Insel* nehmen?
Die Frau, die ich liebe / Seil / Beil.

Was machen Sie in Ihrer Freizeit?
Mein BDSM ausleben und Liebesgedichte schreiben

Wenn die Ehegatten nicht beisammenlebten, würden die guten Ehen häufiger sein.
(Nietzsche, Menschliches, Allzumenschliches)

Der nächste im Reigen der Kandidaten, *Möchte geliebt werden, Baby!*, zaubert vielen Frauen mit seinen *Verhaltensregeln, von Männern aufgestellt* sicher ein amüsiertes Lächeln auf die Lippen. Darunter stand:
Bitte nicht zu ernst nehmen!

Sein mit Ironie gewürztes Motto, das mir wie Öl heruntergeht, weil er genau das karikiert, was Frauen im Allgemeinen im Chat bemängeln, lesen sicher viele Frauen mit Interesse, besonders wenn sie den *Schwiegermutteraspekt* schon am eigenen Leib erlebt haben.

Allgemeine Bestimmungen
Sich eine Frau zu halten, ist bei weitem nicht mehr so problemlos wie zu Großmutters Zeiten, und es erhebt sich die Frage, ob sich die Haltung einer Frau überhaupt noch lohnt. Ein brauchbares Exemplar sollte mindestens zwei der nachfolgend genannten Voraussetzungen erfüllen.

§ 1
Grundlegende Eigenschaften

1. *Sie sollte nützlich sein (handwerkliche Fähigkeiten, fleißig im Haushalt und im Bett gut zu gebrauchen).*

2. Sie sollte herzeigbar sein (d. h. ihr Aussehen sollte kein Mitleid erregen).
3. Obige Punkte können außer Acht gelassen werden, wenn § 2 zutrifft.

§ 2

Sie ist reich!

§ 3

Gehen Sie bei der Auswahl Ihres Frauchens sorgfältig vor und lassen Sie sich genügend Zeit, um sich von ihren tatsächlichen Fähigkeiten zu überzeugen. Bedenken Sie, dass das Frauchen stets versucht, sich von ihrer besten Seite zu zeigen, danach aber häufig in ihr altes Rollenverhalten zurückfällt. Oft offenbaren sich versteckte und offensichtliche Mängel erst später. In der letzten Zeit steigt die Zahl der ausgesetzten Frauchen rapide an. Viele Exemplare streunen orientierungslos herum oder suchen Zuflucht bei anderen Männern. Das Vorliegen der Voraussetzungen gem. § 3 sollte daher sorgfältig geprüft werden.

Empfehlenswert ist die Anschaffung einer bereits ausgebildeten Frau. So sind zum Beispiel auf dem Secondhand-Markt oftmals brauchbare Exemplare zu finden. Sie zeichnen sich meist durch eine ausgezeichnete Ausbildung und eine genügsame Lebensweise aus.
Aber Vorsicht vor mehrfach gebrauchten Exemplaren. Aufgrund der vielen Pflegestellen neigen sie zu zeitweiligem Gedächtnisverlust und können sich dann weder an ihr Heim noch an ihr Männchen erinnern.

§ 4

Die Frau ist ein Allesfresser. Um Mangelerscheinungen vorzubeugen, sollte man ihr neben dem Dosenfutter ab und zu frisches Obst und Salat vorsetzen. Alkohol sollte nicht grundsätzlich verboten werden, da sie ihn sich sonst zusammen mit anderen Artgenossen anderweitig beschafft. Für Süßigkeiten gilt im Wesentlichen das Gleiche.

Vorsicht bei Überfütterung. Bedenken Sie, dass eine fette Frau schnell unbeweglich wird und damit im Bett und im Haushalt nicht mehr so leistungsfähig ist.

§ 5

Artgerechte Haltung

Was die Unterbringung angeht, so ist die Frau relativ anspruchslos. Im Allgemeinen genügen ein Bett, ein Fernseher.

Bei Vorhandensein eines Computers kann eventuell auf den Fernseher verzichtet werden. Man sollte sie aber nicht den ganzen Tag einsperren, da sie sonst depressiv wird, das Essen verweigert und bald eingeht.

Für die allgemeine Beweglichkeit und eine regelmäßige Sauerstoffzufuhr hat sich Gartenarbeit bestens bewährt. Außerdem sollte man sie einmal täglich ins Freie führen, damit sie etwas Auslauf hat. Denken Sie daran, sie immer an der langen Leine zu lassen.

§ 6

Pflege

Sorgen Sie dafür, dass sie sich einmal am Tag wäscht. Um Verletzungen vorzubeugen, sollten die Nägel regelmäßig nachgeschnitten werden. Ein gelegentlicher

Haarschnitt ist ebenfalls zu empfehlen. Tauschen Sie getragene Kleidung regelmäßig gegen neue aus.

§7

Frauenkrankheiten

Die Frau im Allgemeinen neigt zu Übertreibungen. Eine Veranlagung zum Hypochonder ist quasi angeboren. Bei Erkältung ist leichte Bettruhe vollkommen ausreichend. Aufrichtiges Bedauern der Erkrankten kann den Heilungsverlauf positiv beeinflussen. Sollte tatsächlich eine ernste Erkrankung vorliegen, empfiehlt es sich, einen Arzt hinzuzuziehen. Manche Frauchen neigen zu übermäßigem Haarausfall. Dies beeinträchtigt ihre Leistungsfähigkeit meist nicht und ist daher unbedenklich.

§ 8

Ausbildung

Frauen werden schnell handzahm, wenn man sie richtig behandelt. Das Befolgen der wichtigsten Regeln wie „Fuß, Platz, kusch und hol's" beherrschen die meisten bei regelmäßigem Training und einer Belohnung durch Leckerli oder ein paar Streicheleinheiten bereits nach wenigen Tagen. Bei der Ausbildung ist es unerlässlich, die Schwiegermutter mit einzubeziehen und klare Regeln für die Erziehung aufzustellen.

§ 9

Fortpflanzung

Frauen sind das ganze Jahr über läufig und verhalten sich auch dementsprechend. Ein in diesem Zusammenhang geäußerter Kinderwunsch ist mit Vorsicht zu ge-

nießen, da er oft nur als Mittel zum Zweck dient. Leihen Sie sich bei Verwandten oder Bekannten ein paar Kinder aus. So können Sie ihre Fähigkeiten als Mutter in Ruhe testen. In besonders schweren Fällen empfiehlt sich die Kastration, denn eine ständig brünstige Frau ist nur bedingt arbeitsfähig.

Endlich mal ein Kandidat, der das gekonnt ironisch zu Papier bringt, was andere Männer wünschen oder versuchen durchzusetzen. Alle Achtung! Da braucht es keinen Kommentar mehr von anderen Besserwissern.

Hörst du mein heimliches Rufen, öffne dein Herzkämmerlein …

Tonspur wiederum sah es ganz anders:
Aber bitte, gehen Sie doch weiter …
Dies sollte aber als Aufforderung verstanden werden, sich bei ihm zu verlustieren, und er sah es auch *gleichberechtigt*:
Männer sind Schweine? Wenn Frauen darauf stehen, dann tut es mir Leid, und ich bleib lieber ewig Single … Aber Milchbubi zu sein ist cooooool – man wird von Frauen immer unterschätzt. :-))
Nein, nein! Hier gibt es keinen Traummann zu bestaunen oder zu kaufen … bitte gehen Sie weiter … und nehmen Sie Ihren Einkaufswagen mit!
Ich nahm lieber die Lesebrille mit und las entscheidende Sätze wie:
Nach einer jahrelangen Entwicklungs- und Optimierungsphase hat die Entwicklerin XY im Oktober 2004

einen einmaligen Prototyp von Hausmann2020 für den Markt zur freien Verfügung gestellt. Hausmann2020 wurde für den weiblichen Single-Markt im Altersbereich 20 bis 60 Jahre entwickelt. Hausmann2020 kann alle Arbeiten im Haushalt erledigen. Selbst schwierige Arbeiten wie Bügeln stellen für diesen Prototypen kein Problem dar. Dank seines „Pro-Logic"-Moduls übernimmt er auch ohne weibliche Stimmenaufforderung selbstständig die anfallenden Hausarbeiten. Ein eingebauter weiblicher Co-Prozessor sorgt dafür, dass Hausmann2020 auch bei sehr langen Shoppingtouren sowie bei komplexen, spezifisch-weiblichen Problemen nicht versagt. Das Knigge-Modul garantiert dafür, dass Hausmann2020 nicht raucht, keinen Alkohol trinkt, immer im Sitzen pinkelt, die Frau nicht schlägt und ihr immer die Tür öffnet. Die neue Besitzerin sollte sich sofort im Treue-Modul installieren, somit ist gewährleistet, dass Hausmann2020 zukünftig gegenüber anderen Frauen inkompatibel ist und diesen die eiskalte Schulter zeigt. Das Erkunden des 1a-Liebesmoduls ist der neuen Besitzerin vorbehalten. :-) Aufgrund der riesigen Nachfrage: Hausmann2020 ist selbstverständlich auch in der Lage, eigenes Geld zu verdienen.

Und was ein Mann im Leben so brauchte, hatte dieser schon in Volkshochschulkursen eingeübt:

- *Die Reinigung schmutzigen Geschirrs*
- *Wie werde ich der ideale Einkaufsbegleiter?*
- *Die Rolle des Beifahrers*
- *Unterschiede zwischen Wäschebehälter und Fußboden*

- *Ehetraining: Unterschiede zwischen Mutter und Ehefrau*
- *Loslassen: Wie Sie es schaffen, die Fernbedienung an Ihre Frau auszuleihen*
- *Umweltfragen: Wachsen Toilettenpapierrollen auf dem Halter nach?*
- *Selbstständigkeit: Ab heute finde ich meine Socken alleine!*
- *Gedächtnistraining: Ein Jahrestag kommt selten allein.*

Ein wenig Eigenlob könne nicht schaden, dachte sich Tonspur:
Herr Jungfrau ist pflichtbewusst, treu und zuverlässig. Er neigt jedoch dazu, seine Gefühle und inneren Empfindungen zu beherrschen. Dies allerdings nicht aus Sparsamkeitsgründen, sondern deshalb, weil dieser Adam zur vorsichtigen bis schüchternen Männer-Spezies gehört. Bevor er sich seiner Liebsten offenbart, will er sich ihrer Zuneigung restlos sicher sein. Solange dies nicht gewährleistet ist, hält dieser korrekte Gentleman seine Gefühle halt enger im Zaum. Abgesehen davon ist er ja auch recht kritisch und wählerisch. Doch wenn SIE nur genügend Geduld und die Gabe besitzt, das männliche Jungfrau-Herz mit Vertrauen zu füllen, steht einer idealen Partnerschaft nichts mehr im Wege. Herr Jungfrau sorgt selbstverständlich vorbildlich für die Gemahlin und die Kinder. Er ist ein Mann, der sich nicht davor scheut, auch mal den Staubsauger in die Hand zu nehmen oder den Abwasch. Er merkt

schnell, wo etwas fehlt, und dank seiner praktischen Fähigkeiten und seiner Umsicht hätte dieser Herr sogar das Zeug zum Hausmann.

Und das fiel ihm zu Frauen ein:
Eine Frau wählen ist wie seine Hand in einen Korb voll Schlangen stecken. Mit Glück trifft man vielleicht auf eine ungiftige. Aber alle sind Schlangen.

Wie die *Schlangen* zu behandeln seien, zeigte er als treu sorgender Hausmann:
Ich wecke sie mit meinem fröhlichsten Lachen:
„Aufstehen Schatz, Karriere machen!
Im Schrank liegt eine frisch gebügelte Hose;
Tomaten, Mozarella und Basilikum sind in der Tupper-Dose."
Sie sagt: „Die Sonne scheint, ich nehme den Lamborghini,
heute wird es spät, wir trinken noch Martini
bei Salvatore, bitte warte nicht auf mich.
Ich muss jetzt los, vergiss die Blumen nicht!"
Ich strahl sie an und sag: „Mach dir keine Sorgen,
die Blumen und die Fenster mach ich gleich heute Morgen. Pass auf dich auf! Wann kommst du denn nach Haus?"
Doch da ist sie schon lange aus der Türe raus.

Sie ist ‘ne Powerfrau, die alle Tricks kennt,
im communication-front-consulting-multi-management
ist sie main-assistent-chief-controlling-analyst,
ich hab bis heut noch nicht verstanden, was das ist!

Doch sie weiß, dass sie sich auf mich verlassen kann,
hinter jeder starken Frau steht ´n fleißiger Mann.

Doch der Schriftsteller *Curt Goetz* meinte selbstironisch:
Die Frau ist wie ein Löschblatt. Sie nimmt alles auf – und gibt es verkehrt wieder.

Wer was verkehrt wiedergibt, sei dahingestellt und wird nicht beantwortet, denn sonst müsste ich alle Bücher aufzählen, die sich mit diesem Thema beschäftigen. Ich müsste bei Freunden fragen, ob ich gut einparken kann, zu viel liebe, mir zu viele Paar Schuhe kaufe oder den Kinsey-Report falsch verstanden habe. Ich müsste mich mit allen Variationen der Spezies Mann beschäftigen und bräuchte ein lebenslanges Abonnement bei einer größeren Datingfirma.
Sicher bräuchte ich ein Lexikon für die gängigen Ausdrücke im Chat, wie beispielsweise beim nächsten Kandidaten. Ich war ihm schon unter einem anderen meiner Profile begegnet. Ich hatte gerade ein neues gestaltet, um zu sehen, ob die Piranhas sich wieder um Frischfleisch bemühten.

Ich hatte mich jünger gemacht als in den vorangegangenen Profilen und mein Alter auf 37 getürkt. Aus einer Serie von schönen Bildern hatte ich das beste Foto von mir herausgesucht und eingescannt. Die Fragen hatte ich noch nicht beantwortet, aber mein Motto hatte ich bereits ausgefüllt:

Ist es nicht klug, für die Nacht ein geselliges Lager zu suchen?
Darum ist klüglich gesinnt – der auch Entschlummerte liebt!

Dies Bildnis ist bezaubernd schön …

Ich nannte mich *La BelledeNuit* und bekam entsprechend viele Anträge, obwohl ich noch kein Premiummitglied war und nicht alle Funktionen der Firma wahrnehmen konnte, bei der ich mich eingeklinkt hatte. Das Bild war aus meiner Twen-Zeit und wirklich bezaubernd schön. Das hatte ein Freund vor Jahr und Tag mit Liebe fotografiert. Damals hatte ich weder Staub angesetzt noch Falten im Gesicht. Sofort klickten mich Dauerchatter wie *MLF* an, dem ich schon einmal eine Abfuhr erteilt hatte:

sucheMLF (13:36 Uhr):
Hi, bist du erotisch, spontan, bin der Hans

sucheMLF (13:36 Uhr):
Siehst klasse aus

sucheMLF (13:36 Uhr):
178 cm, 18 cm, 68 kg, dunkelbraune Augen, kurze Frisur, passt das?

LaBelledeNuit (13:37 Uhr):
Was sind 18 cm?

sucheMLF (13:37 Uhr):
Hi, darfst du gerne nachschauen
Nur wenn du willst ;-)

sucheMLF (13:37 Uhr):
Willst du ein Bild? Wie spontan bist du?

LaBelledeNuit (13:37 Uhr):
Was nachschauen? 18 cm?

sucheMLF (13:38 Uhr):
Wo bist du gerade?

sucheMLF (13:38 Uhr):
Was machst du heute Abend?

LaBelledeNuit (13:38 Uhr):
Was ist denn 18 cm?

sucheMLF (13:39 Uhr):
Mein Schwanz

LaBelledeNuit (13:39 Uhr):
Erst einmal die Frage beantworten. Und der Umfang?

LaBelledeNuit (13:41 Uhr):
Wenn schon, dann die vollständige Information

sucheMLF (13:41 Uhr):
Schön dick

LaBelledeNuit (13:41 Uhr):
So kann ich mir das nicht vorstellen.

sucheMLF (13:41 Uhr):
6,5 cm, 7 cm

LaBelledeNuit (13:41 Uhr):
Danke

sucheMLF (13:41 Uhr):
Und selber ;-)

LaBelledeNuit (13:41 Uhr):
Siehst du ja

sucheMLF (13:41 Uhr):
Hast du Lust.

LaBelledeNuit (13:41 Uhr):
Wie ich aussehe

sucheMLF (13:41 Uhr):
BH?

sucheMLF (13:42 Uhr):
Rasiert, was sind deine Vorlieben, Abneigungen?

LaBelledeNuit (13:42 Uhr):
Ordentlich.

LaBelledeNuit (13:42 Uhr):
Erst ins Gesicht schauen, dann weiter.

LaBelledeNuit (13:42 Uhr):
Ich bin hier keine Kleiderpuppe.

sucheMLF (13:42 Uhr):
Wollen wir uns treffen? ;-)

sucheMLF (13:42 Uhr):
Wo soll mein Bild hin?

sucheMLF (13:43 Uhr):
Hast du noch andere Bilder?

sucheMLF (13:43 Uhr):
blackfor@web.de

sucheMLF (13:43 Uhr):
Wie heißt du?

LaBelledeNuit (13:43 Uhr):
Franziska

LaBelledeNuit (13:44 Uhr):
Schick mir ein Bild, ich muss weiterarbeiten, bye.

Dunkle Träume

Ob Frauen Kontakt zu Sandra wollten, war mir nicht bekannt. Sandra, 32 Jahre und ein TV jenseits gängiger TV-Klischees. Ein TV ist übrigens kein Fernseher, wie einige Leser glauben mögen, sondern ein Transvestit. *Wie gesagt, entspreche ich nicht dem Klischee. Ich bin also weder billig, tuntig, noch stakele ich auf lächerlich hohen Absätzen durch die Gegend, und das noch in Klamotten, die mir absolut nicht stehen ... Ich mag's elegant, lasziv und ungewöhnlich. Wer mehr über mich und meine Vorlieben erfahren möchte, der möge mich fragen. Suche in erster Linie Frauen oder Paare, die mit meinem Faible vertraut sind und gern mit mir experimentieren möchten. Danke fürs Lesen. Soll ja gelegentlich vorkommen.*

Gelegentlich kam auch ein Gedicht wie dieses von *Herrscher* vor.
Sie ist still, wenn ich es will,
sie ist laut, wenn ich es will.
Sie macht mich glücklich,
sie macht mich traurig,
sie fordert mich,
sie braucht mich,
sie will mich!

Ein zweiter verhinderter Dichter der devoten Vorlieben reimte:

wenn ich es am wenigsten verdient habe
denn dann benötige ich Sie am meisten.

Ein *Demütiger* äußerte sich in seinem Profil:
Dunkle Träume von absoluter Hingabe und Erfüllung begleiten dich,
und du willst sie ausleben, dich anvertrauen und fallen lassen,
lässt dich führen an die Grenzen deiner Vorstellungen
im Ausleben deiner Phantasien.
Das Spiel mit Schmerz und Lust in vollkommener Hingabe
Dienerin deines Herrn
Mit Stolz in vollkommener Demut
Erfüllst ihm jeden Wunsch
Denn Sein Wunsch ist dein Wunsch
Dein Wunsch ist, dich führen zu lassen
Gefesselt in unserer Lust
Du kennst dieses Spiel und bist durchaus in der Lage,
außerhalb des Spiels gleichberechtigter Partner zu sein.

In MEINE Hände wirst du dich fallen lassen
Durch meine Hände erfahren tiefstes Glück
Erfüllung deiner dunklen Träume
Meine Hände werden dich auffangen
Kommst du in die Realität zurück

Ach ja, die guten alten Sitten! Als der Mann noch unersetzlich war und bestimmte, was und wie er wollte. Und was verlangte dieser Mann?

Ich bin selbst schlank (188, 75 kg), und auch du solltest ein wenig Wert auf deinen Körper legen.
Du solltest ebenso nicht am anderen Ende Deutschlands wohnen.

Dazu das Gegenstück von Herrscher:
Ach ja, das hier ist immer noch eine böse und unfaire Welt, und Frauen müssen immer noch gewonnen werden – oder betört oder umgarnt oder verzaubert. (grins) Ihr wisst ja, wie im Tierreich, die Weiber sitzen auf dem Ast und kauen unbeteiligt an einem Wurm, und die Kerle plustern und plustern sich auf ... und irgendwann ... suchen sich die Weiber einen aus. Und das ist auch gut so!

Denn eener alleene,
det is nicht scheene ...
aber eener und eene
und denn alleene,
det is scheene.

So brachte *Frau in the City* ihre Wünsche an den Mann.
No risk, no fun ...
aber keine Versicherungen (ich mach da was nebenbei ...),
und keine Sexmaniacs (du bist allein, ich bin allein ... hast du Bock?), keine Sozialpädagogen (meine Mutter hat mich nie verstanden, blablablabla ...).
Kein „Sorry, ich bin 55, aber jung geblieben“ (Ich bin nicht Estefania).

(Zur Erläuterung sei hier gesagt, dass Estefania eine Nachfolgerin von Verona und Naddel ist.)

Ich wollt, ich wär' ein Huhn und hätt' nicht viel zu tun ... leg jeden Tag ein Ei ...

Von blonden Haaren schwärmte der *Deichhuhnumsetzer* von der niedersächsischen Küste:
Mein Traum-Deichhuhn ist weißblond, hat halblange Federn, einen stolzen aufrechten Gang, einen gut ausgebildeten Körper, hat schon mal Eier gelegt, kann gut gackern, weiß sich auf dem Deich und anderswo zu benehmen, ist keine fette Martins-Gans.

Hoffentlich hatte dieser Hahn einen gut trainierten Körper, damit er alle Hühner zufrieden stellen konnte. Ostfriesenwitze waren zwar im Moment out. Aber wer weiß, ob dieser Hühnerbaron nicht schon wieder seiner Zeit voraus war und neue Sprüche aus alten Ostfriesenwitzen kreiert hatte.

Mittendrin in seiner Zeit war die *nicht öffentliche Affaire*:
Und alles, was ich nun noch schreiben würde, entspricht zu 99 Prozent allen hier gelesenen Anzeigen- und üblichen Merkmalen für verträumte Partnerwünsche (na ja, von den phantasielosen, eindeutig sexprimären dreibeingesteuerten Möchtegerncasanovasprüchekloppern mal abgesehen ...). Klar macht Sex Spaß, ja, in der Tat. Es gibt noch was anderes, das dazugehört. Also, viele Männer sind ja echt blöde hier (nein

nicht nur hier). Wer hat die eigentlich dazu gemacht – Mama etwa? ... Unglaublich ... und zurück auf Los.

Ich gebe dir dein Herz zurück

Wer zum Beispiel nicht genügend Spielgeld für *Monopoly* hat, muss sicher mal eine Runde aussetzen. Immer die *Parkstraße* zu überspringen, kein Geld zum Kauf von Hotels zu haben, macht den Mann zu einem armen Tropf. Und arme, alte, nicht mehr frische Tröpfe sind hier im Chat nicht gefragt. *Bollero* aus dem Allgäu meint:
Man glaubt immer, das Glück müsste wie ein Donnerschlag über einen hereinbrechen. Eines Tages stellt man fest, dass es viel feinere Manieren hat. Es meldet sich leise, klopft an per Mausklick. Dann tritt es ein.

Hoffentlich überhörten wir diesen Mausklick nicht und mussten auf unser Glück verzichten!

Das kleine Glück
Es pochte leise, klopfte sacht,
da hab ich zornig aufgemacht.
Ich fragte rau: „Was willst du hier?"
Und leise sprach's: „Ich will zu dir!"
„Zu mir? So wend den Schuh,
ich kann dich nicht brauchen,
wer bist denn du?"
Da ging es und sah traurig zurück
und sagte leise: „Ich war dein Glück!"

Bolleros Zwischenfazit:
Ich bin nun seit Febr. 03 hier und habe nicht vor, 3 weitere Profile anzulegen, um wieder „frisch“ zu wirken. Habe nette Chatpartnerinnen kennen gelernt. Aber en gros sind hier viele Spinnerinnen unterwegs ...
Wenn ihr verheiratet seid und mal nur neue „Entspannungsübungen“ machen wollt, dann gebt euch nicht als getrennt lebend, geschieden usw. aus. Das ist mehr als kindisch. Oder die Nummer mit dem Mehrfachprofil (mal mit und ohne Kind). Besonders „liebe“ ich Frauen, die sich hier zwar als suchend präsentieren, dann aber doch noch ihre letzte Beziehung verarbeiten müssen und nur einen E-Mail-Freund suchen. Es handelt sich offenbar um einen Spielplatz für Erwachsene, dafür bin ich zu alt ... Wer also ein Spielchen wie eben beschrieben vorhat, bitte mit den entsprechenden männlichen Pendants „sandeln“... Lasst mich in Ruhe!

In Ruhe lassen sollten Frauen nicht den Mann, der sich das Motto *0Bock* auf seine Fahnen geschrieben hatte:
Gesucht wird die Frau, die die 1. und nicht die 2. sein will, 3dimensional eine gute Figur macht, das 4händige Spiel mag, 5e auch mal gerade sein lässt, Spaß am 6 hat, kein 7schläfer ist, gerne 8-, nicht 9mal klug ist, aber auch die 10e zeigen kann!

Wer das alles zusammen in einer Frau vereint wünscht, sollte in die gute *Playmobilkiste* greifen und sich die Frau zusammenbasteln, die ihm vorschwebt. Siebenschläfer und neunmalkluge Männer sind häufig im Chat vertreten. Ab und zu brauchen sie einen Schubser, um wieder normal zu werden. Grenzen aufzeigen ist angesagt.

Grenzen aufzeigen konnte auch Drachenschwingen, übrigens eine Frau:
An all die netten Angebote: Danke, dafür bin ich nicht hier. Da bräuchte ich bloß vor die Tür zu gehen und den nächsten Kerl, der vorbeigeht, einzusacken. Es gibt wahrscheinlich wenige Männer, die ein reines Sex-Angebot ablehnen.

Den Traumprinzen beschäftigte die Frage:
Also, es gibt hier echt einen Haufen gleichwohl netter wie bescheuerter Leute ... Macht es euch nicht zur Aufgabe, es herauszufinden, wer wer ist. Was mich des Weiteren beschäftigt ... warum finden alle diese niveauvollen, tollen, gut aussehenden, sexbesessenen Frauen im Reallife keinen Mann?

Große Erkenntnis

... Weil die Männer nicht wie im Märchen bei Aschenputtel wie die Erbsen verlesen werden: die guten ins Töpfchen, die schlechten ins Kröpfchen. Deshalb müssen Frauen länger suchen, bis sie den richtigen Partner gefunden haben. Weil Frauen erwarten, dass Männer nach dem gemeinsamen Aufwachen noch da sind und sich nicht als Albtraum entpuppen. Sie suchen einen Freund, Geliebten, Komplizen und Partner, der ihnen seine Seele schenkt und sie nicht wieder verlässt.

Was *willnurquatschen* schrieb, hatte deshalb seine Berechtigung:
Und der verlorenste aller Tage ist auch nicht der, an dem ich nicht gepoppt habe ...
Dementsprechend gibt es mit mir keine Mal-sehen-was-geht-Dates, und ich werde dich in der Regel auch nicht nach einem Foto löchern ... ich habe auch nicht wirklich was dagegen, wenn du obendrein hübsch bist, warum auch? Etwas irritiert bin ich höchstens dann, wenn du auf der ersten fotolosen Seite eindringlich deine Schönheit besingst ... Was ich hier meistens mag, sind witzig-geistreich-sarkastisch-ironisch schreibende Frauen mit großer Klappe (und natürlich einem extrem gut- und großherzigen Kern); mitunter komme ich auch mit den Stillen gut klar, aber da kommt es eh wieder auf das Vorhandensein anderer Variablen an.

Ansonsten, schrieb willnurquatschen, *sei es fast wie im richtigen Leben ...*
Die tolle, lohnende, einzige,
die unwiderstehlich lacht ...
und nur auf mich wartet ...
freiwillig eine Zeitung und ein Buch liest ...
ihren Intellekt nicht permanent vor sich herträgt ...
Kuscheln nicht für den unüberbietbaren Gipfel der Liebeskunst hält ... und ansonsten eher denkt, was soll ich hier –
na gut – schad nix ... ist schwer zu finden
(und erst recht zu kriegen – und das ist auch gut so)

Für Frauen ebenso.

Elma, von dem Bärbel uns erzählte, merkte auch nicht, welchen Unsinn er verzapfte. Er hielt sich wohl für einen großen Schreiberling, da er nur die Zeitung mit den vier Buchstaben kannte, und sie las vor.
Raucherinnen bitte gleich weiterziehen, ebenso Golfspielerinnen und Schicki-Micki-Ladys sowie Frauen, die alles todernst sehen. Aber die anderen brauchen nicht ängstlich zu sein.
(Da sei man als Frau ja wirklich dankbar, spottete Bärbel.)

Nun gibt es schon Frauen, die sich über die Ausgiebigkeit meines Profils aufregen. Das sind eigentlich Sachen, die ich meiner Großmutter erzählen würde. Aber die ist irgendwie abgetaucht.
(Vermutlich lag sie auf dem Friedhof, denn Elma war schon 57 Jahre alt.)
Den Bart hat mir meine Mutter mal für einen Kinderkarneval angeklebt, der ging nicht wieder ab. Pattex wahrscheinlich.
Wahrscheinlich werde ich eher von einem Meteoriten getroffen oder vom Blitz erschlagen, als dass ich hier eine Frau finde. Vielleicht hilft mir ja eine nette Frau, die Zeit bis dahin zu überbrücken?
Dann folgte noch ein plattdeutsches Gedicht:
Kole Feutt un norden Wind
mökt en krusen Büdel
un een lütten Pint!

Auf so viel Kinderkram hatte Bärbel keine Lust, doch da traf eine Mail von Elma ein. Sie antwortete:
Lieber Elma, ich halte es wie beim Telefonieren: Fasse

dich kurz. Deshalb möchte ich nicht noch mal einen solchen Text lesen müssen. Ich habe nicht Ihren Humor. Sie haben wohl niemanden, der mit Ihnen spricht, weil sie sich hier so auslassen mussten. Gruß B.
Elma hatte sich derart bei den Fragen ausgelassen, dass Bärbel uns unbedingt diesen Abschnitt vorlesen musste. Bei Was macht Ihre Traumfrau aus? hieß es bei ihm:
Sie ist keine Traumfrau.
Nettes, ruhiges Wesen, Alltagstauglichkeit. SIE darf auch blond sein, B oder C haben (für Nichtwissende, hier ist die Körbchengröße des Büstenhalters gemeint), *nicht zu dürr sein, Brille stört nicht, sollte Auto fahren können, möglichst auf dem Motorrad mitfahren mögen.*
TV nicht verdammen. Interesse für Haus und Garten, „grüner Daumen", handwerkliches Geschick stört nicht, keine Extremlangschläferin, keine Alkoholabhängigkeit, Glas Wein kein Problem. SIE raucht nicht, aber zwischen uns brennt die Luft (wenn zwischen uns ein glühender Grill steht). Sie ist kein wichtiger Mensch oder hält sich dafür. Aber für mich ist SIE der wichtigste Mensch!

Elmas Schlusssatz war seine wichtigste Feststellung: *Ein Traummann bin ich nicht!*

Bärbel nahm an – andere im Gesprächskreis stimmten ihr zu– , dass er als Handelsvertreter viel reden müsse und sich das im Privatleben niedergeschlagen habe. Zwischendurch gab er bei der Frage, ob er sich als tierlieb bezeichnen würde, folgenden Kommentar ab:

Im Prinzip ja, aber wenn Nachbarn übertrieben viele Katzen halten, die bei mir die Beete vollsch..., dann hört die Tierliebe auf. Aus Rache schicke ich Weinbergschnecken, die Namen auf dem Haus tragen, rüber. Wenn dann gelacht wird, schicke ich eine Spionage-Hornisse hinterher, die fliegt in den Mund und sorgt für einen dicken Hals.

Mit einem solchen Kandidaten wollte Bärbel nicht vorlieb nehmen. Ansonsten hätte Bärbel jetzt Kinderlieder anstimmen oder Gummitwist spielen müssen.

Du kommst in so fragwürdiger Gestalt

(Shakespeare, Hamlet)

Andere Spielzeuge bevorzugte dieser Typ:
In der Tiefe den Schmerz finden und in Lust verwandeln.
Gewähre meiner Hand ein Stelldichein
in seinem Schoß.
Lass meine Zunge gelehrig sein
an deiner weißen Brust.

Aber ich unterhalte mich auch gern über alles andere ... über die Blumen nächtlicher Augenblicke vor und nach Mitternacht, und ich liebe Überraschungen und bereite gerne welche, manchmal leicht wie Seide und betörend wie ...
Verlockender als der bekannten ist die Erfüllung der geheimen, verborgenen Wünsche und Sehnsüchte.

Kennst du das erregende Kribbeln auf der Erkundung dahin?
Hat dir gefallen, was du gerade gelesen hast, und wünschst du mehr davon? Dann …
Dann lauf schnell davon, hätte hier für Frauen noch gefehlt.
Auch bei *Dom-Jan* sollte eine Frau sich das gut überlegen:
Ich suche in erster Linie eine Frau, die ich als Frau lieben und respektieren kann. Die mir beim Ausleben unserer Neigung/Begabung ihre ganze Hingabe zeigt und die ich dazu auf meinen Weg bringe. Die sich in mich fallen lässt, auch wenn ich dazu Härte einsetzen muss, und unsere Neigung als Bereicherung liebt und versteht, dass es sich um etwas ganz Besonderes zwischen zwei Menschen handelt. Ich weiß, was sie mir gibt! Ich werde mir dies jeden Tag vor Augen führen. Und wenn es ihr einmal schlecht geht, dann kann ich nicht einfach den Fernseher anschalten!!! Sie ist ein Teil von mir!
Ich werde sie dominieren. Aber ich werde auch einmal schwach sein, und dann wird sie mich trösten, genauso wie ich sie trösten werde! Wir werden zusammen lachen und weinen, wir werden Glück und Unglück teilen … Aber sie wird dem Klang meiner Worte lauschen und ihnen folgen. Ich kann zärtlich sein und viel Wärme geben. Aber NIEMALS EINE SANFTE DOMINANZ!
Ich spiele mit ihr nach meinem Belieben zu unserem Gewinn auf Basis unserer Übereinkunft! Ich bestimme die Regeln! Sie hält sich dran … und gerade mein spontanes Umschalten … ein Blick. die Stimmlage … ein liebevolles Gleiten über ihre Haare, gefolgt von einer

klaren Anweisung. Und ihr Körper erwacht. Ich halte es spannend. Ich lasse mir da schon einiges einfallen. Darauf kann sie sich verlassen. ;-) Wir werden sehen, was wir aus dieser Neigung mit unserer Charakterstärke und Intelligenz machen werden.
Ich liebe es, dein Verlangen zu kontrollieren! Und du wirst dich ganz ruhig verhalten und still knien ... und dazu ein Glöckchen um die Hüfte tragen. Du solltest es besser nie klingeln hören. Und einen kleinen Kieselstein wirst du zwischen den Lippen festhalten, so dass der Schmerz in dir bleibt und nicht herausströmen kann. Der Schmerz wird alles auslöschen außer meinem Willen. Und könnte man den Schmerz in einen Stein pressen, so würde es jetzt passieren!
Du solltest wissen, was ich dabei empfinde, wenn ich dich auf den Weg bringe. Es ist weder Lust noch sonst irgendein Gefühl vorhanden – bis auf eine starke Fürsorge! Ich bin sehr ruhig und auf dich konzentriert. Es ist nur noch eine große faszinierende Klarheit da, ich weiß genau, was ich zu tun habe. Nur dein bestimmtes Wort könnte mich davon sofort abbringen. Mein Instinkt leitet mich und mein Verstand ist hellwach. Er wacht über dich und mich und sagt mir, wann du zu kämpfen beginnst ... und ich dir sage, dass du für mich weiterkämpfen sollst. Danach halte ich dich in den Armen und sehe durch deine Augen in eine große Dankbarkeit und Hingabe. Genau für diesen Moment tue ich dies alles!! Nur für genau diesen Moment! Wir halten ihn fest und steigen an ihm hinauf ... dort, wo es nur uns gibt! Es ist schwer, dies in Worte zu fassen!
Und manchmal ... sollte man die Dinge auch nicht immer ganz so ernst nehmen und einfach nur darüber la-

chen können. Humor ist in gewisser Weise auch eine Form der Dominanz.

Meine weise Großmutter hatte für solche Gelegenheiten einen wunderbaren Spruch parat: *Mein Kind, wenn dich die bösen Buben locken, so folge ihnen nicht!* Ab und zu hatten Großmütter wirklich Recht! Dem nächsten Buben sollte ich auch nicht folgen:

Hi, dein Foto gefällt mir, du bist eine sehr anziehende Frau.
Wie ich schon erwähnte, finde ich dich sehr erregend, möchte aber nicht unbedingt eine Beziehung eingehen. Damit habe ich im Leben zu viel Pech gehabt. Mich interessiert jetzt mehr, zu einer Frau, wie du es bist, eine Art Brieffreundschaft, in der wechselseitige Befriedigung sexueller Phantasien ausgelebt werden kann, einzugehen, ohne materielle Bindung und Erwartungen. Den Phantasien wirklich freien Lauf lassen. Vielleicht würde es dir ja Spaß bereiten, brieflich oder telefonisch mit einem Mann wie mir zu spielen. Gruß Badsingel

Zupf dir ein Wölkchen aus dem Wolkenweiß

(Ringelnatz)

Bei einigen Kandidaten aus dem Chat war ich schon im Vorwege auf Fluchttendenzen gefasst. Als ich einen Mann – *Valentin* – vor einem Treffen bat, er möge mir ein Einzelzimmer im XYZ-Hotel bestellen, war der heiße Dampf raus. Es war, als wären Valentin Flaschen des Frostschutzmittels Glykol in die Glieder gefahren

und er würde plötzlich unter Gedächtnisverlust leiden. Ihm war augenblicklich klar, dass beim ersten Kontakt der Weg nicht direkt in mein Bett führen würde und er die heiß ersehnte Liebesnacht wohl allein mit seinem Kuschelkissen verbringen müsste. Ein Kaufmann würde kühl berechnen, dass zu hohe Investitionen den Aufwand nicht lohnen und lieber wie ein Kriegsheld schnell den Rückzug antreten.
Fazit: Sie kamen aus dem Nichts, und im Nichts verschwanden sie ruck, zuck wieder. Das Telefon blieb stumm, die Mailbox auch. Nur als Sternschnuppe sauste er schon wieder im Chat herum bei anderen Frauen mit neuen Anbaggerungsversuchen.

Ebenso erging es Friederike, die nach einer Anzeige mit der Kopfzeile *Es ist nicht gut, wenn der Mensch allein ist* folgenden Brief von einem pensionierten Uni-Professor erhielt:
Hallo, liebe Partnersuchende,
ich habe mit viel Interesse Ihre Anzeige in der FAZ gelesen und wollte mich kurz vorstellen, um Ihnen die Möglichkeit zu geben, mich einigermaßen zuordnen und sich ggf. für eine Kontaktaufnahme entscheiden zu können. Ich bin nach einem erfüllten, kreativen, erfolgreichen und abwechslungsreichen Berufsleben als Universitätsprofessor für Elektronik zwar in den Ruhestand getreten, aber biologisch bin ich weiterhin ein sehr aktiver middleforty geblieben, mit vollen, noch naturfarbenen, kurzen Haaren, gut entwickelter Muskulatur, Idealgewicht, 168 cm und sehr gutem Gesundheitszustand. Wie man das schaffen kann? In meinem Falle neben Glück auch durch eine gesunde Le-

bensweise, rationelle Ernährung, sehr viel Sport, Gartenarbeit, positive Lebenseinstellung, intensive, vielseitige kulturelle Beschäftigung, Reisen quer durch die ganze Welt, ununterbrochene spirituelle Tätigkeiten, angefangen mit zwei Universitätsstudien, Promotion, Professur schon mit 31, sieben gesprochene europäische Sprachen, wovon ich drei in den letzten zehn Jahren dazugelernt habe. Aus geopolitischen Gründen bin ich Träger von drei ziemlich unterschiedlichen Kulturen und habe weiterhin großes Interesse an immer neuen fremden Kulturen auf allen Kontinenten, die ich zum Teil schon kenne.
Dem Zufall habe ich es zu verdanken, dass ich eine erstklassige Erziehung im Elternhaus und im Gymnasium bekommen habe. Und es ist auch nicht mein Verdienst, dass unsere Familie vor über 200 Jahren in den Adelsstand erhoben wurde. Ich sehe aber in meinem sozialen Status gar keinen Grund, mich anders zu betrachten oder mich anders zu verhalten als alle anderen Menschen, mit denen ich in Kontakt komme. Noblesse oblige auch zu Bescheidenheit, und ich kann auch über mich selbst lachen.
Sportlich war und bin ich weiterhin sehr vielseitig tätig. Zu meinen Lieblingssportarten zählen saisonbedingt Skialpin auf den höchsten Pisten in den Alpen, Schlittschuhlaufen, Radfahren, Schwimmen, Windsurfen, Kajak, Wandern, Hochalpintouren (Montblanc & Co). Das Springen mit dem Fallschirm aus 3000 m Höhe in freiem Fall habe ich einmal vor vier Jahren genossen. Einmal war ich in meinen jüngeren Jahren universitärer Sport-Nationalmeister bei Orientierungsläufen in den Karpaten.

Ich mag sehr die Oper, Theater, Ballett, Kabarett, Konzerte mit klassischer oder moderner Musik, Museen, gute Literatur, Tanzen, gute internationale Küche, aber auch Naturkost, feine Weine. Ich fühle mich mit der Natur eng verbunden. Ich mag die Berge, die Felsen, die Flüsse, die Binnenseen, wie auch die Nordsee, das Mittelmeer, die Südsee mit ihren bunten Fischen, die Dünen, die Brandung, das Watten, die vorbeiziehenden Wolken, den Sonnenschein, aber auch den Nebel und den Regen, den Wind, die Windstille, aber auch den Sturm, den Schnee und den Schneesturm, die Gletscher, die eingefrorenen Wasserfälle, die Wälder und die Wiesen, die Bäume, die Blumen und all die Tiere, die die Natur und unsere Heime beleben.
Meine Entscheidungen überlege ich mir sehr gründlich und abgewogen, aber ich kann Entscheidungen auch blitzschnell treffen, wenn eine Situation dies verlangt.
Was ich bei mir für noch wichtiger halte als meine soziale Position und meine Abstammung, sind mein fester Charakter, meine Redlichkeit, Zuverlässigkeit, Aufrichtigkeit, Prinzipientreue. Ich bin ein aufgeschlossener, weltoffener, flexibler Mensch, der Humor genießen und von sich aus geben kann. Ich lache sehr gern. Ich höre gern auch andere Meinungen, die ich, wenn sie plausibel sind, gerne auch übernehme. Ich fühle mich wohl in einer lebenslustigen, geistvollen Gesellschaft, spreche gern, aber ich kann auch schweigen und zuhören. Ich glaube, dass ich mich gut anpassen kann. Als Nichtraucher vertrage ich jedoch verschmutzte Luft nur ungern.
Eine harmonische Beziehung zwischen einer Frau und einem Mann, fundiert auf ideelle Grundwerte und

gegenseitige Schätzung und Respekt, hat in meinen Augen einen sehr hohen Stellenwert. Diese strebe ich an. Dabei Zärtlichkeit zu geben und zu empfangen, ist meine klare Devise und Erwartung. Und ich bin noch fähig, gesteuert von meinem romantischen und jung gebliebenen Ego, mich zu verlieben.
Ich lebe getrennt und habe großes Interesse an einer soliden, dauerhaften Beziehung für die Zukunft, um die Früchte des Lebens gemeinsam zu genießen. Sollten Sie Interesse an einer direkten Bekanntschaft mit mir haben, schreiben Sie bitte etwas ausführlicher über sich selbst. Ich freue mich schon im Voraus auf Ihre Antwort.
Mit freundlichen Grüßen
John aus Dortmund

Friederike war beeindruckt, wie sie mir berichtete, und setzte sich gleich an den Computer, um eine ausführliche Antwort zu formulieren:
Sehr geehrter Herr Ponner,
haben Sie recht herzlichen Dank für Ihre Mail mit der damit verbundenen Anfrage.
Ich lebe in Bremen und kann mir, weil ich nicht mehr arbeite, meine Freizeit einteilen, wie ich will. Ein wenig Platz nimmt noch das Schreiben von Büchern ein. Damit beschäftige ich mich im Moment. Daneben habe ich noch andere Interessen, die gepflegt werden. Mich würde interessieren, welche Bande Sie noch mit Ihrer Ehefrau pflegen und wie Sie sich dann überhaupt eine Verbindung – sofern man sich gern hat und mag – vorstellen. Ich gebe zu, dass ich darauf Wert lege, dass der Partner ein freier Mensch ist und ich nicht plötzlich

wieder auf einen Partner verzichten muss, zum Beispiel an Festtagen. Ich hatte eine Ehe, wie ich sie mir immer gewünscht habe, und ich gehe auf diesem Gebiet nicht gern Kompromisse ein. Ich möchte nicht heiraten, aber mich voll auf meinen Partner verlassen können und nicht teilen müssen.
Sie haben interessanterweise den Adelsstand erwähnt, in den Ihre Familie erhoben wurde. Ein Teil meiner Familie entstammt dem Fürstengeschlecht Orlow aus Sankt Petersburg. Wie Sie sicher wissen, hatte der eine Bruder mit Katharina der Großen ein gemeinsames Kind, der andere hat Kriege für sie geführt. Ein zweiter Familienzweig ist nach Mecklenburg ausgewandert und hat bürgerlich und brav sein Geld hier verdient. Mein Urgroßvater ist in seiner Eigenschaft als Zimmermann in diese Gegend nach Bremen gekommen, hat eine Frau kennen gelernt und ist hier geblieben. An die Fürstenurkunde konnte sich meine Mutter noch erinnern. Aber alle hatten es vergessen; vor allen Dingen im Dritten Reich hatte man dieses Detail unter den Tisch fallen lassen, damit keine Fremdenfeindlichkeit und keine Ressentiments entstehen konnten. In dem Ort in Mecklenburg wurde der Name der Familie just zu der Zeit erwähnt, als Katharina in Russland Krieg führen ließ. Da tauchten zum ersten Mal die Urkunden auf. Wenn Sie ein wenig über mich erfahren möchten, können Sie sich im Internet schlau machen. Dort finden Sie auch Fotos von mir. Ich würde mich freuen, wieder von Ihnen zu hören, und verbleibe
Ihre Friederike

Antwort kam keine mehr, wie Friederike erklärte. Der adelige Herr von und zu hatte seine erstklassige Erziehung vergessen und sich wie ein Indianer seitwärts in die Büsche geschlagen. Wie sagte er so schön? *Ich sehe in meinem sozialen Status gar keinen Grund, mich anders zu verhalten als andere Menschen, mit denen ich in Kontakt komme.*

Mit Friederike war er einem Nachfahren höheren Adels begegnet. Die Orlows waren ein Fürstengeschlecht aus Russland und standen sozusagen über ihm. So war das, *wenn Adel auf Adel stößt.*
Hochmut kommt vor dem Fall.

Vorsicht ist die Mutter der Porzellankiste

Vorsicht sollte eine Frau auch bei *Mag Vollbusig* walten lassen, wenn sie nicht draufzahlen möchte.

Hemmungen sind eine falsche Form des Widerstands, oder etwa nicht?
Ehrlichkeit / Offenheit / Begierden / Begehren / Leidenschaft / Romantik / Lust / Sehnsucht / Sinnlichkeit / Genuss / Erregung / Erektion / Feuchte / Erotik / Wollust / Erregung / Höhepunkt / Niveau / Charme / Phantasie: Begriffe, deren Inhalte uns täglich immer wieder beschäftigen. Man sollte diese Dinge nicht durch gesellschaftliche Konventionen ersticken. Ich möchte es ausleben, heute, jetzt, unmittelbar, intensiv, ausdauernd, oft, zärtlich, ekstatisch.

Und für was hielten sich die Männer im Chat? *Ferienmacher* wusste es genau:
Abenteuerlich wie Indiana Jones,
sympathisch wie Mika Häkkinen,
witzig und sportlich wie Huub Stevens,
Charme und Esprit wie Sean Connery,
the sexy voice of Barry White,
ein Schuss Ramazotti,
diesmal nicht aus der Flasche,
und ein paar Spritzer
der verwegenen Männer der Camel Trophy.

Fertig war der Supercocktail und nicht zu toppen. Dass Männer top waren vom Scheitel bis zur Sohle, war doch selbstverständlich. Als Frau musste ich es gleichfalls sein. Mick Jagger von den Rolling Stones sang in einem Song: *I can get no Satisfaction*, und Satisfaction wollten hier fast alle haben, ebenso *Powerli.*

Du liebst Harmonie, bist erotisch, temperamentvoll,
sehr gerne Frau
mit Herz, Hirn, Humor,
nicht abgehoben,
kannst dich fallen lassen,
zeigst auch gern Gefühle,
aktiv erleben, sehen, hören, riechen, schmecken,
fühlen mit allem, auch dem Herzen.
Du weißt auch:
Prickelnde Erotik & fantasievoller erfüllender Sex sind nicht alles, aber ohne ist doch alles nix!
… können wir ja später gemeinsam erleben, wenn nix mehr geht – und dann Enten füttern im Park … oder so

leckre Ente essen beim Chinesen können wir aber heut schon. Ente gut … alles gut …
Gute Gespräche führe ich ja ohnehin …
Wenn du auch noch weiblich runde Formen hast, muss nicht sein, Hauptsache, die Einstellung stimmt … wenn du gut aussiehst, umso besser … meld dich einfach … ohne die Punkte: … ulli Bindestrich mann dann von Werbung die ersten vier Zeichen ohne R … klaro … zwinker … wo wohl … lach …

Dieser Mann arbeitete in der Werbung und schien nichts zu tun zu haben, da er flächendeckend im Chat vertreten war. Mit mir wollte er gern kontakten und seine Eitelkeit zur Schau stellen.

* *Du kuschelst, küsst auch leidenschaftlich und gern*
* *schmust und weißt, wie schön Haut-an-Haut-Gefühl ist …*
* *bist romantisch, sinnlich, harmonisch,*
* *willst vielleicht gern noch einmal einen zweiten Frühling erleben oder so*
* *dich bis über beide Ohren verlieben?*
* *oder … vielleicht willst du auch ganz einfach mal was erleben*
* *– damit das Gefühl weggeht: War das schon alles??? … mit SMS schicken wie die Teenies, mit gaaanz liebem Blödsinn und allem Drum und Dran?*

Du magst prickelnde Erotik mit Ideen, facettenreichen, phantasievollen, erfüllenden Sex ohne Langeweile, von Kuschelsex bis …

zu allem, was du schon immer mal erleben wolltest ...
magst und gibst auch zärtliche Massagen, ***Anal****-ytisches Vorgehen ebenso.*
willst Ausgeflipptes oder Verrücktes tun oder erleben Visionen nicht nur haben, sondern sie auch ausleben ...
was du eigentlich schon immer tun wolltest.
Wie und wo du willst ... waow.

Neue Männer braucht das Land

Sein Anklicken konnte ich leider nicht verhindern. Ich war sein *Goldstück*, und sein *Anal-ytisches* ging mir nicht aus dem Sinn:

P_o_w_e_rli (13:46 Uhr):
Hi, Goldstück.

Marie_Louise (13:47 Uhr):
Na, wie geht es?

P_o_w_e_rli (13:47 Uhr):
Gut ... wo wohnst du denn??

Marie_Louise (13:47 Uhr):
Ach, in deiner Nähe

P_o_w_e_rli (13:48 Uhr):
Aha

Marie_Louise (13:48 Uhr):
Möchtest du mich besuchen?

P_o_w_e_rli (13:48 Uhr):
Nix ...

Marie_Louise (13:49 Uhr):
Nein? Ich bin doch gut aussehend!

P_o_w_e_rli (13:49 Uhr):
Nö, danke ... wenn man schon x-mal nach so trivialen Sachen fragen muss.

Marie_Louise (13:49 Uhr):
Oder hast du ein so großes Angebot, dass das Fass überläuft?

Marie_Louise (13:49 Uhr):
Was ist denn nicht trivial?

P_o_w_e_rli (13:50 Uhr):
Was gefällt dir denn an meinem Profil?

Marie_Louise (13:50 Uhr):
Dein guter Text ...

Marie_Louise (13:50 Uhr):
... da weiß man, woran man ist

P_o_w_e_rli (13:50 Uhr):
Aha ... die vielen Buchstaben ... klare Ziele, klare Ergebnisse ...

Marie_Louise (13:51 Uhr):
Nein, der viele gut gestaltete Text – klasse Sätze

P_o_w_e_rli (13:51 Uhr):
Und was konkret …

Marie_Louise (13:51 Uhr):
Na, du bist einfach klasse …

Marie_Louise (13:52 Uhr):
… und der Text mit dem Blinden

P_o_w_e_rli (13:52 Uhr):
Tja, manchen gefallen die Texte … anderen die Inhalte …

Marie_Louise (13:52 Uhr):
Inhalt gleich Text – man kann dich wunderbar verstehen

P_o_w_e_rli (13:52 Uhr):
Schön …

Marie_Louise (13:53 Uhr):
Man weiß genau, was du willst

P_o_w_e_rli (13:53 Uhr):
Fehlt wohl der Mut zur Courage!

P_o_w_e_rli (13:53 Uhr):
Na was denn??

Marie_Louise (13:53 Uhr):
Dein Kurzhaarschnitt – einfach die Beschreibung deiner selbst

Marie_Louise (13:53 Uhr):
Volles braunes Haar, aber ich muss das nicht wiederholen

Marie_Louise (13:54 Uhr):
Du kennst doch deinen Text

P_o_w_e_rli (13:54 Uhr):
Ganz rasiert … an wichtigen Stellen … und 'ne Überraschung …

Marie_Louise (13:54 Uhr):
Welche denn, kein Penis mehr?

P_o_w_e_rli (13:54 Uhr):
Nö … reicht doch, wenn ich ihn getextet hab …

Marie_Louise (13:54 Uhr):
Wen, den Penis?

Marie_Louise (13:55 Uhr):
Hast du auch kräftige Muckies im Kopf?

P_o_w_e_rli (13:55 Uhr):
Doch schon … und schön … usw.

Marie_Louise (13:55 Uhr):
Ich meine zum Denken?

Marie_Louise (13:55 Uhr):
Ich fliege immer auf schöne Stimmen. Das mag ich, dann bin ich hin und weg

P_o_w_e_rli (13:55 Uhr):
Muss leider weg … Sohn hat Geb … kannst mir ja mal schreiben, was dir konkret an meinem Profil gefällt und wo du wohnst …

P_o_w_e_rli (13:56 Uhr):
Freut mich, bis dann, ulli-mann …

P_o_w_e_rli (13:56 Uhr):
… ulli-mann@web.de

P_o_w_e_rli (13:56 Uhr):
Schon vorher … staun .

P_o_w_e_rli (13:56 Uhr):
Bis dann.

Powerli beendete unseren Dialog und hoffte auf eine Mail. Aber ich war nicht gewillt, seinen seitenlangen Schmus der 25 Fragen zu lesen, die einer Beweihräucherung ähnelten. Er hatte nicht bemerkt, dass er schon mal solch ein Nonsensgespräch mit mir unter einem anderen Namen geführt hatte und ich seine Methode bereits kannte. Wenn er nicht zum Ziel kam, brach er das Chatten unter einem Vorwand ab und versuchte es anderswo. *Wie bei Mensch, ärgere dich nicht*: den Mitspieler rauswerfen und zurück an den Anfang!

Man kann sein Herz nur einmal verschenken. Meint Frau. Mann nicht!

Zurück auf den Anfang konnte ich auch in diesem Fall sagen. *Lars*, ein Mann aus Dortmund, der mit mir schon mal fleißig gechattet hatte und bei einer Irritation ziemlich grob in seiner Wortwahl wurde, sprang auf ein Profil an, das ich mir extra neu angelegt und eigens auf ihn zugeschnitten hatte. In dem Profil hatte ich Segeln hervorgehoben. Um seine Aufmerksamkeit zu erregen, klickte ich zusätzlich sein Profil an. Der Schachzug gelang, und bei einer zeitgleichen Teilnahme am Chat kamen wir näher ins Gespräch. Es lief wie am Schnürchen – das ganze Wochenende. Die Mailerei machte Spaß, und jeder wartete auf die nächste Mail. Es begann mit einer Mail von Lars …
Nun! Zunächst sage ich auch, es war ein nettes Gespräch, aber ich habe Ihnen meinen Namen genannt, wäre schön, wenn aus Paritätsgründen auch von Ihrer Seite etwas mehr kommt! Ansonsten freue ich mich über einen weiteren Kontakt. Gruß Lars.

Monika:
Lieber Lars, Paritätsgründe sind auch geldliche Dinge. Ich glaube nicht, dass Sie wissen wollen, wie viel auf meinem Konto ist oder wie hoch mein Aktienpaket gerade gehandelt wird? Und … etwas mehr. Was soll das sein? Muss ich jetzt ein Bild von mir schicken? Übrigens, ich heiße Monika.

Lars:
Aha, Monika. Ist dein (Ihr) Name, das ist ja mal ein Anfang. Wenn Sie mich verbessern wollen (betr. Parität), nehme ich das gerne an. Ich wiederum bin gerne bereit, Ihnen den zweiten Hauptsatz der Thermodynamik nach Celvin zu erklären. ggg
Ein Bild ist jederzeit willkommen!
Gruß Lars.

Monika:
Lieber Lars, haben Sie vielen Dank für Ihre Antwort. Ich habe eben auch noch mal nachgesehen, was „Parität" korrekt heißt. In den meisten Anzeigen heißt es: aus „paritätischen Gründen" Vermögen oder Unvermögen erwünscht bei einer neuen Partnerschaft.
Übrigens: Von Physik versteh ich eine Menge. Mein Berufsleben und physikalische Gesetzmäßigkeiten waren eins. Da macht mir so schnell keiner was vor. Lieben Gruß Monika.

Lars:
Oh Gott, da haben wir ja ein Universalgenie vor uns! Wie wäre es denn mit einem Liebesgedicht? Aber auswendig und bitte nicht schummeln.
Gruß Lars

Monika:
Die Antwort folgt prompt auf dem Fuße, lieber Lars. Den Dichter verrat ich natürlich nicht.

Ich möchte dir ein Liebes schenken,
das dich mir zur Vertrauten macht:

aus meinem Tag ein Deingedenken
und einen Traum aus meiner Nacht.

Mir ist, dass wir uns selig fänden
und dass du dann wie ein Geschmeid
mir lösest aus den müden Händen
die nie begehrte Zärtlichkeit.

Auf die folgenden zwei Verse warte ich dann. Auf die Auflösung des Dichternamens auch. Er hat im Norden gelebt, in Frankreich und in der Schweiz. Ist schönen, interessanten Damen hinterhergereist. So viel als Hilfe.
Gruß Monika

Lars:
Das Liebesgedicht stammt von Rodins Sekretär!
Gruß Lars

Monika:
Toll, lieber Lars, der Kandidat hat 99 Punkte.
M.

Lars:
Ich schlage vor, wir gehen heute irgendwo ein Bier trinken! Gruß Lars. P. S. Ich hatte noch keine Gelegenheit, dir (Ihnen) mitzuteilen, dass ich dieses anonyme System für ziemlich schwachsinnig halte!

Monika:
Sorry, lieber Lars, ich bin nicht am heimischen Computer, und damit nicht in Dortmund. Also, das Bier fällt aus (ich trinke sowieso nur Wein) und kann nach-

geholt werden. Aber ich finde spontane Menschen und Entscheidungen gut. Lieben Gruß trotzdem und einen schönen Abend. Olympia kann heute noch spannend werden.
Monika

Lars:
Schade, aber das wird nachgeholt, versprochen?
... die Welt ist groß, du wirst dich darin verlaufen,
wenn du dich nicht allzu weit verirrst,
ich jedoch gehe mich heute Abend besaufen
und ein bisschen beten, dass du glücklich wirst.
Na? Gruß Lars

Monika:
Lieber Lars, ich bin ein glücklicher Mensch, weil ich gesund bin, eine nette Behausung habe, mich gut ernähren und mir alles gönnen kann, was mich zufrieden stellt. Deshalb muss ich mich nicht besaufen, aber das Gedicht könnte von E. Kästner, Ringelnatz, Gernhardt, Wächter oder Heine sein. Auch könnte es von Wolf Biermann sein. Mir ist es jedenfalls noch nicht untergekommen. Also eins zu null für Sie.
Gruß M.

Monika:
Hotelsolo für eine Männerstimme
Das ist mein Zimmer und ist doch nicht meines.
Zwei Betten stehen Hand in Hand.
Zwei Betten sind es, doch ich brauch nur eines.
Weil ich schon wieder mal alleine bin. (E. Kästner)
M.

Lars:
„Sie" entfällt. Du wirst mir langsam unheimlich. Irgendwie werde ich dich packen, und sei es erotisch! Diese Art von Wissen und Selbstbewusstsein kenne ich nur von Frauen, die sich gerne, weil sie so dick sind, hinter ihrer Anonymität verstecken, aber sich ungern offenbaren!
Meinen Geschmack kennst du!
Lars.

Monika:
Lieber Lars, große, intelligente Männer wollen doch gerne hofiert und angehimmelt werden. Es war ein Zufall, dass ich gestern noch die lyrische Hausapotheke von Erich Kästner fand. Meine Bibliothek ist sehr umfangreich. Nur manchmal dauert es etwas länger. Bei mir geht es nicht so schnell, mit der männlichen Spezies in näheren Kontakt zu kommen. Da bin ich etwas altmodisch. Wie ich aussehe, können Sie sich sicher vorstellen, denn die Beschreibung meiner Figur – verglichen mit Marilyn – stimmt schon. Ich bin wohl proportioniert, und alles sitzt an der richtigen Stelle. Auch der Inhalt meines Kopfes ist nicht hohl und angepasst. Ich halte es mit Kant: „Habe den Mut, dich deines eigenen Verstandes zu bedienen." Den Mut habe ich, sonst hätte ich es in meinem Berufsleben nicht so weit gebracht. Selbst mein Umfeld respektiert mein Wissen. In dem Stadtteil, in dem ich wohne, kennt man meine Stärken und weiß sie zu schätzen. Das heißt, ich habe für die Bevölkerung einiges an Verbesserungen durchgesetzt. Ich gehöre keiner Partei an, ich setze einfach meinen Verstand ein und lasse mich nicht ins Bocks-

horn jagen. Das würde ich mit jedem Partner genauso tun. Partnerschaften laufen bei mir auf Augenhöhe. Was Frau mitbekommen hat, sollte sie zu ihrem Wohle nutzbringend einsetzen. Ich hatte eine schöne Beziehung, bin selbstständig und lasse mich nur noch auf Partner ein, die das billigen.
Wer von mir nur bestimmte Teile frequentieren will, ist bei mir fehl am Platz. Das kann ich schneller haben, wenn ich eine bestimmte Bar besuche. Und noch mal zurück zur „Parität". Ich bin gut situiert und muss im Leben keine Kompromisse mehr machen. Wenn ein neuer Partner meine Stärken, aber auch meine Schwächen akzeptiert, kann es eine ganzheitliche Beziehung oder Partnerschaft werden, ansonsten bin ich schnell weg. Ich bin eine Frau, die es nicht nur beruflich gelernt hat, sich zu entscheiden und Neuland zu betreten. Davor habe ich keine Angst. Aus Erfahrungen lernt Frau und steht auch dazu. Nur einen Teil zu benutzen wäre mir nicht lieb, um es mal vorsichtig auszudrücken. Selbst wenn ich meinen Spaß dabei haben sollte. Dann verzichte ich lieber auf das Date und das Kennenlernen des neuen Mannes.
Nun wünsche ich einen fröhlichen Morgen und einen schönen Tag.
Gruß M.

Lars:
Monika! Ich gebe zu, es ist manchmal nicht ganz einfach, meinen Humor zu verstehen, aber ein Geheimnis verrate ich Ihnen jetzt schon: nicht alles auf die Goldwaage legen, was ich so schreibe (siehe mein Profil). Ich denke, wir sollten mal telefonieren. Gruß Lars.

Monika:
Lieber Lars, das können wir gern mal tun. Nur Worte, die im Brief stehen, werden ernst genommen. Außerdem sollte ein Mann, wenn er beruflich Chef ist, seinen Führungsstil nicht zu Hause anwenden. Der sollte beim Partner ein anderer sein, nämlich geprägt von Achtung, Zärtlichkeit, Fürsorge, Liebe, erst dann Erotik und Sex. Deshalb habe ich die Ironie hinter deinen Antworten auf die 25 Fragen schon verstanden und vermutet, dass die Ironie verschwinden wird, wenn die richtige Klassefrau kommt.
M.

Lars:
Liebe Monika, vielen Dank für die Hinweise bzgl. der Verhaltensregeln in einer Partnerschaft. Mein Führungsstil scheint schlecht zu sein, um der Sache noch einen intellektuellen Touch zu geben, „bedenklich schlecht"! ggg
Den Ironiegedanken hast du (verdammt: Sie) bei meinen 25 Fragen richtig verstanden, aber ich kann dir (Ihnen) sagen, dass dadurch die Spreu vom Weizen fein gefiltert wird, psychologisch nicht schlecht aufbereitet; wenn du (Sie) in mir den in sich ruhenden souveränen Mann vermutest, muss ich Sie (dich) enttäuschen, ich bin ein großer Junge!
Gruß Lars

Lars:
Meine Mail von 13.15 Uhr scheint übersehen worden zu sein! Ansonsten lassen wir Techniker alle fünfe gerade sein, wenn durch dieses Verhalten nicht gerade ein

Atomkraftwerk in die Luft fliegt, dann können wir ausgesprochen pingelig werden. ggg
Gruß Lars.

Monika:
Lieber Lars, ich habe die Mail übersehen, weil zwei nacheinander kamen. Sorry, das soll nicht wieder vorkommen. Ich gucke während der Arbeit immer mal wieder rein und stelle fest, wie viele Menschen hier doch vor der Kiste sitzen. Ich habe einen Laptop und kann deshalb nicht so schnell schreiben, wie ich möchte. Einiges ist doch anders eingerichtet als beim großen Computer. Aber die Mailerei verführt dazu, auf das Briefeschreiben und den Gang zum Briefkasten zu verzichten. So sitzt man nur noch und versucht bei einem kleinen Gerät, die Finger in Reihe zu bekommen. Ich merke schon, Techniker sind pingelig und wollen einer Sache auf den Grund gehen und wissen, warum ich nicht darauf eingegangen bin. Ich finde es auch richtig, wie ich ja auch bei manchen Sachen, die mich befremden, nachfrage. Da hat nun mal jeder seine Eigenheiten, die man/frau erst herausfinden muss, bevor man sich richtig kennen lernt. Ist das so?
Gruß Monika.

Lars:
Konspirativer Ort?
Darf man fragen, in welchem Ort die Dame sich aufhält, oder muss ich erst den gps bemühen? ggg
Gruß Lars.

Lars:
Meine E-Mailadresse: nielsen.lars@web.de.
Gruß Lars.

Meine E-Mail an Lars, die etwas länger ausfiel und deshalb nicht in das genormte Schema der Dating-Firma hineinpasste:

Lieber Lars,
ich möchte Ihnen mit unserer weiteren Mailerei nicht das Wochenende verderben. Und bevor noch Pfeile hin und her sausen und Herz und Seele treffen, möchte ich mich outen. Ich heiße Monika und bin Ihnen wohl bekannt. Wir haben uns am Anfang sehr nett und liebevoll im Chat unterhalten, bis der große Bruch – so will ich es mal nennen – kam. Nach meiner Entschuldigung gab es ein irrationales Hin und Her. Bis zur Sperrung von Profilen haben wir uns hochgeschaukelt. Humor hatten Sie nicht. Ich erkenne ja, dass vieles in den 25 Fragen ironisch beantwortet wurde. Aber jedes Mal, wenn Sie sich von einer Frau getrennt hatten oder umgekehrt, waren Sie nicht gerade guter Laune, um es mal vorsichtig auszudrücken. Ich konnte, weil ich den Chat und das Verhalten von mehreren Männern verfolgt habe, eindeutig feststellen, wann wieder Interesse bestand und wann nicht. Gleichzeitig hackten wir uns bis zur nackten Möse, die ja nun Schnee von gestern sein sollte. Meine Bilder fanden Sie nicht gut. Also, warum soll ich mir den Tort antun und Sie weiter verletzen? Das möchte ich nicht. Denn ich stelle fest, dass hinter Ihren draufgängerischen Worten doch eine empfindsame Seele steckt. Ein Treffen zwischen uns hätte

es nicht gegeben, weil ich Ihre Meinung über mich kenne und ich mich ungern Beschimpfungen aussetzen möchte. Das Profil war für Sie angelegt worden. Ich habe Ihr Profil extra angeklickt, um auf mich aufmerksam zu machen. Ich fand unseren Mailwechsel sehr spannend, auch unsere Gedichte. Damit wollte ich Ihnen beweisen, dass es auch anders geht. Und damit möchte ich es belassen. Ich entschuldige mich hiermit!!! Aber das musste mal sein. Falls Sie mich noch am Telefon „fertig machen" möchten, können Sie in meine Homepage sehen. Dort steht auch eine Telefonnummer. Nur Brüllerei höre ich mir nicht an.
Nun noch ein wenig zu mir. Ich war in meiner ersten Beziehung auch mit einem „großen Jungen" zusammen (der war lieb, kreativ und intelligent), musste aber feststellen, dass unsere Auffassungen – die Partnerschaft betreffend – nicht kompatibel waren. In meiner Ehe hatte ich einen erwachsenen Mann mit einem außergewöhnlichen Beruf, den es nur einmal in Deutschland gab und der viel mit Sport zu tun hatte. Das tat mir gut. Ich gehöre nicht zu den Frauen, die jeden Tag „taff" sind. Frau braucht öfter mal Unterstützung, und wie sollte ich das von einem großen Jungen erfahren? Ich habe immer noch den Traum (und an das Gedicht erinnern Sie sich wahrscheinlich), auf den richtigen Mann zu treffen, der auch vom Intellekt einiges mitbringen muss, sonst wird es langweilig.
So, das waren meine Schlussworte. Bevor unsere Mailerei unsere Seelen tiefer berührt, möchte ich mich verabschieden. Im Sport habe ich Fairness gelehrt bekommen. Darum bemühe ich mich in vielen Fällen. Immer gelingt es sicher nicht, denn auch ich bin kein Engel,

sondern eine ganz normale Frau mit einigen Wünschen und Hoffnungen. Trotzdem einen lieben Gruß und ein erholsames Wochenende.
Monika.

Lars: O.K.!
Schwamm drüber!
Damit belassen wir es aber endgültig.
Nielsen.

Monika:
O.*K.*
Was heißt hier Schwamm drüber? Vielleicht lernen Sie mal daraus fürs Leben. Lieben Gruß – großer Junge – trotzdem. M.
Man muss auch mal in sich gehen können und mit Anstand verlieren. Die Unterschrift sagt doch wieder alles. Nun wieder großer Mann. Ich kann nur mit dem Kopf schütteln, der nicht immer nur weise reagiert, sondern auch voll mit Emotionen ist.
M.

Man muss fest auf sich sitzen, man muss tapfer auf seinen beiden Beinen stehen, sonst kann man gar nicht lieben.

(Nietzsche)

Emotionen waren auch im Spiel, als ich *Fritz* aus Frankfurt im Chat kennen lernte. Ich wusste wenig über ihn, weil er sein Profil nur unvollständig ausgefüllt hatte. Wie ich später erfuhr, hatte ein Freund ihm dabei geholfen, der später auch gern mal dort wilderte, um zu sehen, was Fritz so trieb und mit welchen Frauen er Kontakt hatte.

Fritz war kein Freund von großen Worten, bestellte sich ein Hotelzimmer in meiner Nähe und empfing mich erst einmal mit einem großen Blumenstrauß, als wir uns im Hotel trafen. Ich war sehr angetan. Das war das erste Mal, dass mir jemand etwas mitbrachte. Ich holte Kuchen aus einer Bäckerei. Gemeinsam fuhren wir zu einem ersten Kennenlernkaffee. Die Atmosphäre war angenehm, wenn auch für mich etwas ungewöhnlich, weil ich seit langem keinen Frankfurter Dialekt mehr so rein und vollendet gehört hatte. Fritz hatte seine Heimat unterhalb des Römers in Frankfurt und fühlte sich nur in dieser Umgebung wohl, wie sich später herausstellte. Wir plauderten über uns und die Welt und beschnüffelten uns ein wenig. Abends gingen wir im berühmten Künstlerdorf etwas essen. Dieser Mann war wirklich ein Kavalier alter Schule und bezahlte die Rechnung, bevor ich überhaupt mein Portemonnaie zücken konnte. Ich brauchte mich nur noch zu bedanken. Abends verabschiedeten wir uns vor Fritz' Hotel, und jeder ging in sein eigenes Bettchen.

Am nächsten Morgen fuhr ich in Fritz' Hotel, um mit ihm gemeinsam zu frühstücken. Wir waren uns sympathisch und schienen auf gleicher Wellenlänge zu sein. Nach dem Früstück machten wir uns auf, um die Stadt Bremen mit ihren Sehenswürdigkeiten zu erobern. Sonnenschein am Fluss und in der Altstadt begleitete uns bis in den Abend. Die Sympathie hielt weiter an, und wir erfreuten uns daran. Abends saßen wir am Kamin und redeten stundenlang, bis ich Fritz zum Hotel zurückbrachte. Am nächsten Morgen nahmen wir wieder ein gemeinsames Frühstück ein. Danach statteten wir Worpswede einen Besuch ab, um Kunst und Kultur zu genießen. Ich schilderte Fritz das Leben einiger Maler. Meine Erläuterungen wurden von ihm interessiert aufgenommen. Dann kamen wir an einer Boutique vorbei, in der ich öfter mal mein Geld ließ. Schwuppdiwupp war ich im Besitz eines Rocks, der mir gefiel. Die Jacke dazu bezahlte ich selbst.

Am Abend knisterte es zwischen uns, als wäre die Wattleistung erhöht worden. Wir gingen miteinander um wie ein Paar, das sich schon länger kannte. Kein Fremdeln war zu spüren, nur Trauer über den baldigen Abschied.

Der folgende Morgen war der Abschiedstag, der zu einer neuen Verabredung führen sollte. Wir verabredeten, bald nach Braunschweig zu fahren und die Ausstellung über Peter Paul Rubens zu besuchen.

In der Zwischenzeit tauschten wir Mails, in der Fritz in einem Gedicht darum bat, man möge ihm Freiheit lassen, zu entscheiden, wie und wann es weitergehe und ihm Luft zum Atmen bliebe. Ich akzeptierte das und ging meinen Interessen nach, damit Fritz begriff, dass für eine neue Freundschaft wohl schon einiges mehr getan werden müsste.

Am Wochenende besuchte ich Freunde, saß mit ihnen an dem schönen Sommertag draußen und plauderte, als plötzlich das Handy klingelte. Fritz war am Apparat. Ich freute mich über seinen Anruf, wähnte ich ihn doch in seiner Ferienwohnung. Nein, er stand bei mir vor der Tür. Es war wie ein Paukenschlag, und der saß. Er blieb. Wir verabredeten uns für Braunschweig. Wir wollten uns öfter treffen, Urlaube machen in Wien, das keiner von uns beiden kannte, und nach Rügen an die Ostsee fahren. Frankfurt war tabu, denn Fritz hatte den Tod seiner Frau noch nicht überwunden und konnte sich nur mit einer Frau treffen, die nicht seine Wohnung sehen und seine Umgebung kennen lernen wollte.

Das Kapitel wurde ausgeklammert, dabei hätte ich gern ein wenig mehr von Fritz' Leben erfahren. Denn Fritz hatte noch gar nicht angefangen, die persönlichen Sachen seiner verstorbenen Frau auszuräumen. Der Duft von ihr hing noch in der Wohnung, und ihm wurde bei dem Gedanken daran ganz flatterig. Ich spürte seine Ängste. Die ich nach vier einsamen Jahren nicht mehr nachvollziehen konnte. Ich glaubte auch zu wissen und erwähnte das auch, dass Frauen sich nach dem Tod des Partners schneller entscheiden, in ihrem Leben aufzuräumen. Da war Fritz mit seinem einen Trauerjahr nicht der, der hier König war. Ich kannte wiederum Männer, die manchmal zwei bis drei Jahre brauchten, um sich nach einer glücklichen Ehe zu erholen. Eine Faustregel besagte, dass man/frau für jedes Ehejahr einen Monat Trauer bräuchte, um wieder ein aufnahmebereiter Mensch zu sein und um auf das Leben zugehen zu können. Die Trauer hing wie ein Damoklesschwert über dieser jungen Pflanze der Sympathie.

Die Verabredung für die Museumstour nach Braunschweig sollte nun doch in Frankfurt beginnen, und ich setzte mich mit meinem Gepäck in den Zug, wurde liebevoll empfangen, in Restaurants geführt, in denen es uns an nichts fehlte, und in eine Gegend geführt, die ich schon aus meiner Ehe kannte, weil Frankfurt auch schon mal mein Lebensmittelpunkt war. Nicht nur der Abend verlief angenehm, selbst der nächste Tag in der Innenstadt bei Sonnenschein war sehr schön, denn die Stadt hatte sich nach meiner langen Abwesenheit einigen Veränderungen unterzogen. Fritz war aufmerksam und lieb. Nur gab es um den Römer herum kein Händchenhalten mehr. Fritz hatte Angst, mit einer neuen Frau erkannt zu werden. Als Geschäftsmann kannte man ihn hier und betrauerte ihn noch um den Tod seiner Frau, die mit ihm sein Geschäft geführt hatte. Deshalb jetzt die Distanz. Abends aßen wir im Hotel. Während des Essens wurde Fritz schon unruhig. Plötzlich war ihm nicht mehr gut. Wir gingen aufs Zimmer. Ihm war übel, und er fühlte sich überfordert. Ein Tinnitus trat auf.

Am nächsten Morgen fuhr ich, anstatt nach Braunschweig, allein nach Bremen zurück. Fritz ging zum Arzt, um seine psychosomatischen Beschwerden untersuchen zu lassen. Als ich weit genug weg war, fühlte er sich wieder wohl. Einige Tage meldete sich Fritz weder per Telefon noch per Handy. Seine Mailbox und sein Anrufbeantworter machten ihn zu einer unauffindbaren Person. Als lebenserfahrene Frau ahnte ich durch dieses Verhalten schon, dass er mit seinen Problemen nicht fertig wurde. Trauer brauchte Zeit, oftmals auch Hilfe bei der Verarbeitung.

Später beobachtete ich Fritz, wie er sich des Öfteren im Chat tummelte. Das veranlasste mich zu einer Mail mit der Mutmaßung, dass zwischen uns wohl alles vorbei sei. Fritz stritt ab, sich dort aufgehalten zu haben. Es sei wohl wieder sein Freund Kurt, der rumsurfte. Der sei

verheiratet, wollte aber ein wenig teilhaben am großen, neuen Glück von Fritz und selbst mit Frauen kontakten. Was für ein Kuddelmuddel! Ich reagierte mit einer weiteren Mail und fragte Fritz, ob es aufrichtig sei, sich schon wieder eine neue Partnerin zu angeln, wenn man mit der anderen noch viel vorhätte. Es gäbe auch keine Möglichkeit zu beweisen, wer im Chat gewesen sei. Man sollte doch das eine mit Anstand beenden und dann erst etwas Neues beginnen. Zu seinen Gunsten nähme ich nicht an, dass er hier nur seinen Überdruck loswerden wollte. Dieser Satz beleidigte ihn schwer. Ich war aber auch tief getroffen, weil ein bitterer Nachgeschmack blieb. Beleidigt zog Fritz sich zurück und meldete sich nicht mehr. Die Hilfestellung, die in meiner Mail enthalten war, wusste er nicht zu würdigen. Deshalb entwarf ich ein neues Profil namens Mainnixe, in dem ich mich zur Frankfurterin machte, und schmükkte es mit viel Lokalkolorit aus. Daraufhin meldete sich nach kurzer Zeit wieder Kinger, also Fritz, der die Dame kennen lernen wollte, nichts ahnend, dass er nun keine Ausrede mehr benutzen konnte. In einer Mail darauf angesprochen, meinte er in seinem Jägerlateinjargon:
Der Marder ist in die Falle getappt. Die Falle ist zugeschnappt.
Finis

Veronika, der Spargel wächst!

Im Frühling, wenn die Säfte steigen, tummeln sich besonders viele Männer im Chat, ist Hochkonjunktur der Gefühle. Ein Schlager der Dreißiger verkündete: Veronika, der Lenz ist da, die Mädchen singen tralala. Die ganze Welt ist wie verhext, Veronika, der Spargel wächst.
Mit diesen Worten wurde das Problem verbrämt dargebracht, um nicht auf direktem Wege zu sagen, was man sich wünschte. Gewünscht und eifrig gesucht von Männern wurde eine Partnerin für den gemeinsamen Urlaub.

Angechattet wurde auch ich kräftig, und *der Spargel wuchs*, als ich ein neues Profil mit dem Namen Marylou erstellte. Ich stellte ein altes Foto von mir ein, schönte mein Alter, und den Text hielt ich kurz und bündig. Ich wollte sehen, wie die Männer auf meinen Köder reagieren würden. Innerhalb von drei Tagen hatten mich über 46 Männer angeklickt und wollten mich kennen lernen. Einige nette Anfragen waren dabei mit einer Mail versehen; die anderen nur mit einem Flirtkontakt. Da ich für dieses Profil kein Geld bezahlen wollte, konnte ich nur eingeschränkte Funktionen der Firma nutzen. Aber das langte, um zu sehen, wer Interesse hatte.
Marylou
Alter: 49

Wohnland: Deutschland
Wohnort: NRW
Postleitzahl: 46446

Motto: FORTES FORTUNA ADIUVAT!

Den Mutigen hilft das Glück. Vielleicht auch mir. Suche einen ganz normalen Mann zum Lieben und Leben.

Was bedeutet für Sie Erfolg?
Heute hat man Erfolg. Morgen gibt es eine neue Zeitung, und da steht nichts mehr davon drin.

Welche drei Dinge würden Sie mit auf die einsame Insel nehmen?
Da möchte ich allein nicht hin. Nur mit einem Partner, der angeln und eine Hütte bauen kann.

Wie würden Sie einem Blinden Ihr Äußeres beschreiben?
Mein Äußeres könnte er besser begreifen, wenn er mich abtasten würde. Aber dieses Privileg hat sicher nur ein Mann. Der, den ich hier suche.

Kaum zu glauben, dass ich auf diesem Profil so viele Anfragen bekommen hatte. Einige kannte ich schon. Aber da ich mich etwas jünger gemacht hatte, war es schwer zu kontakten. In einer Woche hatte ich über 50 Anfragen. Die, die ich kannte, wollten mich auch auf meinem Profil *Kleopatra33* treffen. Dem Foto war nicht zu entnehmen, dass es ein und dieselbe Person war. Die Männer wollten auch hier eine ältere Frau kennen lernen.

Puff oder nicht Puff ist hier die Frage

Aus welchem Motiv heraus, dürfte wohl jedem Leser klar sein, wenn er im Buch bis Seite 323 gelesen hat. Ein gutes Beispiel war ein Mann mit dem Pseudonym *Bestes_Alter*, das ich Ihnen nicht vorenthalten möchte.

Bestes_Alter (09:18 Uhr):
Hallo, Marylou. Guten Morgen.

Marylou (09:19 Uhr):
Ebenfalls

Bestes_Alter (09:19 Uhr):
Hi, was bedeutet dein Motto? Vorwärts Glück …

Marylou (09:20 Uhr):
Das Glück hilft den Mutigen

Bestes_Alter (09:20 Uhr):
O. k. und bist du mutig?

Marylou (09:21 Uhr):
Ich, immer – sonst wäre ich nicht hier.

Bestes_Alter (09:22 Uhr):
O. k., stimmt. Und was suchst du? Den Partner oder mehr das Abenteuer?

Marylou (09:22 Uhr):
Kein Abenteuer. Es stehen hier schon über 30 in der Liste und wollen das Abenteuer mit mir.

Marylou (09:23 Uhr):
Du bist zu jung

Bestes_Alter (09:23 Uhr):
O. k., aber nicht zum Chatten. Unterhalten ...

Marylou (09:24 Uhr):
Nein

Bestes_Alter (09:24 Uhr):
Mit 40 ist es wirklich schwierig. Einmal zu alt. Dann zu jung ...(;-))

Marylou (09:24 Uhr):
Das ist wohl wahr

Marylou (09:25 Uhr):
In eurer Alterskategorie scheint es wohl wenig allein stehende Frauen zu geben?

Bestes_Alter (09:25 Uhr):
Ja. Aber ich kann mich trotzdem nicht beklagen ... gg

Marylou (09:26 Uhr):
... obwohl kein Foto drin ist

Marylou (09:26 Uhr):
Also suchst du den Ersatz für den Puff

Bestes_Alter (09:26 Uhr):
... hmmmmm ... Vielleicht, irgendwie schon ...

Marylou (09:27 Uhr):
Fies ...

Marylou (09:27 Uhr):
... und keinen Pfennig dazubezahlt

Marylou (09:27 Uhr):
Ich suche etwas anderes

Bestes_Alter (09:27 Uhr):
??? Wie meinst du das genau?

Bestes_Alter (09:27 Uhr):
Was denn?

Marylou (09:28 Uhr):
Im Puff kostet das Geld

Bestes_Alter (09:28 Uhr):
Ja, o. k. Aber was suchst du hier??

Marylou (09:29 Uhr):
Einen Partner zum Lieben und Leben,
steht doch oben drin in den Fragen.

Bestes_Alter (09:29 Uhr):
O. k. Und meinst du, du findest den hier?

Marylou (09:30 Uhr):
Vielleicht

Bestes_Alter (09:30 Uhr):
Bis gleich …

Ein gutes Gewissen ist ein sanftes Ruhekissen

Dann trafen wir uns per Zufall eine Stunde später wieder.
(Wann und wie viel die Männer arbeiteten, war mir schleierhaft bei der flächendeckenden Observierung des Chats.)

Bestes_Alter (10:57 Uhr):
Hallo wieder.

Marylou (10:58 Uhr):
Ja, wieder on tour

Bestes_Alter (10:58 Uhr):
Joo, und hast du genug zu tun?

Marylou (10:58 Uhr):
Ich immer, und jetzt sehe ich, dass du verheiratet bist.

Bestes_Alter (10:59 Uhr):
Ja

Marylou (10:59 Uhr):
Und kein schlechtes Gewissen?

Bestes_Alter (11:01 Uhr):
Doch. Aber ich unterhalte mich ja nur.

Marylou (11:02 Uhr):
Und wenn du auf deine Frau treffen würdest, was dann?

Marylou (11:02 Uhr):
Im Chat, meine ich.

Bestes_Alter (11:02 Uhr):
Dann würde ich ganz schön staunen …

Marylou (11:02 Uhr):
Und Ehe kaputt!

Bestes_Alter (11:03 Uhr):
Wahrscheinlich.

Marylou (11:03 Uhr):
Was, Männer haben wieder mehr Rechte.

Bestes_Alter (11:04 Uhr):
So ist das halt im Leben ... wirklich?

Marylou (11:05 Uhr):
Danke

Bestes_Alter (11:05 Uhr):
Du würdest dich wundern, was es hier für Frauen gibt.

Bestes_Alter (11:05 Uhr):
Männer betrügen sich nie alleine. Es gibt immer eine Frau dazu ...

Bestes_Alter (11:06 Uhr):
Nur die Frauen meinen immer, die Moral sei weiblich ...

Marylou (11:07 Uhr):
Und was wollen die Frauen?

Marylou (11:08 Uhr):
Immer nur das Bett und hemmungslosen Sex und Ansteckungsgefahr gleich null?

Bestes_Alter (11:08 Uhr):
Ja, ja, Sex und noch mal Sex ...

Marylou (11:08 Uhr):
Und?

Bestes_Alter (11:08 Uhr):
Nicht alle, aber auch nicht wenige …

Marylou (11:08 Uhr):
Zu Hause, was läuft da?

Bestes_Alter (11:09 Uhr):
Das ist eine gute Frage …

Bestes_Alter (11:09 Uhr):
Alles, was laufen muss …

Marylou (11:09 Uhr):
Und wie wird die beantwortet?

Bestes_Alter (11:09 Uhr):
Mit bspw. Gummi …

Marylou (11:10 Uhr):
Lust oder Frust.

Marylou (11:10 Uhr):
Weil man es manchmal ja auch mit der eigenen Ehefrau muss.

Bestes_Alter (11:10 Uhr):
… sowohl als auch …

Marylou (11:10 Uhr):
Nette Ehe. Ich würde dich vor die Tür setzen.

Bestes_Alter (11:10 Uhr):
Nein. Nicht falsch verstehen. Wir sind auf der falschen Straße.

Marylou (11:11 Uhr):
Warum?

Bestes_Alter (11:11 Uhr):
Ich bin auf der Suche nach guter Unterhaltung. Nicht primär nach Sex …

Marylou (11:12 Uhr):
Und warum klappt das zu Hause nicht?

Marylou (11:12 Uhr):
Die Unterhaltung.

Bestes_Alter (11:12 Uhr):
Natürlich spielt er immer zwischen Männern und Frauen eine Rolle …

Bestes_Alter (11:13 Uhr):
Die klappt auch. Nur hier ist halt mehr Abwechslung. Der Kick …

Marylou (11:13 Uhr):
Ich hör jetzt mal auf, bevor ich dir etwas mehr sage, was ich denke.

Bestes_Alter (11:14 Uhr):
O. k., null problemo … Ich bin hart im Nehmen … Ich teil aber auch aus.

Die stillsten Worte sind es,
welche den Sturm bringen.
Nackt oder Nacht, das ist hier die Frage!

Hart im Nehmen war ich unter meinem Profil *LaBelle-deNuit*, auf das *Bestes_Alter* ebenfalls ansprang. Einfallsreich war er auch dieses Mal nicht:

Bestes_Alter (13:14)
Hallo, schöne Nackte …

LaBelledeNuit (13:15 Uhr):
Wieso nackt?

LaBelledeNuit (13:16 Uhr):
Die Schöne der Nacht muss nicht nackt sein.

LaBelledeNuit (13:16 Uhr):
Und Unterhaltung?

Bestes_Alter (13:17 Uhr):
Heißt nuit nicht nackt? Oder Quatsch, nein, Nacht …
(Da war der Wunsch der Vater des Gedankens)

Bestes_Alter (13:17 Uhr):
(:-))))))))))))))))
Nackt oder Nacht. Das ist hier die Frage …

LaBelledeNuit (13:17 Uhr):
Und nun?

LaBelledeNuit (13:17 Uhr):
Nein, Nacht.

Bestes_Alter (13:18 Uhr):
O. k., dann Nacht. Wie geht es dir?

LaBelledeNuit (13:18 Uhr):
Gut, wie es schönen Frauen so geht.

LaBelledeNuit (13:18 Uhr):
Komplimente en masse

Bestes_Alter (13:18 Uhr):
Schön, dass du bei nackt nicht gleich aufgelegt hast …

Bestes_Alter (13:19 Uhr):
Was machst du so? Bist du im Büro?

Bestes_Alter (13:19 Uhr):
Joo, trifft ja auch die Richtige …

LaBelledeNuit (13:19 Uhr):
Büro, Chef vom Dienst, organisiere Termine für Chefs.

Bestes_Alter (13:20 Uhr):
Du bist auch schön … auwei … und spannend?

LaBelledeNuit (13:20 Uhr):
Wer weiß? Es kommt immer auf den Betrachtungsstandpunkt an.

Bestes_Alter (13:20 Uhr):
Doch, doch … Erzähl mir mal was Nettes …

Bestes_Alter (13:21 Uhr):
Dieses Mal von meinem …

LaBelledeNuit (13:21 Uhr):
Ich weiß leider nichts von dir.

Bestes_Alter (13:21 Uhr):
Dann frag einfach …

LaBelledeNuit (13:22 Uhr):
Beruf?

Bestes_Alter (13:22 Uhr):
Ich beantworte alles … meistens zumindest …

LaBelledeNuit (13:22 Uhr):
Und Ehe?

Bestes_Alter (13:22 Uhr):
IT-Branche … Techniker …

LaBelledeNuit (13:22 Uhr):
Kleine Seitensprünge gefällig?

LaBelledeNuit (13:23 Uhr):
Und deshalb läuft den ganzen Tag das Internet?
Nebenbei?

LaBelledeNuit (13:23 Uhr):
Auf Schnäppchenjagd?

Bestes_Alter (13:23 Uhr):
Joo, auch … Und du … Suchst du einen festen Partner?

LaBelledeNuit (13:24 Uhr):
Immer und nur …
Und du, nicht einmal ein Bild.

LaBelledeNuit (13:24 Uhr):
Kann nur innere Schönheit bewundern.

Bestes_Alter (13:25 Uhr):
Schade … Die hab ich auch …

LaBelledeNuit (13:25 Uhr):
Und warum kein Bild?

LaBelledeNuit (13:25 Uhr):
Chattet deine Frau auch?

Bestes_Alter (13:25 Uhr):
Ja, sorry, ich arbeite noch nebenbei …

Bestes_Alter (13:25 Uhr):
Liest du meine Nachrichten nicht?

Bestes_Alter (13:25 Uhr):
Weil ich verh. bin … Das gibt Kloppe …

LaBelledeNuit (13:26 Uhr):
Was, im Bett?

Bestes_Alter (13:26 Uhr):
Nein …

Bestes_Alter (13:26 Uhr):
Was willst du wissen?

LaBelledeNuit (13:26 Uhr):
Kann ich verstehen!

LaBelledeNuit (13:26 Uhr):
Was dich so umtreibt.

LaBelledeNuit (13:26 Uhr):
Wenn ich deine Frau wäre, hättest du es auch verdient.

Bestes_Alter (13:27 Uhr):
Ja, ich will mal wissen, wie es mit einer Frau so ist …

LaBelledeNuit (13:27 Uhr):
Wieso, du hast doch eine!

Bestes_Alter (13:27 Uhr):
Fühlen und schmecken …
Ja, mal eine andere …

LaBelledeNuit (13:28 Uhr):
Der eine Busen ist groß.
Der andere klein.
Genau wie beim Penis!

LaBelledeNuit (13:28 Uhr):
Das brauche ich wohl nicht näher zu beschreiben. Oder?

Bestes_Alter (13:29 Uhr):
Meinst du, dass mein Penis zu klein ist???

LaBelledeNuit (13:29 Uhr):
Das weiß ich nicht!

LaBelledeNuit (13:29 Uhr):
Interessiert mich auch nicht.

LaBelledeNuit (13:30 Uhr):
Erst einmal sollte man dem Menschen ins Gesicht schauen.

Bestes_Alter (13:30 Uhr):
Wie kommst du denn darauf?

LaBelledeNuit (13:30 Uhr):
Mein ich so.

Bestes_Alter (13:30 Uhr):
Joo, das immer … Da gebe ich dir Recht.

LaBelledeNuit (13:30 Uhr):
Du hast mich nicht verstanden!
Es wiederholt sich alles.
Ob die erste Frau oder die zweite.

Bestes_Alter (13:31 Uhr):
Dann erkläre es mir bitte …

LaBelledeNuit (13:31 Uhr):
Man bleibt meistens beim Typ,
und deshalb bleibt es sich gleich.

Bestes_Alter (13:31 Uhr):
O. k., jetzt hab ich es verstanden… gg

LaBelledeNuit (13:31 Uhr):
Weil dich keine andere interessiert.

LaBelledeNuit (13:32 Uhr):
Okay, ich sag bye.

Mit solchen nichts sagenden Chats vertrieben sich viele während der Arbeit die Zeit. Bei Bestes_Alter waren wirklich nur wenige Variationen drin. Wie auch bei Filou, der unbeschreiblich Interessantes in seinem Profil zu bieten hatte. Er glaubte, er sei der erste Mann, dem das einfiele.

Vorsicht: Filou-Warnung. Nichts für immer!

So ehrlich ging es schon im Text los:
… ein leises Rascheln, das in ein Knistern übergeht. Dann sprühen schon die Funken, und es fängt an, im Bauch zu kribbeln. Eine Affäre, das ist es, was ich suche. Wenn du den Mann fürs Leben suchst, klick mich

weg. Wenn du an der Affäre interessiert bist, dann komm näher …
Du kannst mir auch schreiben an meinen Nick bei Gemmiks und mir sagen, was du davon hältst (oder dass du das abscheulich findest). Ich freue mich auch über eine hate-mail – wenn sie gut geschrieben ist ;-)
Vielleicht hast du auch nur Lust, mit mir ein bisschen online zu schäkern, nur so zum Zeitvertreib? Darin bin ich meistens nicht schlecht.
Vorsicht: Filoualarm! Ich meine es nicht ehrlich!
Geschiedene, Ledige und Witwen: wegklicken, weil Zeitverschwendung. Du hast was Besseres als mich verdient (oder du hast es nicht besser verdient!).
Also um doch ein bisschen ehrlich zu sein: Ich suche eine Affäre. Meinetwegen virtuell, aber lieber natürlich real.
Deine erforderlichen Zutaten: Der Kopf ist das wichtigste Organ. Der sollte außen sehr ansehnlich und drinnen sehr schlau sein. Was darunter kommt, ist nicht so wichtig, wenn es seinen Zweck erfüllt (den Kopf halten, ihn bewegen usw.).
Holz vor der Hütten, klasse Figur, lange Beine … all das schadet nicht direkt, muss aber nicht.
Alles über 1,50 lässt den Kopf in meiner Reichweite sein und ist somit akzeptabel.
Ein paar Griffe (auch Rettungsringe) sind willkommen.
Sehr wichtig ist der Mund. Zum Küssen. Kann ich gut!!
Und klug reden können muss er, dein Mund. Intellekt ist sexy. Witz ist erotisch.
Worauf ich bei einer Frau zuerst sehe? Bei der Beantwortung der 25 Fragen scheiden sich die Geister.

Verheiratet oder gebunden sollte sie schon sein, damit sie weiß, auf was sie sich einlässt (und auf was nicht ...). Die Frau, mit der ich alt werden möchte, habe ich schon.

Hier suche ich eine, mit der ich jung sein kann ...
Letzte Chance zum Wegklicken für alle Ledigen, Getrenntlebenden und Geschiedenen. Pure Zeitverschwendung, hier weiterzulesen. Ich klicke euch ja auch weg, und ich will nicht eure Zeit verschwenden.

Wer sagt, dass ich hier eine „Beziehung" suche? Wenn es doch eine Affäre sein soll ...
Vielleicht sollte ich noch ergänzen: berühren und berührt werden (da fehlt es mir nämlich sehr in meinem „gebundenen Dasein").

Ach, der Arme. Zu Hause wurde der Kaffee getrunken, das Sahnehäubchen aber wurde woanders genossen. Meridian hatte auch seine konkreten Vorstellungen, was eine neue Partnerin beherrschen sollte:
Sie kann Liebe nicht nur schreiben ...
Sie weiß auch, was es bedeutet.
Und sei es so, dass sie es wieder lernen muss,
dann tut sie es mit mir.

Damit schließe ich den Reigen der gebundenen, aber doch ehrlichen Männer in diesem Buch.

Unter meinem Profil LaBelledeNuit meldete sich Freud ein weiteres Mal. Er hatte seinen Text geändert. Zum Thema Eifersucht schrieb er:
Die Panik, dass das Leben ohne die Partnerin sinnlos sein werde; die Angst, dass ein anderer Mann der klügere und attraktivere Liebhaber sein wird; die quälende Gewissheit, den „unmännlichen" und verachteten Gefühlen von Schmerz, Kummer und Trauer hilflos ausgeliefert zu sein, wenn Frau uns verlässt; die unendliche Wut, dass Frau so viel Macht über unsere Gefühle hat und wir nicht mehr „cool" sein können.
Nach Jahren intensiver Beschäftigung mit all diesen Bereichen meiner Eifersucht habe ich es geschafft, frei von dieser Geißel zu sein.
Ich wünsche mir die Begegnung mit einer Frau, die ähnlich empfindet oder diese Entwicklung anstrebt.

War das nicht merkwürdig? Vor einigen Wochen hatte er sich einen Dreier gewünscht, und jetzt schien er ganz normale Wünsche zu haben. Drohte ihm etwa der Rausschmiss? Wenn mir Kandidaten zu dreist wurden, hatte ich oft einen Antrag zur Deaktivierung gestellt. Aber in seinem vorherigen Profil wollte *Freud* gern für viele einsame Frauen die Lichtgestalt am Horizont sein. Selbst wenn der Dreier Schnee von gestern war, würden ihm wohl seine Gierigkeit und Geilheit geblieben sein. Und was schätzte ich immer wieder an diesem Mann, der den ganzen Tag sein Profil bei dieser Firma beäugte?

Ich kritisiere nicht. Kein vorwurfsvoller Ton ist von mir zu hören. Zu verstehen ist mir ein Anliegen. Da hat die Kritik keinen Platz.

Diesen Teil seines Profils hatte er nie verändert. Allerdings war kurz darauf für ihn Schluss. *Leider* hatte ihn eine Kandidatin deaktivieren lassen.

Der Zufall führte mich zu einem weiteren, sehr renommierten Psychoanalytiker. Er war gelegentlich im Chat zu finden. Auf seinem eingestellten Bild wirkte er sehr sympathisch. Sein Alter war mit knapp 60 angegeben, die von ihm genannten internationalen Wohnorte empfand ich weltmännisch.
Beim Durchblättern meiner täglichen Stadtzeitung fiel mir eines Tages sein Bild auf. Ein Professor hielt einen Vortrag anlässlich eines Kongresses der Psychoanalytischen Gesellschaft hier in Bremen. Einige persönliche Daten aus seinem Leben wurden im Artikel auch erwähnt. Ich nicht faul, weil ich neugierig war, wer sich wirklich dahinter verbarg, gab den Namen in die Suchmaschine ein. Tatsächlich fand ich ihn, und es gab eine Altersangabe, die anders lautete als die im Chat. Er war beträchtlich älter. Das hatte dieser Mann eigentlich nicht nötig. Die Frauenherzen müssten ihm sicher hundertfach zugeflogen sein. Es war fraglich, ob er diesem Ansturm überhaupt Herr werden konnte. Er sollte lieber ehrlich sein. Denn Zufälle waren bekanntlich keine Zufälle, sie können peinlich enden.

Süßer die Glocken nie klingen ...

In den Hochsommerzeiten wird weniger gechattet. Nach der Sommerpause, wenn die Helligkeit nachlässt, die Tage kürzer werden und sich verstärkt Depressionen einstellen, möchten viele Männer nicht einsam sein. Sie wünschen sich wieder eine Partnerin. Dann ist im Chat viel los, und in den Zeitungen erscheinen viele Partnerschaftsanzeigen. Ein Beispiel: *Weihnachten endlich wieder liebevoll zu zweit erleben, am liebsten für immer, wünscht sich 67-j. Akademiker, 1,77, schl., sportl., mit einer hübschen, schl. Dame, auch Ausl., bis 48 Jahre. Liebe, Harmonie, Treue sollen der Inhalt unseres Lebens sein.*

Suchte dieser Mann zugleich seine Altenpflegerin? Oder programmierte er die Untreue? Ich wusste es nicht, denn ich war als Frau viel zu alt für ihn, um noch in Frage zu kommen, und würde gleich aussortiert werden. Ein Altersunterschied von 20 Jahren schien aber bei partnerschaftsuchenden Männern die Regel zu sein.

Akademiker, 58/184/76, sportl., mit div. Interessen, unabhängig, sucht nette, humorvolle, ehrliche Sie bis 40 Jahre. Zuschriften mit Bild erbeten unter ...

Im Allgemeinen ist das Verhältnis von Angeboten Frau/Mann bei den Partnerschaftsanzeigen in renommierten deutschen Zeitungen nicht ausgewogen. Auf

20 Anzeigen von Frauen im gesetzteren Alter kommen vielleicht fünf Anzeigen von Männern jenseits von 50 Jahren. Bei den Kleinanzeigen in der Zeit und im Internet sind es fünf Seiten Männer aller Altersklassen, die eine Partnerin suchen, und mindestens zehn Seiten mit Angeboten von Frauen, die einen Partner auf sich aufmerksam machen möchten. Und Männer im Alter über 55 sind wie *Perlen in einer Muschel* zu suchen. Ganz *rar und selten*, und wenn, dann *wohlgeformt und glänzend* – so meinen sie zumindest.

Frau, hager, stolz, edel, heiter, lebst du bescheiden, zieh ich in dein Haus. Als guter Geist und Begleiter (Witwer, 66, ohne Anhang mit Geige, Akademiker), geleitet vom gütigen Schicksal in des Lebens letzte Bindung, so schreibst du an…

Die Fülle der Kandidaten zur Weihnachtszeit war fast verblüffend und selten im Jahr wieder zu erreichen. Weihnachten wünschte sich der Mann:
Ich möchte gern wieder lieben und wünsche mir eine Frau an meiner Seite, schön, zärtlich, fürsorglich, zuverlässig, gebildet, voller Lebensfreude, charmant mit einem strahlenden Lachen. Die ihr Alleinsein aufgeben und sich mit ganzem Herzen einem Mann zuwenden möchte. Erwartet werden Sie von einem einfühlsamen Gentleman, gradlinig, souverän und großzügig. 70 Jahre jung, 179, schlank, erfolgreich im eigenen Unternehmen (und deshalb ortsgebunden), dynamisch und lebensbejahend.
Ich schätze gediegenes Wohnen, gedanklichen Austausch und gute Unterhaltung, lukullische Genüsse,

guten Wein und liebe klassische Musik. Ich verkehre in den besten Kreisen, bin gesellschaftlich angesehen, weltgewandt und vermögend. Aus Paritätsgründen sollten Sie auch von guter Herkunft sein, zwischen 45 und 55 Jahren, unabhängig, gut situiert, mehrsprachig und sich in den vorgenannten Zeilen wiederfinden. Dann werden wir uns begegnen. Ich weiß, es gibt Sie! Über Ihre ernst gemeinte Zuschrift (bitte mit Bild, garantiert zurück) würde ich mich sehr freuen. Diskretion ist selbstverständlich. Postleitzahl 5/6. Zuschriften erbeten unter …

Auch hier wurde ein kleiner blonder Engel gesucht, der dem allein stehenden Gentleman Weihnachten Freude bereiten sollte. Das Säckchen musste wohl gefüllt sein wie bei Dagobert Duck, damit sie in der Lage war, ihre Weihnachtsgans selbst zu bezahlen. Es gab mal selige Zeiten, da wurde eine Frau einfach eingeladen.

Neuer Wein in alten Schläuchen

Dipl.Ing., Anfang 60/180, sucht für sein Privatleben eine hübsche, intelligente, schlanke Frau mit weiblicher Ausstrahlung.
(Wahrscheinlich war das die Umschreibung für einen stattlichen Busen.)
Das Alter 45–55.
(Der Altersunterschied durfte ungefähr 15–20 Jahre betragen. Anfang 60 hieß bei Männern in der Regel, dass der zukünftige Partner locker die 65 erreicht hatte und es sich besser verkaufen ließ als fast schon siebzig.)

Es wird gesucht: *die Frau für eine Partnerschaft mit Nähe und Toleranz.*

Da der suchende Mann nicht angegeben hatte, ob er getrennt lebend, verwitwet oder ledig war, war es wichtig, der Frage nach der Toleranz nachzugehen. Mit Nähe war Sex gemeint. Toleranz bei Verheirateten hieß sehr oft das Zulassen von Sadomaso. Toleranz könnte auch heißen, dass seine Ehefrau zu Hause saß und ich sie als Freundin zu tolerieren hätte. Da dieser Dipl. Ing. für sein Privatleben eine Frau suchte, war wohl jedem klar, der öfter eine Anzeige las, wie er es meinte.

Weiter ging es im Text:
Schön wäre es, wenn Ihnen multikulturelles Leben nicht fremd ist. Sie sollen romantische, aber auch offene, tolerante Sinnlichkeit als Lebenselixier mit mir teilen. Gepflegtes Ambiente sollten Sie auch Ihr Eigen nennen, und schön wäre es, wenn Sie Stern, Spiegel und eventuell Henry Miller mögen.

Also sollte die Kombination eine Mischung aus Geist und Sex sein. Obwohl Henry Miller ein anerkannter Schriftsteller ist, wissen eine Menge ältere Leser, dass er nicht unumstritten war. Viele seiner Werke waren damals fast nur unter der Ladentheke zu bekommen wie in der DDR *die Bückware.*
Das Ende der Anzeige klang dagegen schon fast harmlos: *Bildzuschriften* aus dem PLZ 69 bevorzugt, da ich ebenso wie Sie Spontaneität leben möchte. Zuschriften erbeten unter…

Dieser Herr schien sich einen kurzen Weg zum Bett zu wünschen, und seine Partnerin sollte ihm jederzeit zur Verfügung stehen.
Noch allein stand dieser gut aussehende Patentbesitzer mit Millionengeschäftsvorhaben mit seiner Anzeige da:
Akademiker /38/176, sportl.) sucht couragierte, kosmopolitische Partnerin mit guten Umgangsformen & Erfahrung im Geschäftsleben zwecks Aufbau einer gemeinsamen Zukunft.
Zuschriften werden erbeten unter …

Hier wurde die Frau gesucht, die dem jungen Patentbesitzer finanziell unter die Arme griff – und arbeiten durfte sie auch in der Firma, denn gute Manieren brauchte Frau in der Wirtschaftswelt.
Was man als Frau doch aus einer relativ kurzen Anzeige alles herauslesen könne, meinte ich schmunzelnd. Ganze Märchen könnten neu geschrieben werden, wenn Frauen sie auseinander nehmen. Am besten konnte ich den Sinn der Kleinanzeigen in den DDR-Zeitungen interpretieren. Da musste man schon mal *drüben* gewesen sein, als der Sozialismus noch Konjunktur hatte, erwiderte Ria.
Normale Frauen liebten sicher andere Anzeigen, in denen die Vorzüge des neuen Partners geradeheraus und ohne Umschweife gepriesen würden, mutmaßten alle in der Gesprächsrunde. *Aber nicht so*, protestierte ich und hielt drei beschriebene Briefbögen hoch, *den habe ich auf meine Anzeige bekommen, in der ich mir einen Partner mit EQ und IQ gewünscht hatte*, und begann vorzulesen.

Hallo, Madame de Provokateur?
„EQ" liest man nur in diesen Anzeigen, ob damit aber nur Eloquenz = Bered(t)samkeit gemeint ist? Könnte ich mir vorstellen. Weitere „Druckfehler" werden Sie vermutlich nicht entdecken, weshalb ich die Print-Medien ausschließe. Zum „IQ" nur so viel: Den Test von Eyssenk o. ä. (engl. Prof.) habe ich probiert und einen anderen auch; ich hielt sie für reichlich unbedarft, weil zum Beispiel auch die Zeit eingeht, man diese aber auch benötigt, um nachzudenken, was gemeint sein könnte. Da halte ich mich lieber an mein Abi und Selbstbewusstsein u. die Summe meiner Vita. Im Übrigen habe ich ein unverdient günstiges/begünstigtes Kosmogramm, wie es nur Erstgeborene haben können, leider nicht alle – aber doch viele.
Mein Urlaubsziel wäre zum wiederholten Male Borkum – weil man sich kennt und – und! Eine Zweitehe wäre mein Wunsch und die Bereicherung auch für Sie. Lesen Sie bitte zweimal, was ich als Fotokopie beifüge. Was zum Beispiel sieben Planeten im Sternbild Steinbock anzeigen können, überlebte Norbert S. schon vor 30 Jahren nicht.
Mit freundlichen Grüßen H.

Die Frauen bogen sich vor Lachen und mussten sich erst einmal beruhigen, bevor ich weiterlesen konnte.

Heiner Henter
Bauing./TH und Humanist
Mischtyp Sternbild/Waage, geb. 17.09. 8.30 Uhr
Betreff: Ihr Inserat

Guten Tag!
Ich habe Ihr Inserat mit großem Interesse gelesen und bitte Sie, mit mir in Verbindung zu treten, zunächst handschriftlich.
Weil ich die Astro-Psychologie als eine exakte Wissenschaft anerkenne, darf ich sie benutzen und Ihnen meine Erkenntnisse (Fakten) vermitteln. Und da Sie mir vertrauen dürfen, benötige ich meinerseits auch von Ihnen nur Ihr Geburtsdatum, die Zeit (die man selten weiß, die aber im Geburtsort, wo Ihre Geburt angemeldet wurde, zu erfahren ist – bitte nur schriftlich!). Und den Geburtsort selbst, manchmal ein Krankenhaus in einem Nachbarort.
Weshalb? Ja, ohne „Geburtsminute" und die „Ortszeit" (Länge, bezogen auf 0 Grad Greenwichtime) kann ich den „Aszendenten" nicht errechnen.
Meinerseits fand ich den Aszendenten 8.03 Grad Waage für mich, bemerkte aber zur „Seelenverwandtschaft" zu beiden Großmüttern 24.09. und 17.10.) in Waage oder dem Einfluss des Aszendenten Waage sowie die Nachbarschaft der ersten Dekade Waage schon vorher.

Die nächsten Zeilen ließ ich aus, weil nur von Gradzahlen, Aszendenten und Mondknoten die Rede war. *Aber eine Seite ist wieder verständlich, und die will ich euch nicht vorenthalten*, erklärte ich der Runde.

Der Blick in die Glaskugel

Ich habe bei mir die Sonne als End-Dispositor gefunden, bin gesund und Erstgeborener in 5. Generation! Das allein und für sich genommen mag ein wenig aussagen, jedoch als Einzelkind oder als Ältester von vier Kindern zu sein in 8 1/2 Jahren – wie ich, genau wie mein Vater, jedoch in sieben Jahren dieselbe Reihenfolge –, das ist schon sehr prägend hinsichtlich Fürsorge, Mitarbeit in ländlichem Haushalt, Vorbild und Unterstützung in allen möglichen Bereichen von A bis Z, „A" (wie Acker, unser Land im Anschluss an den Garten) und „Z" (Zuckerrüben, zum Beispiel im Raum Bitterfeld–Zörbig, Lehmboden, um daraus Sirup und Mus zu kochen nach Kriegsende). Mein Vater hatte darüber hinaus mit elf Jahren den Tod seines Vaters zu beklagen, der gerade sein Haus bezogen hatte und vermutlich einen Zeckenbiss nicht bemerkte und binnen weniger Tage einer Meningitis erlag.
Umseitig habe ich die Planetenstände meines Kosmogramms notiert. Sachkundige und jeder Interessierte kann damit sehr viel über mich erfahren, nicht alles, denn: „Die Sterne zwingen nicht, sie machen geneigt" ist ein Satz, der es in sich hat.
Ferner ist ja die „Vererbung" zu sehen und zu spüren, die von Eltern, Großeltern und unseren unbekannten Vorfahren stattfinden kann und auch zu „Mischlingen" von wunderbarer Art führt.

Welchen Nutzen bietet uns die Astrologie? Es ist eine umfassende Menschenkunde, die die Planeten in den verschiedenen Zeichen als Indikatoren erläutert, den freien Willen anerkennt, sich positiv oder negativ zu verhalten oder entwickeln. Wir erfahren sehr genau und umfassend, wie wir sind, wie wir sein können, zum Beispiel Schwächen in Stärken zu verwandeln, die umfassende Bedeutung auch des Mondes, sein Einfluss auf das Gelingen von Ernten, Operationen (!), unter welchem Mond wir eigentlich von Geburt an, und das ein halbes Jahr lang, stehen, Glückszahlen – Wegweiser im Alltag –, als „Numerologie" bekannt, und vieles mehr.
Glück auf zu neuen Ufern,
Ihr H. H.

Nun reichte es allen Frauen in der Gruppe. *Glaubt der Mann eigentlich, eine Frau würde so etwas beantworten?*, klang es einhellig. Damit war das Thema durch.

Ich berichtete, dass in der Vorweihnachtszeit im Chat Hochkonjunktur sei wie beim Schlussverkauf an den Wühltischen. Viele Männer wollten nicht allein mit dem leeren Gabentisch und dem Fernseher feiern. Sie suchten verzweifelt nach einer allein stehenden Weihnachtsfrau, wie ich es war. Ich sollte mich auf den Weg machen, nur mit Schleife dekoriert – entweder als Rauschgoldengel oder Kerzenhalter zu gebrauchen –, um ihnen den heiligen Abend zu versüßen und angenehm verkürzen helfen. Eine Netzkarte für die Bundesbahn durch Deutschland für die vielen Angebote hätte nicht ausgereicht. Der Privatflieger hätte hergemusst.

Nach Weihnachten wurde es dann merklich stiller. Normalerweise waren das ja auch die Tage, die zum Umtausch der Weihnachtsgeschenke genutzt wurden. Zur Silvesterfete kam abermals ein Ansturm.

Neues Spiel, neues Glück. Faites vos jeux

Und was passierte im neuen Jahr? Um es mit Miss Sophie aus Dinner for One zu sagen: *Same procedure as every year!*
Die Anklickerei ging weiter; das Spiel begann von vorn, je nachdem wie interessant das Fernsehprogramm war, die Bundesligaspiele übertragen wurden oder die Sonne schien. In den Zeiten der Frühstücks- und Mittagspausen wurde in den Beamtenstuben und Angestelltenbüros merkwürdigerweise nicht gechattet.

Die Liste der lustigen und absonderlichen Anekdoten ließe sich beliebig fortsetzen. Werfen Sie als Frau mal einen Blick in den Chat, dann wissen Sie, was Ihre Männer tagsüber im Büro treiben, wenn ihr Dienst angeblich so anstrengend ist. Es ist lehrreich und leerreich. Aber es schärft den Blick für das Wesentliche. Als Frau weiß man ja, dass ein Candlelight-Dinner wunderschön sein kann. Mehrere Gänge in einem gediegenen, vornehmen Hotel mit einem wundervollen Ambiente. Aufmerksame Ober, erlesene Weine zu jeder Speise. Ausgesuchte Horsd'œuvres, zwei Hauptgänge, kleiner Nachtisch, Käse und Kaffee und hierauf das große Dessert, gespickt mit Wunderkerzen! Wie im Lore-Roman: stimmungs- und gefühlvoll. Aber die Kerzen sind am nächsten Tag runtergebrannt, und der Typ ist weg.

Noch eine Erkenntnis: Es gibt schreckliche Versuchungen …

Es ist gleichgültig, ob Männer sich im Internet vergnügen oder Anzeigen in großen Zeitungen schalten. Das Verhalten der Männer ähnelt sich, *es gibt schreckliche Versuchungen, und es gehört Kraft und Mut dazu, ihnen nachzugehen*, wusste der englische Schriftsteller und Dandy Oscar Wilde. Diesen Mut und die Kraft bringen merkwürdigerweise viele Männer auf. Sie sitzen nicht zu Hause mit der Zeitung vor dem Fernseher und daneben – wie in jedem Witzblatt beschrieben – die Flasche Bier. Nein, diese Kraftanstrengungen sind größer und sie bewältigen sie. Nur schaffen sie es leider immer noch nicht, den Mülleimer rauszutragen. Da sind sie stur.

Deshalb sollten Sie sich lieber das Gedicht von *Herzblatt* durch den Kopf gehen lassen:
Spiel nicht mit dem Feuer,
denn die Liebe ist wie ein Blatt,
das leicht im Wind verweht.

Leicht könnte auch eine Beziehung zu Ende gehen, bevor man sich richtig umgeschaut hat. *Du weißt, dass ich dein Schicksal bin!*, kann heutzutage von kurzer

Dauer sein. Heute verheiratet zu sein, heißt nicht mehr: *bis dass der Tod euch scheidet.*
Stattdessen macht der Mann Erfahrungen mit seinem Handtuch: *Im Moment kuschelt nur mein Badetuch mit mir!* oder sitzt allein am Frühstückstisch.

Ich rede mit der Wand,
flirte mit dem Radio und
frühstücke mit dem Toaster.
Bevor ich noch ein Verhältnis
mit dem Kühlschrank anfange,
suche ich dich.

Wer zu spät merkt, was er in seiner Partnerschaft falsch gemacht, was er vermisst hat, was schief gegangen ist, sollte sein Verhalten kritisch überprüfen, bevor er eine neue Partnerschaft anstrebt.
Wer aufmerksam den Text der Profile und Anzeigen gelesen hat und sich zunächst mit einer gewissen Distanz auf Kontaktangebote einlässt, mag vielleicht eines Tages dem *Traumprinzen* oder der *Traumprinzessin* begegnen, mit dem er/sie glücklich werden kann.
Das wünscht sich auch *Croco*:
Ich suche eigentlich keine Traumfrau, obwohl es hier im Chat offensichtlich nur so wimmelt von solchen Frauen, glaubt man zumindest einigen Profilen hier. ;-) Ich gebe es lieber gleich zu: Ich bin KEIN Traum-Mann. Auch keiner, der sich als Bratt Pitt verkauft und eine Plauze hat. ;-) Eigentlich sehe ich besser aus als dieser ominöse „Bretter-Pit". :-)) Ich bin hier und suche eine Partnerin, die das Gleiche von sich behaupten kann.

*Ich bin selbstbewusst, erfolgreich im Job, zuverlässig, sehe nicht unbedingt sch***** aus, kann mich benehmen, habe saubere Fingernägel, wechsele jeden Tag die Unterwäsche, bin relativ ordentlich erzogen, rauche nicht im Schlafzimmer, mag keinen Sex im Dunkeln, bin aufgeklärt, trage keine Altlasten mit mir rum, trage am liebsten Levi's und suche eine Partnerin, die das Gleiche von sich behaupten kann – oder zumindest teilweise. ;-) Und meine Mutti hat gesagt, dass ich mich nicht von Frauen „ohne Bild" ansprechen lassen soll. ;-*
*Und wenn ich einige meiner Treffen mit den Fotos und Angaben hier vergleiche, driften Anspruch und Wirklichkeit weit auseinander. Mädels – so wird das nix mit dem Traummann … *lacht**
Selbst wenn 90 Prozent der Frauen meinen, wir „Dreibeine" seien alle schwanzgesteuert, gibt es auch Ausnahmen – wirklich!

Solche Ausnahmen werden dringend gesucht, notfalls auch mit der Lupe. Wer aber glaubt, den Himmel auf Erden zu bekommen, hat im Erdkundeunterricht nicht aufgepasst. Jeder, der tiefer in diese Materie eintaucht und sich darauf einlässt, muss Federn lassen, egal ob Mann oder Frau, wenn er alles für bare Münze nimmt, was im Profil aufgeführt wird oder in den Anzeigen als Kopfzeile Aufmerksamkeit erregen soll. Und beide, Mann und Frau, versuchen sich in diesen Medien so darzustellen, wie sie sich selbst sehen oder sehen möchten. Oft merken sie nicht, dass hinter ihrer selbst erbauten Fassade ein ganz anderer, manchmal baufälliger Mensch steckt, der erst einige Reparaturen an sich vornehmen müsste, um dem Menschen zu entsprechen, den er im Profil entworfen hat. Das bemängelte *Murelo* im Chat und zeigte auf, was er lieber überlesen würde.

In Krisenzeiten ist es von äußerster Wichtigkeit, seinen Kopf zu bewahren (Marie Antoinette am Abend vor ihrer Verhandlung vor dem Revolutionsrat)! ... Besonders ansprechend finde ich „Carpe Diem“, und ich „koche vor Wut“ und „Ich mag Tiere; am liebsten gebraten“ usw. ... echt Klasse! Die Liste der „dicken Hunde“ verlängert sich um folgenden Eintrag: „Weihnachtsfrau zaubert dir Überraschungen aus dem Sack“ (man gewöhnt sich an alles, sogar daran). Weihnachten ist vergangen, und der Zauber des Frühlings naht, nicht ohne neue „Klopper“ zu liefern: Antwort einer Motorradamazone: „Alter, hasse nich ma Bock, meine Lima durchzuchecken!“ Es ist der Männer Schuld, wenn Frauen feinden. Merke: Es gibt nicht nur verkorkste Männer bei FS. Neues aus Absurdistan: XY (das Profil sei nicht genannt) hat ein Problem, das zu lösen nicht leicht ist: Sie ist wütend darüber, dass ich sie „angeklickt“ habe und sie trotzdem geantwortet hat! Merke: Auch bei Flugzeugentführungen sollte man die Piloten nicht vor dem Start zur Landung zwingen!!!

Der Bruchpilot – ohne Partnerschaftslizenz

Der nächste Herr hätte bei Frauen erst gar nicht zur Landung zugelassen werden sollen.

Ich hatte von Jonathan alias Peter eine Abschiedsmail erhalten, deren Ton nicht besonders freundlich war.

Nachdem ich Frauen nicht sehr mag, die aus Einsamkeit hinterherrecherchieren und nichts kapieren, muss ich jetzt auch kotzen ... Gott sei Dank hat es bei mir nicht bumm gemacht.
Lass uns in Anstand Tschüs sagen und auf Nimmerwiedersehen ...
LG
Peter

Jaaaa ... Fehler habe ich jede Menge, und kaputt bin ich auch ein bisschen.

Darauf zu antworten, lohne nicht, sagte ich und fügte hinzu, dass Männer es nicht ertrügen, erwischt zu werden. Dieses Auslaufmodell der 68er und der kaputten Generation der weltkriegsgeschädigten Männer gehörte zur Wartung in eine seinen Leiden entsprechende Werkstatt. Die Damenrunde stimmte mir einmütig zu. Was geschah vier Wochen später? Als ich mich wieder durch die Kleinanzeigen der Zeit arbeitete, in der ich Peter schon mal gefunden hatte, stand erneut eine Annonce von ihm drin:

Ich bin zur Zeit ein träumender Schneevogel und suche zärtliche Sie, die mich in den Schnee begleitet. Mein Beruf hat zu tun mit Wolken – und Himmelsstürmen, da endlich frei. Die Heldin meiner Jugend war: die Liebe, die immer währt. Und ein Revival hätte verdient: der Versuch, es noch einmal gemeinsam zu wagen. Mein Inbegriff der Langeweile ist, mein zartes Vögelchen nicht zu finden. Denn mein Leben als Buch hieße: Phantasien für Lilien mit einem Regenbogen. Ich möchte wiedergeboren werden: als Frühlingsmusik, die noch keiner spielte. Und dabei war meine erste Liebe ein wohliger Schauer im Fieber der Sinne. Was sonst noch war: Ich lege mein suchend Flüstern an dein Ohr. Mein Alter ist 64, und 194 bin ich groß. Ein Kontaktgesuch bitte an …

Zu dem Text fiel mir überhaupt nichts mehr ein: Metaphern, mit denen nur Peter etwas anzufangen wusste. Ich vermutete, dass die Dame, deretwegen Peter bei mir unter Druck geraten war, ihn verlassen hatte. Seine neue Anzeige stand an erster Stelle, seine Anzeige als Möwe Jonathan an letzter Stelle der Rubrik in der Zeit. Nach außen hin war er ein attraktiver Mann, wenn man sein Innenleben nicht beachtete. *Schade*, äußerte ich und reichte Peters Foto herum, *und auch schon wieder eine andere Altersangabe.*
Dennoch hatte es mich gereizt, ihm nochmals eine Mail unter anderem Namen zu senden. Der Text war blumig, romantisch, fast hätte ich Peter noch ein Gedicht geschickt. Ich ging mit vollem Herzen auf seinen Text ein. Die Antwort ließ nicht lange auf sich warten:
Hallo, liebe Friederike, deine Zeilen haben mir gefallen, zumal du genau wie ich an keine Dienst- oder Berufspflichten mehr gebunden bist … herrlich, könnten viel unterwegs sein …
Klick mal folgende Grußkarten an. Dann erkennst du mich … lass uns mal telefonieren. Peter

Ich las die erste Grußkarte …
Wenn du glaubst, dass wir uns nicht verlaufen draußen in den verschlungenen Lebenslandschaften, könnten

im Sternenrausch zwischen den Ufern hin und her treiben? Bis wir finden einige der güldenen Körnchen des Glücks, beschienen von der wärmenden Sonne, die aufsteigt aus einem anderen gemeinsamen Himmel ... Wenn ja, will ich deiner werden, komm und berühr mich. Sehne mich nach Wärme von dir. Peter.

Die zweite Grußkarte enthielt noch ein Gedicht, wie konnte es anders sein?
Möchtest du meine zärtliche Mitfliegerin sein?

Lebensfrühling
Ich erzähl dir
von diesem Wandern
durch neue Gerüche
und klingende Rhythmen.
Berichte vom säuselnden Wind,
von wiegenden Palmen,
von lachenden Orangen
und sage dir,
mit Vibrieren der Flügel,
auf den Lippen,
von diesem Gold,
das ich fand,
nimm meine Hand,
ich zeig dir unser Land.
Peter, der Wärme suchende Zugvogel ... der dir wie Ikarus entgegenfliegen möchte, ohne dass das Wachs je schmilzt.

Die Grußkarten enthielten auch Bilder von Peter. Ich besah mir die beiden Fotos, von denen ich eines schon

kannte, und stellte fest, dass Peter unheimlich abgespeckt haben musste. Auf dem Bild waren sicher 30 Pfund mehr drauf. Den Gipfel erlebte ich allerdings, als ich erneut die Kleinanzeigen der Zeit durchforstete und wieder eine Annonce von ihm las, in der es unter anderem hieß:
Suche: vermögende Frau. Ein Revival verdient hätte ein weiterer Traum: Welttrip auf MS Europa. Meine erste Liebe war: ein herrlicher Flug durch Wolken und Glück.

Ich konnte es nicht unterlassen, in einer Mail bei ihm nachzuhaken, ob sich darauf schon jemand gemeldet hätte, und er antwortete: *Du allein!*
Das konnten wir alle nachvollziehen.

Ein paar Tage später entdeckte ich im Chat die größte Lachnummer: Enttäuschte und genervte Frauen hatten im Chat einer bestimmten Firma eine so genannte *Schwarze_Liste* ins Netz gesetzt, in der sie Profile von Männern nannten, die sich danebenbenommen hatten, um andere Frauen zu warnen. Die Liste wurde stündlich länger, und Axel oder Peter war zweimal vertreten.

Axel – verkehrte Altersangabe, wird oft korrigiert, sucht Frauen in verschiedenen Organisationen, mehrfach in der Zeit als Schneevogel, Zugvogel, als Möwe Jonathan. Liebt Gedichte, ist angeblich Romantiker, mag keine freizügigen Bilder, will aber trotzdem sofort Sex. Er hat parallel Frauen und sagt immer, es hat nicht „bumm“ gemacht, und zieht sich zurück. Es sitzen ihm immer mehrere im Nacken.

Axel – kann ich nur bestätigen. Ist 2x nicht zum Date erschienen. Kam dann das 1. Mal sofort mit einem Wohnmobil, in dem er im Wald zur Sache kommen wollte. Als es jedoch auch beim 2. Mal nicht zum Sex gekommen war, hatte er am nächsten Tag angeblich starke Schmerzen an seinem guten Stück.

Gebrauchsanweisung für die Hege und Pflege des „guten Stücks"

Fuchs1 war ein ebensolcher Kandidat, der sein *gutes Stück* gern in Betrieb wissen wollte und auch auf der Liste stand. Dort machte er sich wunderbar als jemand, der ständig Versprechungen machte und weitersuchte.

Fuchs1 – sucht ein warmes Bett, verspricht einem den Himmel auf Erden und sucht weiter. Will Spesen sparen auf der Durchreise und ruft mal an und fragt, ob man mit ihm schlafen wolle. Und möchte Onlinesex, wenn's geht bei jedem Telefongespräch, und legt dann selbst Hand an sein gutes Stück.
Fuchs1 – ruft nach stattgefundenem Date anfangs mehrmals täglich an in der Hoffnung, für dich innerhalb von wenigen Tagen ein Hotelzimmer buchen zu dürfen. Wenn das nicht klappt, verschwindet er lautlos. Redet sehr viel. Ein richtiger Vertretertyp.

Fuchs1 passte ebenso in das Gefüge wie Peter, der wahrscheinlich schon viele Frauen unglücklich gemacht hatte und seine Masche vermutlich fortsetzte.

Und wie machten es *Parship* und *Die Zeit*, wenn die Kleinanzeigen im Internet und der Zeit im 4-Wochen-Rhythmus gewechselt werden sollten? Da anscheinend zu wenig Männeranzeigen vorhanden waren, wurden die Anzeigen von suchenden Männern einfach länger stehen gelassen, sonst wäre Peters Anzeige mit dem Zugvogel schon im Nirwana verschwunden, während die Anzeigen der Frauen nach vier Wochen entfernt wurden, weil mehr Masse vorhanden war und um einen einigermaßen ausgewogenen Eindruck zu vermitteln.
Nicht ausgewogen ging es auch bei beiden Geschlechtern zu, wie wir feststellten: Im Allgemeinen gingen die Frauen im Chat nicht so ruppig und zielstrebig mit Männern um, behauptete Katrin, auch in den Fällen, wenn Frauen Angebote für gewisse Stunden von Männern bekämen, die sie sogar vergütet haben wollten. *Sorgenboy* erklärte im Chat lapidar:
Frauen und Männer leiden gleichermaßen unter der Schwierigkeit, einen Mittelweg zwischen dem Wunsch nach Intimität und der Notwendigkeit nach Freiräumen in ihren Beziehungen zu finden.
Gewissermaßen sind wir alle zwischen zwei essenziellen Wünschen hin- und hergerissen. Auf der einen Seite hat jeder von uns das Verlangen, mit einem anderen Menschen zu einer Einheit zu verschmelzen. Andererseits empfinden wir ein ebenso grundlegendes Bedürfnis nach Unabhängigkeit und der Freiheit, eigene Entscheidungen und ohne Zwang zu Kompromissen zu treffen.
In vielen psychologischen Büchern wird ein modernes Bild von geglückten und missglückten Partnerschaften

aufgezeigt und untersucht, in welchen Formen sich Beziehungsängste äußern und hinter welchen Fassaden sie sich verbergen. Werden Fragen geklärt über eigene Ängste und Gefühle, womit sich die Chance eröffnet, eine wirklich enge und dauerhafte Beziehung zu führen.

Fortsetzung der „Unendlichen Geschichte"

Eine dauerhafte Beziehung hätte Bärbel auch gern gehabt, außerdem eine Rückvergütung des gezahlten Honorars durch die Partneragentur. Sie erhielt den nächsten Brief der Firma, der ihr als Kopie vom Rechtsanwalt zuging.

Angelegenheit DO/e 244/04 – Vermittlungsauftrag vom 16.03.04
Ihr Schreiben vom 23.12.04 (von der Post haben wir Ihren Brief jedoch erst am 27.01.05 bekommen)

Sehr geehrter Herr Rechtsanwalt Dobber,

am 04.11.04 hatte Frau Meyer uns Folgendes mitgeteilt: „Wir können diese Unstimmigkeiten zwischen Ihnen und mir hier auch schnell beenden, wenn sie mir vom Honorar noch 500 Euro zurückerstatten." Dann wäre der Briefverkehr und Weiteres beendet; keine Nachfragen und Ähnliches.
Aus wichtigen geschäftlichen und persönlichen Gründen – die ich jetzt hier nicht erörtern möchte – haben

wir uns mit Schreiben vom 29.11.04 auch darauf eingelassen.
Aus welchen Gründen auch immer versäumten wir es, diese Zahlung auf den Weg zu bringen.
Wir werden bis zum 15.02.05 den Betrag in Höhe von 500 Euro an Frau Meyer überweisen.
Aus dem o. a. Vermittlungsvertrag haben wir Frau Meyer bisher schon 2.000 Euro zurückerstattet. Insgesamt hatte sie 3.000 Euro gezahlt.

Mit freundlichen Grüßen
Peines

Frau Peines verdreht in diesem Brief die Tatsachen und lügt wie gedruckt, erregte sich Bärbel. *Da das Geld nicht überwiesen wurde, gilt mein Einverständnis nicht mehr.* Nicht nur Frau Peines log, im Chat und in Anzeigen wird es oftmals mit der Wahrheit auch nicht so genau genommen.

Nach ausgewerteten Statistiken inserieren Frauen öfter in Zeitungen, während Männer gern im Büro während der Arbeitszeit chatten.
Männer haben im Chat und bei Anzeigen die große Auswahl: Sie sind *Hahn im Korb oder die Gockel von Google*. Deshalb suchen sie immer weiter, weil sie auf eine noch attraktivere Frau hoffen. Und das führt zu der Erkenntnis: Frauen sollten tunlichst die Gockel meiden, die auf der schwarzen Liste des Internets stehen. Ein paar Beispiele:

Die Stunde der Wahrheit, 1. Teil

admiral43 – will Cybersex, Psychopath
Allyouneed68 – aggressiv
anders_bln – steht auf obszöne SMS (ich nicht!)
atidammot – Prolet, nur heiße Luft
Archangel – geldgieriger Esoteriker
ARMIN_Hamburg – pöbelt ungefragt die Frauen an
anmobi – gibt sich nett aus, ist aber nur an ONS interessiert
Beathoven1 – sucht nur ONS
bernsoest – penetrant lästig – verheiratet, holt sich im Chat einen runter
bidudy – sagt immer kurz vor dem Date ab, scheint verheiratet zu sein, ist erheblich älter
bourninglove – will angeblich endlich Familie gründen, sucht aber ONS
CaRatjada66 – will nur Sex, UNGESCHÜTZT!!!
cheyennas46 – sucht keine Beziehung, nur Abenteuer
colly5000 – sucht angeblich eine feste Beziehung, will aber SEINE FREIHEIT, und was den Sex mit ihm angeht … na ja … wer drauf steht! … Ohne „gucken" bekommt er keinen hoch
demolischen – betrunkener, weinerlicher, ausfälliger Pöbel
dieWahl_derQual – ganz plötzlich aggressiv im Chat
DieFAUSTimNacken – Psychopath – bedroht im Chat

liebste – Foto ein Fake, zum 1. Date nicht gekommen, fadenscheinige Ausrede – und der Brüller beim 2. Versuch: kleiner, alter Mann und trotzdem hemmungslos gleich aufs Bett aus
donnaslute – sucht reine Sexabenteuer, tarnt das durch eine charmante Art ... Vorsicht ...
Easyrider – will nur Cybersex, macht es mit seinem Sohn zusammen (ganz übel)
Eiskalt_1 – absolut beleidigend und krank
Eiskalt_1 – kenne ich auch! Widerlicher Typ!!!
Elise211 – sucht nur ONS und ist unverschämt!
Freud – möchte mit seiner Freundin zusammen zum Zuge kommen ... belästigt einen mit seinen perversen Phantasien ...
garnichtlieb – will am Telefon alles von dir wissen über Sex, beim Date dann total verklemmt
Gentleman_62 – großspurig, verspricht viel, will aber nur einen Quickie und taucht dann in der Versenkung unter
Guatemala – kommt gleich auf den Punkt, will sofort einen Termin für „einen Flirt". Hat im Profil schon einige Male das Alter geändert und auch in der Mail eine falsche Altersangabe gemacht. Man kann daraus auf den Rest schließen ... Behauptet, dass er Arzt sei.
Gesundmacher – Auch in der Realität Lügner/Betrüger, aber doch nicht clever genug!!! Angeblich Unfallchirurg, der er aber nicht ist, habe das nachgeprüft.
Gesundmacher – habe ihn auch kennen gelernt, zum Glück nicht in der Realität ... der Kelch ging an mir vorüber ... Herr Dr. hat sich nicht mehr gemeldet!!!!
Hombre65 – Gier nach schweißigen Nylonstrumpf-Füßen

LockiWonson – könnte ein toller Mann sein, wenn er keine Ängste hätte, zu viel Ordnungssinn, krankhaft und Problem Alkohol

Jayjay_Ce – will nur Sex per Mail, möchte Nacktfotos, ACHTUNG

kadurr – quatscht ältere Frauen an, wird absolut unverschämt, wenn man nicht drauf eingeht! Und kann nicht mal richtig schreiben … was soll wohl „alte fot…“ heißen??

kgf57 – will nur ONS und ungeschützten Sex, jammert über seine angeblich schwer kranke Frau

KOURS *– Blender, Lügner, Pseudogeschäftsmann, zuerst charmant … dann Telefonsex, dann ONS, nutzt einen aber aus!*

KOURS *– dominant, will gehorsame Frauen, wer nicht spurt, wird abgesägt*

Kauf_rausch 58 – beim 1. Chat ganz nett … beim 2. geht's dann in Richtung Chat-Sex … beim 3. wird er beleidigend, wenn man nicht will

Erregbar – zeigt sich onanierend vor Web-Cam, will, dass man das Gleiche tut

lookward – will Telefonsex, ist verheiratet

Körpersaft – Psychopath

Körpersaft – kann ich nur bestätigen

Körpersaft – kann ich ebenfalls nur bestätigen!!!

LustaufDich – macht es online

lookward – will Telefonsex, ist verheiratet (<=hat sich hier schon einmal gelöscht)!!!!! UND DAS KOMPLETTE POSTFACH!!

Male65 – fragt ohne Vorwarnung: ficken??

ManAtra – Gibt sich am Telefon sehr nett. Wenn das Datum für ein Date jedoch feststeht, gibt er an, sich

noch wg. Mitteilung des Ortes zu melden, was er jedoch dann nicht mehr tut. Er macht sich somit aus dem Staub. Ruft auch nur angeblich von seinem Institut aus an. Niemals von zu Hause aus.
Muschetto – „verliert" beim Sex Kondome
Marker – macht auf große Liebe, versetzt mehrfach mit lausigen Ausreden bei Dates, verstrickt sich in Widersprüche und lässt dann Dinge los, dass er sich umbringt, wenn man ihn nicht nimmt ... Diagnose: Dachschaden
Mistkerl_grinst – Psychopath

Wie das Unglück es wollte, lief mir dieser Mistkerl bei meinem Profil *LaBelledeNuit* über den Chatweg. An sich sollte ich als Frau mich ja einer höflichen Sprache bedienen, aber manchmal werden auch *Weiber zu Hyänen*. Bei diesem Chat war es wohl unausweichlich, dass ich meine gute Erziehung vergessen musste.

Mistkerl_grinst (12:40 Uhr):
**lacht laut* ... ansonsten die üblichen Eigenschaften: weltoffen, souverän, mir gewachsen sein.*

Mistkerl_grinst (12:40 Uhr):
Was bist du eigentlich für eine Komikerin?

LaBelledeNuit (12:40 Uhr):
Shut up
Mistkerl_grinst (12:40 Uhr):
Das belegt schon deine Berufsangabe: Chef-Assistentin.

LaBelledeNuit (12:41 Uhr):
Und, was dagegen?

Mistkerl_grinst (12:41 Uhr):
Ach, shut up – du bist einfach dämlich. So simpel ist das.

Mistkerl_grinst (12:42 Uhr):
Solche Profile könnte ich stundenlang lesen; ich lache gern.

LaBelledeNuit (12:42 Uhr):
Ich lasse dich sperren.

Mistkerl_grinst (12:42 Uhr):
... eine Partnerschaft mit Freiräumen auf Augenhöhe – was für ein inhaltsleeres Geblubber.

Mistkerl_grinst (12:42 Uhr):
*... du und schreiben! ... *lacht laut**

LaBelledeNuit (12:43 Uhr):
Reif für die Anstalt?

LaBelledeNuit (12:44 Uhr):
Schon ausgelaugt, nichts Neues mehr ...

Mistkerl_grinst (12:44 Uhr):
... Verehrteste, ich zitiere gerade ...

LaBelledeNuit (12:44 Uhr):
Und was bitte?

LaBelledeNuit (12:44 Uhr):
… bei deinem Zwergenverstand

Mistkerl_grinst (12:45 Uhr):
… deinen über Kreuz gelöteten Unsinn.

LaBelledeNuit (12:45 Uhr):
Hast du noch mehr von solchem Unsinn?

Mistkerl_grinst (12:45 Uhr):
… den Blödsinn muss man sich auf der Zunge zergehen lassen, du „weltoffene" Komikerin.

LaBelledeNuit (12:46 Uhr):
Du hast deinen Verstand wohl nur im Penis …

LaBelledeNuit (12:47 Uhr):
… zu kurz und zu klein …

Mistkerl_grinst (12:47 Uhr):
… und deine Beleidigungen geben mir nun wirklich Recht.

Mistkerl_grinst (12:48 Uhr):
Du bist plump und primitiv.

LaBelledeNuit (12:48 Uhr):
Siehst du: Wie es in den Wald hineinschallt …

Daraufhin sperrte ich ihn. Die Frauen, die ihn auf die schwarze Liste gesetzt und ihn als Psychopath eingestuft hatten, lagen mit ihrer Einschätzung richtig. Das war auch seinen Antworten auf die 25 Fragen zu entnehmen. Ein paar Beispiele:

Für die ganz Cleveren hier (und davon gibt's etliche). Sie versteht IRONIE!
*Meine Traumfrau fährt Porsche. Wessen auch immer ... *s**
Intelligenz und Ausstrahlung dürfen gern ihre Beifahrer sein,
Leidenschaft und Experimentierfreude ihre großen Brüder.
Sie soll mich fordern ... Und sie soll kultiviert sein, charmant und niveauvoll. Quasi Dame und Kind zugleich und später, wie ich mich kenne, wahrscheinlich auch Mutter. In jedem Fall sollte sie mehrere Sprachen beherrschen – Französisch ohnehin – und aus mindestens hochbürgerlichem Hause kommen. Mit perfekten Manieren in Gesellschaft und schlechten im Bett. Sie sollte mehrere Profile bei Dating-Firmen haben und die jeweils aktuellste Ausgabe von „Männer Vogue" griffbereit auf ihrer gläsernen Vitrine neben dem offenen Kamin. Wenn sie keck ist, schlüpft sie morgens in mein Prada-Hemd und spielt mit mir Kissenschlacht. Über alles andere kann man reden – oder nicht?
***Und nach dieser kurzen Pause ...*
*nimmt der Mistkerl die geneigte Leserin mal an die Hand und führt sie zu den nächsten Sätzen, was ich will.***
Wobei: Eigentlich stehen diese Zeilen hier nur, weil ich dich bei der Fahne halten will; um den Ausdruck „Stange" weiträumig zu umgehen.

a) Ein gesunder Mix zwischen Leben auf der Überholspur und slow down ...
b) Zuhören und Verstehen, sich mit dem anderen befassen.
c) Eine „positive Spannung".
d) Sex.

Ansonsten ... lach' ich (wie mehr oder weniger alle) über die Armada von „Führungskräften" im Lager der Pfeilträger, über die diversen „Unternehmer", „Aufsichtsräte" und „Power-Frauen".
Über Loriot, Dick und Doof und über Sabine Christiansen mit ihren ewig gleichen Gästen.
Und über 40-jährige Frauen, die „Daddy" becircen.
Erfolg bedeutet für mich: ... Porsche fahren ... und Angst habe ich,
einer „Traumfrau" zu begegnen.
Mein bevorzugtes Buch: „Machtspiele".
*Es schätzen andere an mir meine ausgeglichene Art ... und sanften Provokationen ...*s* ... vielleicht nicht immer ... *s**
Und damit hatte Mistkerl_grinst Recht!
Und wahrscheinlich waren *Mistkerl* und *Sprachkünstler* identisch. Im Moment ist er mit einem dritten Profil unterwegs. Textlich hat sich nur wenig geändert.
Ich bekam Lust, mir die restlichen Kandidaten anzuschauen, die ich im Chat auch tunlichst meiden sollte.

Stunde der Wahrheit, 2.Teil

menna – widerlich primitiv, will Nacktfoto
Micki – ALKOHOLIKER; BRAUCHT VIAGRA; IST UNVERSCHÄMT – SUCHT ONS/sperrt alle Frauen, die ihm überlegen sind und keine „Wochenendbedröhnung“ von ihm haben wollen. Möchte Bilder, Alter über 60, nicht 53
möchtest_duschuheffm – Fußfetischist
m39nord – sehr nett, sehr großzügig, guter Sex ... nur eine zur Zeit, DAS reicht ihm leider nicht, tanzt gern auf 1–3 Hochzeiten gleichzeitig
Noo5 – macht einen auf reich und lieb, letztendlich will er nur Geld. VORSICHT geboten. Betrüger!!!
Noo45 – aufpassen, Mädchen, sucht reiche Zahlemaus
not_a_fake – dass ich nicht lache, der größte Schwindel überhaupt!
Ono rio – sagt, dass er getrennt lebt, ist verheiratet und fährt jedes Wochenende heim
P o w e r l i – möchte gern alles von dir wissen (Sex), kommst nicht aus „dem Knick“, wenn du nicht so reagierst, wie er will
Ratum1, Ratum2 – ein und dieselbe Person. Alkoholprobleme. Hält auf Grund dessen Verabredungen nicht ein.
rlb0207 – ist angeblich auf der Suche nach d e r Frau, sagt Treffen kurzfristig ab, kein Telefonat; blockt alles ab; ohne Vorankündigung wird mail-addi gesperrt, Psycho? Fake?

Garmti – aggressiv, krankhaft, lästig
silver74 – sucht keine Beziehung, nur ONS, erzählt von finanziellen Schwierigkeiten, außerdem ist er bisexuell.
SKYS – lebt mit seiner Freundin? Frau? Sucht nur Sex, glaubt, er wäre Gottes Geschenk an die Frauen
Suche_MLF – penetrante Fragen nach Treffen zum „Ficken"
Suche_MLF – kann ich nur bestätigen, dabei zu allem Überfluss noch struweldoof!
WOGA – unverschämter geiler Bock ... will nur Sex ... wird bei Absage unverschämt und beleidigend
To2001 (alias Drahtesel alias 69anders_bln) – schickt dir obszöne SMS
Top kö47 – Wenn man ihn abwimmelt, schreibt er: du hässliche verblödete Krampe!!! Sucht nur Sex
Traumzeitmann – tut sehr liebevoll, sucht aber nur ONS, danach null Kontakt, tat seeehr weh!
Traumzeitmann – genau so ist es! Mistkerl
Traumzeitmann – man verliebt sich, und er geht in die Versenkung. Vorsicht!
Traumzeitmann – Tut sehr gebildet, will aber nur ONS und dann ciao
rechtskling – Psychopath ohnegleichen, aggressiv beleidigend
rechtskling – nicht täuschen lassen, er hat zwei Gesichter, er tobt hier seinen Frust aus, wurde ziemlich gemein verlassen – er sucht dennoch nur diesen EINEN Frauentyp wieder – wer ihn haben will (lach), am besten frech zurückschlagen – war vier Monate mit ihm zusammen – war schön, aber kraftraubend am Ende
rechtskling – wie war das noch einmal, Ihr Frauenarzt

wird Ihnen Trichomoniasis diagnostizieren!! Auf seine Entschuldigung werden Sie vergebens warten! Tja, Frau sollte den Mann nie nach Thailand reisen lassen.
roro_oder_so – macht auf seriös … harmlos, sagt, sucht was Festes, fickt sich durchs Internet, lügt, lügt, lügt, will nur eins … FICKEN, bis der Arzt kommt, am besten so viele wie möglich parallel. Und Achtung für alle Nichtbayern … der Typ ist auch oft auf „Geschäftsreise“ außerhalb
setgame – Will Onelinesex und dann gemeinsamen Orgasmus. Beschwert sich , wenn man „verpiss dich“ antwortet.
vonBauer – hat sie nicht alle! Drängt sich auf, quatscht dummes Zeug – befriedigt sich beim Chat

Moi aussi – kenn ich nicht!

Bully eignete sich auch hervorragend für die schwarze Liste:

Bully (21:53 Uhr):
Hallo, hast du Lust, mit mir zu chatten??

Marie_Louise (21:54 Uhr):
Ja

Bully (21:54 Uhr):
Heinz wünscht guten Abend

Marie_Louise (21:55 Uhr):
Moi aussi …

Bully (21:55 Uhr):
… kenn ich nicht

Marie_Louise (21:55 Uhr):
Ich auch, heißt das

Bully (21:56 Uhr):
Wieder was gelernt ..... Was machst du beruflich?

Marie_Louise (21:56 Uhr):
Medien

Bully (21:57 Uhr):
Sagt mir nicht sehr viel, ist ein sehr großer Begriff, denk ich

Marie_Louise (21:58 Uhr):
Ja, das ist es

Marie_Louise (21:58 Uhr):
Ich schreibe …

Bully (21:58 Uhr):
Ich schreib mit 2 Fingern

Marie_Louise (21:58 Uhr):
… und interviewe

Marie_Louise (21:58 Uhr):
Das merkt man …

Marie_Louise (21:58 Uhr):
… oder Frau

Bully (21:58 Uhr):
Dann muss ich mich ja für meine Rechtschreibung schämen

Marie_Louise (21:58 Uhr):
Könnte sein

Bully (21:59 Uhr):
Bei einer Zeitung?

Marie_Louise (21:59 Uhr):
Nein

Marie_Louise (21:59 Uhr):
Muss nicht mehr arbeiten

Bully (22:00 Uhr):
Hast du es gut

Marie_Louise (22:00 Uhr):
Weiß ich wohl

Bully (22:00 Uhr):
Ich hatte gestern einen 22-Std.-Tag …

Marie_Louise (22:01 Uhr):
Mein Tag dauert 24 Stunden

Marie_Louise (22:01 Uhr):
:-)

Bully (22:01 Uhr):
… bin um 3:30 raus nach Wien geflogen und war mit Verspätung um 1:00 wieder zu Hause

Marie_Louise (22:01 Uhr):
Solche Tage gab es in den Medien öfter …

Marie_Louise (22:02 Uhr):
… wenn Livesendungen waren oder große Konzerte …

Marie_Louise (22:02 Uhr):
... und dann noch die Pflicht, zu Hause Leistung zu bringen

Bully (22:02 Uhr):
Das glaub ich gern, da wurde alles mobilisiert, was möglich war

Marie_Louise (22:02 Uhr):
Im Bett?

Bully (22:02 Uhr):
Mit Familie und Kindern, meinst du?

Marie_Louise (22:03 Uhr):
Ja ...

Marie_Louise (22:03 Uhr):
... das meine ich

Marie_Louise (22:03 Uhr):
Wo ist die Kür und wo die Pflicht?

Bully (22:03 Uhr):
Ist das so eine Pflicht gewesen?

Marie_Louise (22:03 Uhr):
Ich weiß das nicht

Bully (22:03 Uhr):
Das find ich aber schade für dich

Marie_Louise (22:03 Uhr):
Ich kenne Sie nicht

Marie_Louise (22:03 Uhr):
Meinen Sie?

Marie_Louise (22:04 Uhr):
Sie sind doch verheiratet

Marie_Louise (22:04 Uhr):
So Seitensprünge liebe ich nicht

Bully (22:04 Uhr):
Hast du denn das Bett schön gefunden (meine nicht das Möbel)?

Marie_Louise (22:04 Uhr):
Welches Bett und mit wem?

Bully (22:05 Uhr):
Ich bin 390 Jahre treu, und das will ich auch bleiben

Marie_Louise (22:05 Uhr):
Wer sind Sie?

Marie_Louise (22:05 Uhr):
Und warum chatten Sie?

Bully (22:05 Uhr):
Ich suche Unterhaltung, mal ein wenig flirten und ab und zu auch mal Onlinesex

Marie_Louise (22:05 Uhr):
Was ist das?

Bully (22:06 Uhr):
30 Jahre treu

Marie_Louise (22:06 Uhr):
Und? Was ist Onlinesex?

Bully (22:06 Uhr):
Das ist doch wohl nicht dein Ernst

Marie_Louise (22:06 Uhr):
Doch

Bully (22:07 Uhr):
Du brauchst nicht den Chat, sondern Aufklärung, oder wie sehe ich das?

Marie_Louise (22:07 Uhr):
Ich bin eine gestandene Frau …

Marie_Louise (22:07 Uhr):
… die hier neu im Chat ist

Marie_Louise (22:08 Uhr):
Wir können ja mal Natursektdating machen

Marie_Louise (22:08 Uhr):
Wie wäre es?

Bully (22:08 Uhr):
Das hab ich auch nicht anders erwartet

Marie_Louise (22:08 Uhr):
Wieso?

Bully (22:08 Uhr):
Ich treffe prinzipiell keine Frauen außer meiner eigenen …

Marie_Louise (22:09 Uhr):
Und im Chat doch welche ansprechen

Marie_Louise (22:09 Uhr):
Hat die Kirche Ihnen das verboten?

Marie_Louise (22:09 Uhr):
Zu gläubig …

Marie_Louise (22:09 Uhr):
… nur Sex mit der eigenen Frau

Bully (22:09 Uhr):
… aber online hab ich schon so manchen Orgasmus beflügelt

Marie_Louise (22:09 Uhr):
Dann waren sie wohl dreimal mit ihrer Frau im Bett – bei drei Kindern …

Bully (22:10 Uhr):
Das ist meine Devise

Marie_Louise (22:10 Uhr):
Das habe ich nicht verstanden!

Marie_Louise (22:10 Uhr):
Nur Sex mit der eigenen Frau …

Bully (22:10 Uhr):
Ich bin täglich mindestens 1x im Bett oder sonst wo, um Sex zu haben

Marie_Louise (22:10 Uhr):
… dreimal mit ihr im Bett gewesen …

Marie_Louise (22:10 Uhr):
… weil es sich nicht anders gehört, wenn Mann katholisch ist?

Bully (22:11 Uhr):
Und zusätzlich beim Onlinesex den Orgasmus

Marie_Louise (22:11 Uhr):
Verausgaben Sie sich dabei nicht?

Bully (22:11 Uhr):
Liest du meine Texte gar nicht?

Marie_Louise (22:12 Uhr):
Doch – du meine aber nicht.

Bully (22:12 Uhr):
Bisher nicht!

Marie_Louise (22:12 Uhr):
Das sehe ich

Bully (22:13 Uhr):
Dir scheint die Phantasie abhanden gekommen zu sein

Marie_Louise (22:13 Uhr):
Du solltest dir mal einen Duden kaufen, nach dem zu urteilen, was ich in deinen 25 Fragen gesehen habe

Bully (22:13 Uhr):
Schade für dich

Marie_Louise (22:13 Uhr):
Nein, mir nicht

Marie_Louise (22:13 Uhr):
Rechtschreibung ist angesagt

Marie_Louise (22:13 Uhr):
Aber richtig – kein Onlinesex

Bully (22:14 Uhr):
Ich kann's entziffern, und seit Monaten auch die, die sie gelesen haben, das reicht mir.

Marie_Louise (22:14 Uhr):
Dann ade …

Bully (22:14 Uhr):
Es gibt Wichtigeres.

Marie_Louise (22:15 Uhr):
... und Achtung, Fremdwort: ***ciao***

Bully (22:15 Uhr):
Tschau

Aber Frauen wollten nicht nur eine Liste der Männer erstellen, die sie negativ beurteilten. Nein, sie wollten auch eine Positiv-Liste erstellen:

Vielleicht sollten wir zum Mutmachen auch eine Weiße_Liste erstellen ... von Männern (bester Freund), die nett sind, wo es aber einfach nicht Klick gemacht hat ... damit wir die auch vermittelt kriegen, denn es gibt sie. Eingerichtet ist sie, mal gucken, ob sie Interessentinnen findet, schaut doch vorbei unter dem Nick Weiße_Liste.

Sofort schauten dort auch Männer vorbei, die sich selbst in die Liste eintrugen und eine gute, manchmal sogar sehr gute Meinung von sich haben:

Master_of_Disaster_ –
TOP-Mann (36 J.), den ich wärmstens empfehlen kann. Ich liefere mal einige Stichwörter: intelligent, sehr nett, erfolgreich, naturverbunden, vertrauenswürdig, bindungswillig, viel Power, ausgeglichen, Kopfmensch (komplizierter Nick, am besten zur Suche kopieren ...)

Einer solchen Sprache bediente sich nur ein Mann, der seine Pantoffeln oder Unterhosen als Kaufmann meist-

bietend an die Kundin bringen wollte. Eine Frau aus dem Chat, die ihm schon mal begegnet war:
ACHTUNG, GETÜRKT: IST ECHT LÄSTIG UND AUFDRINGLICH, DER TYP – SCHON BEIM CHATTEN.

Leider wurde diese Liste nach vier Tagen gelöscht, und keine Frau hatte den Mut mehr, sie wieder aufleben zu lassen.

Neues aus Frau Peines' Nähkästchen

Lästig wurde auch Frau Peines. Ein neuer Brief trudelte beim Rechtsanwalt ein.

Sehr geehrte Frau Meyer,
hiermit widerrufen wir die Zusage vom 29.11.04 und 27.01.05, Ihnen weitere 500 Euro auszuzahlen.
Gründe: Wir lassen uns nicht länger von Ihnen durch Drohbriefe und Nötigungen einschüchtern. Der Gipfel Ihrer Unverschämtheiten ist jetzt ja wohl erreicht – indem Sie uns über Ihren Anwalt am 10.02.05 einen Mahnbescheid haben zustellen lassen über 1.500 Euro plus Kosten.
Ihnen ist sehr wohl bekannt, dass wir Ihnen lt. Vermittlungsvertrag vom 16.03.04 statt 1.500 Euro 2.000 Euro zurückgezahlt haben, und zwar aufgrund der neuen Vereinbarung vom 07.06.04.
Gezahlt wurden am 17.09.04 500 Euro und am 07.10.04 1.500 Euro (Gesamtbetrag 7.500 Euro inkl. 6.000 Euro aus Vereinbarung vom 07.06.04), aber das

ist Ihnen ja alles bekannt. Ich hoffe sehr, dass Sie sich endlich besinnen; denn länger können und dürfen wir Ihr Verhalten nicht tolerieren.

Mit freundlichen Grüßen
Peines Soles

Meldung von der Geldfront – Wenn ich einmal reich bin

Bärbels düstere Prophezeiungen bewahrheiteten sich. Die Vermittlungsfirma fuhr schweres Kaliber auf. Vielleicht hatte sie gehofft, dass Bärbel sich schämen würde, in dieser Angelegenheit einen Anwalt aufzusuchen. Doch Bärbel war mutig und wollte ihr Geld zurück. Der handgeschriebene Nachsatz im Vertrag war Geld wert. Rechtsanwalt Dobber bestätigte Bärbels Anspruch.

Sehr geehrte Frau Peines,
ich bestätige den Eingang Ihres Schreibens, welches mir am 14.02.2005 zugegangen ist. Der Widerruf Ihrer Zusage ändert nichts daran, dass Sie sich vertraglich verpflichtet haben, bei Nichtvermittlung das Honorar in Höhe von 1.500 Euro zurückzuzahlen.
Dieser vertragliche Rückzahlungsanspruch wird im gerichtlichen Verfahren durchgesetzt. Sollten Sie jedoch bis zum 17.03.2005 das Honorar auf eines meiner Geschäftskonten überwiesen haben, kann das gerichtliche Verfahren eingestellt werden.

Ich darf Sie des Weiteren darauf hinweisen, dass Sie sich seit dem 08.01.2005 mit der Rückzahlung in Verzug befinden, so dass Sie auch die durch meine Beauftragung entstandenen Kosten zu tragen haben. Die Forderung beträgt insgesamt 1.697,50 Euro.

Rechtsanwalt
Dobber

Zwischendurch wurde Frau Peines einsichtig und wollte die Summe von 1000 Euro nun herausrücken, bekam eine Frist gesetzt, die sie wiederum nicht einhielt. Leider musste Bärbel wieder einen ihrer ironischen Briefe loslassen.

Der Schurken sind gar viele

Bremen, 02.09.05
Firma Soles
zu Hd. Frau Peines
per Fax

Restgeldforderung!

Sehr geehrte Frau Peines,
bezugnehmend auf Ihr Telefonat vom 31.08.2005 um 10.48 Uhr möchte ich Ihnen mitteilen, dass Ihre Märchenstunden keine Wirkung auf mich haben. Deshalb habe ich das letzte Telefongespräch beendet. Für das Gericht brauche ich nur das Nachweisbare, also Brie-

fe. Auch Ihr persönlicher Zustand interessiert mich nicht. Dafür haben Sie zu viel gelogen. Sie hätten Ihren Vertrag einfach erfüllen sollen, dann müssten Sie nicht bei mir versuchen, um gut Wetter zu bitten. Es ist zu viel des Guten mit Ihnen gewesen. Wo sind denn die Männer – selbst internationalen Zuschnitts – gewesen? Es war doch gar keine Masse vorhanden!
Es ist keine Anzeige von Ihnen, wie im zweiten Vertrag besprochen und schriftlich fixiert, geschaltet worden. Ich nenne das in Normaldeutsch Betrug!
Und es bleibt auch weiterhin so, nur Vertröstungen!
Sie haben Ihre Verträge nicht erfüllt. Das ist und bleibt Fakt. Das heißt für mich, wenn Sie nicht die restliche mir zustehende Summe zahlen, gehe ich vor Gericht. Ein Klageentwurf liegt mir schon vor. Außerdem wird sich die Staatsanwaltschaft mit Ihnen und Ihrer Firma befassen, weil mein Weg auch dorthin führen wird. Der letzte Weg wird der zur Gewerbeaufsicht sein.
Ich erwarte den Eingang der restlichen Summe von 1.000 Euro bis Freitag, den 09.09.2005, bis 12.00 Uhr. Sie sehen also, dass ich nicht klein beigebe und mich von Ihren Versprechungen und dramatischen Auftritten einlullen lasse.

Hochachtungsvoll
Bärbel Meyer

Da nur ein Telefonanruf von Frau Peines erfolgte, den Bärbel abwürgte, schrieb sie einen zweiten Brief.

Firma *Soles*
zu Hd. Frau Peines
per Fax

Rückzahlung des Betrages in Höhe von 1.000 Euro
Telefonat mit Herrn RA Dobber am 22.06.05

Se*hr geehrte Frau Peines,*
trotz Ihrer großartigen Ankündigung ist das Geld bis 17.00 Uhr nicht auf meinem Konto bei der Sparkasse Bremen eingegangen. War das nur ein Windei? Haben Sie das Geld noch in Ihrer Keksdose und – wie immer – vergessen, es zu überweisen?
Oder haben Sie gerade keine Kopfbögen dabei, um Eindruck zu schinden?
Sie wissen ja, was hier dann abläuft!

Hochachtungsvoll
Bärbel Meyer

Nach dem zweiten Schreiben reagierte Frau Peines endlich.
Sehr geehrte Frau Meyer,
aufgrund der Diktion Ihrer Schreiben (diese liegen mir zurzeit allesamt vor) halte ich persönlich Sie für unberechenbar und gefährlich.
Ohne Anerkennung einer Rechtspflicht oder Schuld zahle ich Ihnen den Restbetrag in Höhe von 1.000 Euro zurück. Dieser Betrag wird in den nächsten Tagen auf Ihr Konto überwiesen.

Aus gesundheitlichen Gründen haben wir das Unternehmen (exklusive Partnervermittlung) im Juli 05 abgemeldet.
Hochachtungsvoll Peines

Also endlich mal ein Vermittlungsinstitut, das im Moment keinen Schaden mehr anrichten kann. Vielleicht kommt es ja nach einer kurzen Frist unter neuem Namen wieder und versucht erneut, finanzkräftige Frauen an die Angel zu bekommen. Mal sehen! Sehen musste Bärbel auch, ob ihr Konto weiterhin Schwindsucht behielt.

Kein Geldeingang!

Sehr geehrte Frau Peines,

leider ist Ihr Geldeingang über die 1.000 Euro ***„unberechenbar“****. Das heißt für alle verständlich ausgedrückt, dieses Geld scheint die Schwindsucht zu haben.*
Auf meinem Konto ist bis zum jetzigen Zeitpunkt kein Geldeingang zu verzeichnen.
Ich erwarte, dass Sie mir eine Kopie des Einzahlungsbeleges zukommen lassen (per Fax oder Post).
Anderenfalls wende ich mich unverzüglich an meinen Rechtsanwalt.
Mit einem Strafrechtler habe ich bereits gesprochen, was den Betrug angeht. Ich gehe in guten Schuhen. Es ist eher so, dass Sie ***gefährlich*** *sind.*
Hochachtungsvoll Bärbel Meyer

Was können Frauen aus solch einem Vorgang lernen?

Die Schule des Lebens

Frauen sollten nicht jedes Wort von Männern oder vermeintlich vornehmen Vermittlungsfirmen für bare Münze nehmen. Im Zustand des Verliebtseins ist der Verstand vielfach außer Kraft gesetzt, und gut gemeinte Ratschläge stoßen auf taube Ohren. Oft wird nicht bemerkt, dass der siebte Himmel ziemlich weit entfernt ist.
Schon die Stimmungskanone Roberto Blanco sang ganz richtig in seinem Schlager: *Ein bisschen Spaß muss sein!*
Und Spaß haben wollen alle. Nicht nur Roberto Blanco, der einer deutschen Klatschillustrierten gestand: *Ich bin, wie ich bin!* Mit derselben Auffassung benutzen etliche Männer die Datingfirmen: *Männer sind, wie sie sind, nicht wie sie sein sollten! Luxusbienen wissen das!* Viele Männer wissen das auch und benehmen sich so und bestimmen, wer eine Luxusbiene ist.

Das ist schon Kurt Tucholsky aufgefallen:
Der deutsche Mann,
Mann,
oh Mann,
das ist der unverstandene Mann.
Er hat ein Geschäft, und er hat eine Pflicht.
Er hat einen Sitz im Oberamtsgericht.

Er hat auch eine Frau – das weiß er aber nicht.
Er sagt: „Mein liebes Kind ..."
und ist sonst ganz vergnügt.
Er ist ein Mann, oh Mann.
Und das genügt!

Ob das den Frauen genügt, die einen Mann suchen?

Frauen haben meistens ganz andere Wünsche. Sie möchten einem normalen Mann begegnen, mit dem sie längerfristig zusammen sein können, und nicht als *Lady Chatterfield* in *die Geschichte von Google* eingehen. Denn: *In der Liebe ist es wie beim richtigen Verbrechen, ohne den richtigen Komplizen wird es nichts!*

Das muss von den Suchenden akzeptiert werden, obwohl:

Heutzutage werden
Bekanntschaften gesucht,
Kontakte geknüpft,
Frauen aufgerissen,
Männer angemacht,
Gefühle investiert,
Partnerschaften aufgebaut,
Beziehungen unterhalten,
Verhältnisse eingegangen,
Ehen geschlossen
und Scheidungen ausgesprochen.
Dennoch:
Und die Sehnsucht
nach Liebe bleibt.

Und:
Gute Absichten, Monogamie, zeitliche Unbegrenztheit, Verantwortung und Realismus: Das sind die Merkmale der Bereitschaft, eine Beziehung zu pflegen und selbst in Zeiten daran zu arbeiten, in denen es leichter wäre, Schluss zu machen.
Darin liegt das Wesen einer festen Bindung

Wer ist heute dazu bereit?, fragte Sorgenboy:

Niemand möchte seine Welt in Unordnung bringen, deshalb schaffen es viele, diese Bedrohung unter Kontrolle zu halten. Deshalb versuchen viele, ihre Welt wie ein Haus von allen Seiten abzustützen, obwohl dessen Balken längst morsch sind. Das sind die Ingenieure des Überfälligen. Andere wieder handeln genau umgekehrt: Sie geben sich blind hin, ohne nachzudenken, und hoffen, in der Leidenschaft die Lösung all ihrer Probleme zu finden. Sie übertragen dem anderen die alleinige Verantwortung für ihr Glück und die alleinige Schuld an ihrem Unglück. Entweder sind sie permanent euphorisch, weil etwas Wunderbares mit ihnen passiert ist, oder permanent deprimiert, weil etwas Unerwartetes alles zerstört hat. Was ist weniger zerstörerisch: sich von der Leidenschaft fern zu halten oder sich ihr blind zu ergeben? Ich weiß es nicht …
Eines weiß ich sicher … der Einklang zwischen Seele, Kopf und Körper ist ein erstrebenswertes und gesund erhaltendes Ziel, ich lebe, um auch das zu lernen …

Wenn der alte Motor wieder tackt, sitzt die Nase wieder vorn Marke: Neugeburt

Sein gesund erhaltendes Ziel – eine viel jüngere Frau – verfolgte *Colorado* äußerst zielstrebig. Er sandte mir ein Kontaktgesuch, und das nicht zum ersten Mal. Meine Antwort war etwas ungehalten, denn weder sein Bild, seine Behausung, sein Getrenntleben noch sein sagenhaft hohes Alter von 75 Jahren sprachen mich an. Ich antwortete ihm kurz und bündig:
Ich glaube, es ist besser, wenn Sie sich mal um Frauen kümmern, die über 70 sind. Egal, wie viel Geld Sie haben. Sie machen sich etwas vor. Warum kümmern Sie sich immer um so junge Frauen? S.

Die Antwort folgte prompt:
Hallo und frohe Ostern, als Jazzenthusiast habe ich alle Sarah-Vaughan-Platten, und so dachte ich, ich sage Hallo. Deine anderen Kommentare sind unwichtig, ich fahre Auto- und Motorradrennen, fliege mit dem Gleitschirm und bin immer noch aktiv in der Airline-Industrie (Check-Pilot), habe mein Büro in der Schweiz sowie in Denver, Colorado, Sexualität ist im Bereich 38-jährig, Ausdauer 48-jährig. Alle 6 Monate fliegertaugliche Untersuchung. Ich laufe auf allen Zylindern 100 Prozent ... www.helvetia-ltd.com ... hfr@bluewin.ch ... bin alle 1,5 Monate in Europa. Love Harry, der Berner Lausbub.

75 Jahre und kein Stück weise, obwohl ich den Berner Bub für seinen Mut bewunderte. Weisheit hingegen sprach aus Sorgenboy:

Was das Internet so attraktiv macht, sind vor allem neue Handlungsmöglichkeiten wie: Realitätsflucht, Experimentieren mit der eigenen Identität. Das Fliehen vor der Realität kann Flucht vor persönlichen Problemen bedeuten; vor Problemen mit sich selbst (z. B. Minderwertigkeitskomplexe) oder mit seinem sozialen Umfeld (Integrationsschwierigkeiten, Probleme der Kontaktaufnahme, Einsamkeit etc.). Die darin verborgenen Wünsche werden in der Realität nicht erfüllt, sodass das Internet mit seinen geschützten, anonymen Räumen stellvertretend aufgesucht wird.

Zwischen Himmel und Erde schweben

Wenn wir heute einen kritischen Blick in die Chats und Partnerschaftsanzeigen in Zeitungen werfen und die Erfahrungen aus der Lektüre dieses Buches berücksichtigen, sollten wir uns gut überlegen, ob wir unser sauer verdientes Geld diesen vielen Firmen in den Rachen werfen wollen oder nicht, denn von moderaten Preisen und preiswertem Vergnügen kann in vielen Fällen keine Rede sein, wenn man alle Kontaktmöglichkeiten der Firmen nutzen will. Ob diese Firmen ein ausreichendes Angebot an Personen passenden Alters und Geschlechts für den Suchenden haben, entzieht sich in jedem Fall der Kenntnis der Nutzer. Egal, ob es ein Mann oder eine Frau ist, wie wir aus der veröffentlichten Statistik von *Parship* wissen.

Die jüngeren Benutzer dieses Systems haben noch die Chance auf ein ausgewogenes Verhältnis von Suchenden beiderlei Geschlechts. Aber was bieten die Firmen den Menschen und vornehmlich den Frauen ab 50 Jahren an? Nicht viel, ist meine Erfahrung.

Es waren Angebote von Männern dabei, die schon lange ihre wohl verdiente Pension genießen und viel jüngere Frauen suchen. Aber ob die jüngere Frau dann gleich die Kranken- und Altenpflegerin spielen möchte, steht in den Sternen, und das Wissen darum entschwindet in den Nebeln der Milchstraße. Darüber gibt es leider keine statistische Erhebung. Viele Frauen wiederum wollen lieber in ihrer Generation bleiben und bevorzugen einen Partner aus ihrem Altersumfeld.
Angeklickt wurde ich merkwürdigerweise oft von viel jüngeren Männern, die eher meine Enkel hätten sein können. Anscheinend wollten sie in einer Experimentierphase Erfahrungen sammeln, um diese dann bei einer jüngeres Partnerin einzusetzen. Fraglich ist nur, ob eine Frau, die kurz vor dem Pensionseintritt steht, Lust hat, der Enkelgeneration Nachhilfestunden in Sachen Sex zu geben.
Die Entscheidung, wo und bei welcher Firma Sie sich einloggen, liegt bei Ihnen. Das Internet ist voll von Angeboten, und es schießen immer neue Firmen wie Pilze aus der Erde. Leider hat die Zeitschrift Test diesen Markt noch nicht ausführlich unter die Lupe genommen und benotet.
Wer im Internet auf Partnersuche geht, sollte sich über den Zeitaufwand im Klaren sein. Nicht jeder hat Lust und Interesse, viele Stunden vor dem Computer zu ho-

cken und zu versuchen, Kontakte zu knüpfen. Allerdings kann es auch süchtig machen, vermeintliche Glücksmomente zu erhaschen. Vielleicht ist es sinnvoller und gesünder, sich ab und zu ein *Runners High* beim Joggen zu erlaufen und dabei festzustellen, dass sich die Endorphine besser in der frischen Luft vermehren können, als wenn man nur die Finger auf den Tasten des Laptops bewegt und daneben die geöffnete Bierflasche steht. Die Partnersuche im Internet ist nicht nur zeitaufwendig, sondern mit viel Arbeit verbunden: Fragebögen ausfüllen, sie deuten zu lernen wie ein Arbeitszeugnis, und eruieren, wie man sich am besten präsentiert. **Eine Garantie, den richtigen Partner zu finden, gibt es nicht!**
Der Wunsch, einen Partner zu finden, ist bei Mann und Frau unterschiedlich stark ausgeprägt, weil Frauen, so wird ihnen nachgesagt, *mit dem Herzen lieben und Männer mit dem Körper*.

Die Frauen in meinem Alter wollen sicher eine Partnerschaft mit einem verlässlichen Mann, die länger anhält. Männer meiner Generation haben oft das Gefühl, etwas im Leben versäumt zu haben, und möchten noch einmal den großen Kick genießen, bevor sie sich aufs Altenteil zurückziehen und sich pflegen lassen. Viele Männer erwarten wirklich, dass Frauen dieses Verhalten akzeptieren, weil sie glauben, eine *rare Ware* zu sein. Dieser Status verleitet Männer nicht gerade, ihr Verhalten zu ändern. Warum auch? Wie die Gockel inmitten einer großen Hühnerschar nehmen sie die Frauen wahr und sortieren und probieren viel, bevor sie sich vielleicht auf eine Frau festlegen.

Der Philosoph Jean Paul (Richter) meinte:
Erbärmlich, dass die Weiber überall einen Mann haben müssen (im Erziehen und sonst).
Aber ich kann den Spruch auch umdrehen:
Erbärmlich, dass die Männer überall eine Frau haben müssen (um zu kommandieren und sonst).

Richtig muss es für beide heißen:
Füreinander da sein, Verbundenheit, Aufrichtigkeit und Toleranz von beiden Seiten. Liebe, Zärtlichkeit, Sex und Erotik sind die Säulen, auf denen eine Partnerschaft außerdem getragen werden muss. Nicht zu vergessen, dass der Tag, den Mann/Frau miteinander verbringt, lang ist und man auch im Alltag bei Regen, Sturm und Hagel miteinander auskommen muss und miteinander umgehen kann.

Das wünschen sich sicher Männer und Frauen, und zumindest einige Männer möchten ein Gentleman sein wie Henry:
Nachdem ich heute mal wieder völlig frustriert wurde, die Frage an euch Frauen: Welche Sie weiß es noch zu schätzen, wenn ihr ein Mann im Winter das Auto frei kratzt, Blumen per Fleurop schickt und auch andere Geschenke macht. Bin ich zu romantisch veranlagt, oder ist das alles aus der Mode gekommen, und ich habe einfach irgendetwas verschlafen?
Nein, verschlafen hat er die Zeit nicht. Er hat sich nur dem Zeitgeist angepasst und schrieb mir in einer Mail:
Deine Anzeige

Hallo, Unbekannte,
habe gerade deine Anzeige entdeckt und würde dich gerne mal kennen lernen. Ich bin 41 Jahre, 187 cm groß, 99 kg, habe blaue Augen und kurze, blonde Haare. Ich bin verheiratet und habe zwei Kinder.
Da ich einfach ehrlich sein möchte, will ich dir zusätzlich noch vorab sagen, dass meine Ehe nach nunmehr 9 Jahren nicht mehr funktioniert. Ich suche nun einfach auf diesem Weg Kontakt zu weiblichen Wesen, wobei ich hier ehrlicherweise eher auf eine Affäre aus bin. Ich denke, so viel Fairness sollte man vorab schon walten lassen, und würde mich freuen, wenn du dich trotzdem mal bei mir meldest. Erreichen kannst du mich auch per E-Mail unter Henry@gmx.net .

Gruß
Heiner

Damit ich nicht als *Lady Chatterfield* in die *Annalen von Google* Einzug halte und eines Tages als Sternschnuppe im Internet herumsause, halte ich es lieber mit einer Erkenntnis aus dem Neuen Testament und beende diesen Report mit:

Das Weib aber schweige in der Gemeinde.

… Pause … …
hunni (13:39 Uhr):
Kannst dich ruhig auch mal melden, nur keinen falschen Stolz.

LaBelledeNuit (13:42 Uhr):
Ich habe in diesem Profil über 170 Anfragen. Wo soll ich anfangen?

LaBelledeNuit (13:43 Uhr):
Erst einmal muss die Spreu vom Weizen getrennt werden.

LaBelledeNuit (13:44 Uhr):
Und dann?

Kleopatra33
Alter: 59 Jahre
Beruf: Medien
Wohnland: Deutschland
Wohnort: Weserdreieck
Postleitzahl: 27000

Motto: *Die Forderung, geliebt zu werden, ist die größte der Anmaßungen. Liebe und Gegenliebe ist gefragt im Leben.*

Was macht Ihre/n Traumfrau/mann aus?
Suche einen sportlichen, intelligenten, zärtlichen Mann, der nicht nur hinter dem Ofen sitzt. Der noch etwas im Leben genießen will; mit offenen Augen durch die Welt geht, dem Leben zugewandt ist und seine Zukunft mit einer gut aussehenden, lebenserfahrenen Frau in einer neuen Partnerschaft verbringen möchte. Der sich nicht

hinter der Anonymität des Chats verstecken muss und für den Aufrichtigkeit kein exotisches Fremdwort ist.

Was bedeuten Ihnen Ihre Eltern?
Bin in der Großfamilie aufgewachsen, und es war eine schöne, liebevoll gestaltete, wenn auch entbehrungsreiche Kindheit. Ich habe, im Gegensatz zu anderen Kindern in meinem Umfeld, nie einen Schlag oder Bestrafungen erlebt. Deshalb habe ich meine Kindheit und vor allen Dingen meine Großmutter in guter Erinnerung, die immer für mich da war und Mutterstelle vertreten hat.

Worüber können Sie lachen?
Über Politiker, die es nicht gelernt haben, vollständige Sätze zu formulieren, und erst sprechen und danach „vielleicht" denken und nur Unsinn von sich geben. Amigo – und Bananenrepublik sind noch nicht passé.

Worauf sind Sie stolz?
Keine Umwege gemacht zu haben.

Was bedeutet für Sie Erfolg?
Hochmut kommt vor dem Fall. Wenn man erfolgreich ist, kann Frau sich trotzdem normal verhalten.

Wie wichtig ist Ihnen Geld?
Erlaubt Freiheit des Denkens und des Handelns, und das ist wichtig.

Wie würden Sie einem Blinden Ihr Äußeres beschreiben?
Eine gut gebaute, erotische, zärtliche und sinnliche Frau mit Ausstrahlung, die ihr Leben noch einmal mit einem neuen Partner genießen möchte. Aber das kann der Blinde leider nicht sehen, höchstens erleben.
Was machen Sie in Ihrer Freizeit?
Viel verreisen, Kurzurlaube, Fahrrad fahren, Konzerte, Ausstellungen, Haus und Hof einrichten. Viele Bücher lesen. Musik hören. Malen in Öl, Fotografieren, Internetsurfen. CDs zusammenstellen. Homepage einrichten.

Was schätzen andere an Ihnen?
Verlässlichkeit. Großzügigkeit. Dass ich meine von mir gemalten Bilder bei Gefallen auch verschenke.

Was bedeutet Religion für Sie? Glauben Sie an Gott?
Keine Freiheit des Denkens.

bellvue schrieb: *Kleines Kompliment*

Hallo, schöne „Kleopatra33",
wenn die Fotos nicht täuschen, erkenne ich ein sehr apartes Wesen. Des Weiteren eine selbstbewusste und intelligente Frau.
Ihre Antworten auf die 25 Fragen haben Stil. Sie erscheinen mir offen und ehrlich; und sie sind in einem guten Deutsch formuliert. Vieles von dem deckt sich mit meinen Empfindungen und Wünschen.
Aber ich bin Realist. Aus paritätischen Gründen würde ich wohl eher in der hinteren Reihe Ihrer Verehrer ste-

hen. Trotzdem schreibe ich Ihnen gerne diese Zeilen. Sollten Sie mir wider Erwarten antworten wollen, dann können Sie es unter „elektra@tiscali.de“ .
Ich wünsche noch einen schönen Sonntag und sende Ihnen die besten Grüße
bellvue

Kleopatra33 schrieb am 12.10.04, 18:16 Uhr:
Dankeschön
Lieber Bellvue,
haben Sie recht herzlichen Dank für Ihre liebevolle Mail. So gelobt worden bin ich selten. Im Moment bin ich nur mit halbem Herzen dabei. Es läuft hier immer nur auf Kurzkontakte raus. Und das will ich nicht. Ich war gut verheiratet; aber mein Mann ist vor vier Jahren gestorben. Deshalb habe ich mich hier mal eingeklinkt. Meistens hat es nur Frust gegeben, und deshalb gucke ich hier nur ab und zu mal herein. Meistens wollen 40-Jährige noch mal den Kick bei mir. Aber ich suche einen neuen Partner. Manchmal wird man auch von hartnäckigen 20-Jährigen verfolgt. Es gibt ernsthaftere Datingfirmen. Hier ist es wie auf dem Jahrmarkt. Und da gehe ich selten hin. Deshalb tut eine Mail wie die von Ihnen sehr gut. Vielen Dank nochmals. Monika

Re: Antwort
Liebe Monika,
Ihre Empfindungen kann ich gut nachvollziehen. Wenn man eine attraktive Frau ist, hat man zuweilen auch auszuhalten, ob man will oder nicht. Aber ich bin nicht bange, dass Sie dies souverän meistern. Im Übrigen, die ernsthafteren Datingfirmen haben genauso

ihre Tücken – nach meiner Erfahrung; sie kosten lediglich ein bisschen mehr Geld, ebenfalls ohne Garantie, Frusterlebnisse inbegriffen.
Somit habe ich mich von Erwartungsdrücken völlig frei gemacht und hoffe ein wenig auf den Zufall. Dieser ist allerdings für Suchende in unserem Alter nicht mehr so häufig und überall anzutreffen.
Also, ich habe mich sehr über Ihre Antwort gefreut und wünsche Ihnen so oder so viel Glück. Und wenn Sie möchten, können wir den Kontakt aufrechterhalten. Es könnte ja sein, dass Sie oder ich letztlich keine bessere Lösung finden – als es einmal auszuprobieren ohne überzogene Ansprüche, aber mit Stil.
Vielen Dank für Ihre Zeilen und herzliche Grüße

Bruno

Marokko2004 schrieb am 12.02.05, 22.38 Uhr

Freund
Hallo, Monika,
also, ich möchte mal was loswerden. Ich bin wirklich froh, dich hier kennen gelernt zu haben. Du bist ein ganz besonderer Mensch. Das habe ich schon bei unseren ersten Schreiben festgestellt. Dich nicht kennen gelernt zu haben, wäre ein großer Verlust gewesen. Und mit keiner hier hätte ich lieber einen Kontakt gewünscht. Ich befürchte zwar, dass wir uns nie persönlich kennen lernen werden, geschweige denn mehr. Aber auch so bist du jede Mühe wert. Bleib bitte so, wie du bist.

Mehr als nur ein Freund schickt dir mehr als nur einen Gruß Kurt

Liebe Monika,
auf der Fahrt machte ich mir bewusst, dass unsere Begegnung so ganz anders war, als ich sie mir vorgestellt hatte. Gedacht hatte ich, dass sie ähnlich verlaufen würde, wie es Goethe und seiner „Lotte in Weimar“ geschah. Ich habe mich wohl gefühlt in deiner Nähe. Habe mich fesseln lassen von deinen Augen und deinen Erzählungen. Wie wir uns gaben, war ganz natürlich und irgendwie selbstverständlich, es gab nichts Gekünsteltes. Ich bin überzeugt, wir würden uns sehr schnell aneinander gewöhnen können. Wie gut eigentlich, dass ich nicht bei dir war. Das hätte, so glaube ich, einen schweren Abschied gegeben. Denn es gibt eben die beiden Seelen in meiner Brust: mein Bereitsein zu einem Ja; mein Wunsch, mich dir nicht aufzudrängen, mein Wunsch, dich verwöhnen zu dürfen und dir geben zu können, wonach du dich sehnst; mein Gefühl, dich nicht verletzen zu dürfen. Dagegen steht ein kleines bisschen Angst, deinen intellektuellen und seelischen Ansprüchen doch nicht so ganz gerecht werden zu können, wie du das jetzt noch siehst. Dagegen steht aber vor allem jenes Damoklesschwert, das es mir verwehrt, dich zu umwerben. Prüde wäre ich nicht; du hast meine Signale erhalten, mit denen ich dir das habe verdeutlichen wollen. Ich kann es jedoch nicht mit meinem Gewissen vereinbaren, eine Beziehung mit dir einzugehen. Das Risiko, dass ich wirklich krank werden könnte, ist zu groß. Ich sehne mich, genauso wie du, nach einem Partner, mit dem ich zusammenleben kann.

Du wirst, davon bin ich überzeugt, deinen Partner noch finden. Für mich wird es, so fürchte ich, eine Alternative zum Alleinsein nicht geben. In Gedanken umarme ich dich – ein Versuch, uns gegenseitig zu trösten.

Dein Arthur

PS: Aufmuntern möchte ich dich auch noch mit einer kleinen Märchengeschichte, der du entnehmen kannst, welche Art von Männern dir begegnen können und mit welchen du vielleicht auskommen kannst.

Es war einmal eine wunderschöne Frau. Sie hieß Schneewittchen. Sie hatte einen sehr bösen Nachbarn. Um ihm zu entgehen, floh sie in den Wald und fand Unterschlupf bei den sieben Zwergen, die sich sehr über ihren Gast freuten. Jeder von ihnen trachtete danach, Schneewittchen ganz für sich allein zu haben, doch hatte jeder ein anderes Motiv:
Der eine Zwerg war klein und sehr schüchtern. Er litt darunter, von den Bewohnern des Waldes nicht richtig wahrgenommen zu werden. Er sagte sich: Schneewittchen ist nicht nur schön, sie ist auch klug und weiß die Aufmerksamkeit anderer auf sich zu lenken. Wenn sie zu mir gehören würde, dann hätte ich jemanden zum Vorzeigen und würde überall, wo wir hingingen, beneidet werden. Das würde mich glücklich machen …
Der zweite Zwerg war ein Melancholiker und fühlte sich immer nur schlecht. Er fürchtete unentwegt,

krank zu werden, und lebte in ständiger Angst vor dem Alleinsein, insbesondere für den Fall, dass er irgendwann einmal auf jemanden angewiesen sein würde, der ihn pflegte. Er sagte sich: Schneewittchen ist nicht nur schön, sie ist auch eine in der Krankenpflege bewanderte und erfahrene Frau. Wenn sie mein wäre, könnte sie mir nützlich sein. Dann hätte ich jemanden, der sich um mich kümmert, wenn ich darniederliegen müsste. Das zu wissen würde mich sehr beruhigen …
Der dritte Zwerg litt darunter, dass er nichts Ordentliches anzuziehen hatte und sich nie etwas leisten konnte. Er war der ärmste der Zwerge. Er sagte sich: Schneewittchen ist nicht nur schön, sondern hat auch ein bisschen Vermögen. Wenn ich sie für mich gewinnen könnte, könnte ich obendrein über ihr Geld verfügen und mir damit ein schönes Leben machen …
Der vierte Zwerg war cholerisch veranlagt. Er kam nicht darüber hinweg, dass er von einer herrschsüchtigen Mutter und Schwester aufgezogen worden war. Er sagte sich: Schneewittchen ist nicht nur schön, sie ist auch lieb und scheint anpassungsfähig zu sein. Wenn ich sie an mich binden könnte, dann würde ich sie mir willig machen. Künftig wäre nicht mehr ich der Untertan, sondern sie. Fortan würde ich das, was ich unter meiner Mutter erdulden musste, endlich einmal selbst ausleben können …

Der fünfte Zwerg hatte viel Phlegma. Er wurde der Pascha genannt. Er dachte: Schneewittchen ist nicht nur schön, sie ist auch ein fleißiges Ding. Wenn ich sie erobern könnte, dann wäre sie immer um mich, ich könnte ihr beim Putzen zuschauen, sie würde mich be-

wirten und es mir abends am Fernseher gemütlich machen. Das wäre mein Paradies ...

Der sechste Zwerg war so etwas wie ein sanguinischer Leichtfuß. Es machte ihm Spaß, die Zwergenmädchen im Wald auf seine Rosenbetten zu locken und sodann zu vernaschen. Doch erschien das dem Lustmolch auf Dauer etwas mühsam. Er sagte sich: Schneewittchen ist nicht nur schön, sondern strahlt auch etwas Sinnliches aus. Wenn es mir gelänge, sie zu besitzen, dann hätte ich immer ein Weib um mich herum, an dem ich mich schnell mal abreagieren dürfte.
Schneewittchen aber war zu feinfühlig und zu klug, um die Hintergedanken der Zwerge nicht zu bemerken. Je länger sie bei den sieben Zwergen war, desto trauriger wurde sie.
Aber es gab ja noch den siebten Zwerg. Wovon mochte der wohl träumen?
Für die Fortsetzung dieses Märchens braucht der Verfasser noch etwas Mut.

Von den Träumen des siebten Zwergs können Sie in der Fortsetzung *Von Gockeln, frechen Stechern und anderen kleinen Wichten* lesen. Ein bisschen Spannung muss sein!